CORPVS
SCRIPTORVM ECCLESIASTICORVM
LATINORVM

EDITVM CONSILIO ET IMPENSIS
ACADEMIAE LITTERARVM CAESAREAE
VINDOBONENSIS

VOL. XXXI.

S. EVCHERII LVGDVNENSIS

OPERA OMNIA

PARS I.

FORMVLAE SPIRITALIS INTELLEGENTIAE
INSTRVCTIONVM LIBRI DVO
PASSIO AGAVNENSIVM MARTYRVM
EPISTVLA DE LAVDE HEREMI

ACCEDVNT
EPISTVLAE AB SALVIANO ET HILARIO
ET RVSTICO AD EVCHERIVM DATAE.

EX RECENSIONE

CAROLI WOTKE

PRAGAE F. TEMPSKY. VINDOBONAE F. TEMPSKY LIPSIAE G. FREYTAG.

BIBLIOPOLA ACADEMIAE LITTERARVM CAESAREAE VINDOBONENSIS

MDCCCLXXXXIIII.

Verlag der
Österreichischen Akademie
der Wissenschaften

SANCTI
EVCHERII LVGDVNENSIS

FORMVLAE SPIRITALIS INTELLEGENTIAE

INSTRVCTIONVM LIBRI DUO

PASSIO AGAVNENSIVM MARTYRVM

EPISTVLA DE LAVDE HEREMI

ACCEDVNT

EPISTVLAE AB SALVIANO ET HILARIO

ET RVSTICO AD EVCHERIVM DATAE.

RECENSVIT ET COMMENTARIO CRITICO INSTRVXIT

CAROLVS WOTKE

PRAGAE F. TEMPSKY. | VINDOBONAE F. TEMPSKY | LIPSIAE G. FREYTAG.

BIBLIOPOLA ACADEMIAE LITTERARVM CAESAREAE VINDOBONENSIS.

MDCCCLXXXXIIII.

Verlag der
Österreichischen Akademie
der Wissenschaften

ÖAW

Typis expressit Rudolphus M. Rohrer, Brunae.

VIRO DOCTISSIMO ATQVE HVMANISSIMO

GVILELMO EQVITI DE HARTEL

PROFESSORI CARISSIMO

PIETATIS ATQVE AMORIS CAVSA

D · D · D

PRAEFATIO.

Uariis uaria Eucherii scripta nobis tradita sunt codicibus. Ad edendas Formulas et Instructiones praesto sunt praeter alios duo codices pretiosissimi de quibus accuratius disputemus necesse est, quod eorum lectionibus non duae classes, quas uocant, sed duae recensiones prorsus diuersae seruatae sunt. dico codicem Sessorianum membranaceum s. VI n. 77, qui nunc in bibliotheca Romana quae a Uictore Emmanuele rege nomen duxit inuenitur, S littera signatus. est S
25 centim. longus et 17·7 centim. latus litteris uncialibus exaratus foliorum CXIII. scriptura continua est. primus eum descripsit Amatori *(Bibliotheca manu scripta Sessoriana in Cod. Sess. 589 p. 315)* deinde Ang. Maius *(Spicilegium Romanum V. p. 210)* denique Ioannes Cardinalis Pitra *(Analecta Sacra Spicilegio Solesmensi parata. Tom. II. Patres Antenicaeni. Typis Tusculanis MDCCCLXXXIV p. 484—575)*, qui et exemplum quam accuratissimum adiecit. (Cf. *A. Reifferscheid. Bibliotheca patrum lat. italica I p. 140—142)* fol. 1[a] continentur duo summaria, quorum alterum manu recenti scriptum est, alterum s. XI, quod hymnus in natiuitatem domini ‚Christus redemptor omnium' sequitur. Tum leguntur

f. 1[b] INCP OPUSCULA
CONSCRIBTA DIUI
NARUM SCIENTIAE
EUCHERII EPI *(supr. lin.)* LIBRI III
LIBER SCI AUGUSTINI
QUI GRECE INCHIRI
DION APPELLATUR
DISPUTATIO BEATI

f. 2ª CEREALI EPI CONTRA
MAXIMINU ARIOMA
NITAM LIBRI DUO EPIST
AGNELLI AD ARMENIUM
DE RATIONE FIDEI LI
BELLUM FAUSTI CONFES
SORIS FIDES EDITA SCI
AMBROSII EPI DE SPU SCO
ITE EIUSDE TESTIMONIA
f. 2ᵇ DE PATRE ET FILIO ET SPU
SCO REGULA FIDEI
CATHOLICE FACTA A NICENA
ITE REGULA FIDEI SECUNDU
CCCXVIII PATRU ITEM
REGULA FIDEI CATHOLICE
CONTRA OMNES HERESES
HIERONIMI PRESBETERI
ITE EXPLANATIO FIDEI CA
f. 3ª THOLICAE BEATI SCI AM
BROSII DE BONO MOR
TIS NOTITIA REGIONU
ET CIUITATU QUIB. APOS
TOLORUM ET EUAN
GELISTARUM UENE
RABILIA CORPORA RE
QUIESCUNT.

Haec continentur in codice: f. 3ᵇ—4ª epistula Saluiani ad Eucherium, f. 4ᵇ epistula Hilarii ad Eucherium, f. 5ª—5ᵇ epistula Rustici ad Eucherium, f. 6ᵇ—8ª epistula Eucherii ad Salonium, f. 8ª—11ᵇ epistula Eucherii ad Veranum, f. 11ᵇ—58ᵇ Formulae f. 59ª—86ª Instructionum liber secundus f. 86ª—112ᵇ Instructionum liber primus. f. 113 psalmus LXXIX, qui manu paulo recentiore est exaratus. (Cf. *L. Delisle. Les comptes rendus des séances de l'Académie des Inscriptions et Belles Lettres IV Ser. Tom. VII (1879) p. 231* et *Journal Officiel de la République Française 12 août 1879 p. 8415,* qui Pitra adsentiente hoc fragmentum cum psalterio Lugdunensi arte coniunctum esse contendit.)

Attamen quae uera esset huius codicis indoles naturaque quod neque uidit neque intellexit doctus ille monachus S. Benedicti, quamquam eum edidit in libro supra nominato p. 507—569, cui dissertationi inscribitur Sancti Eucherii Codex saec. VI., deceptus est, quo pretio esset in Eucherio emendando. Clauem quam dicunt Melitonianam a se detectam summisque cum curis iuris publici factam fontem esse, ex quo Formulae manassent, contendebat adfirmabatque. quamuis uehementissime in eos sit inuectus qui ei fidem denegabant, tamen hoc tempore dubium esse nequit, quin sit deceptus (Cf. *V. Rottmanner. O. S. B. Literarische Rundschau 1884. Nr. 24 p. 739 sqq. Duchesne Bullet. crit. 1885 Nr, 101. Dr. C. Thomas. Melito von Sardes. Osnabrück 1893. Zahn. Zeitschrift für kirchliche Wissenschaft. 1884. p. 628 sqq.).* non est opus genuinum Melitonis, sed aetate multo posteriore latina lingua confectum. litem adhuc sub iudice esse nemo adfirmat nisi Bernardus Jungmann, qui Iosephi Fessleri Institutiones Patrologiae denuo recensuit (Oeniponte 1890) Tom. I p. 239. ad textum constituendum Clauis igitur Melitoniana nullius est momenti. qua de causa mirari non poteris, si permultae tibi occurrunt hariolationes prolegomenis insertae, quibus ad sententiam suam fulciendam tamquam argumentis Pitra utitur. quisquis autem illius uiri docti ingenium scientiamque uel potius despectum rerum grammaticarum cognouerit, non magni aestimandas esse obseruationes, quae de sermone codicis p. 497—503 prolatae sunt, sine ulla haesitatione concedet, quem neque in uerbis edendis eam ingressum esse uiam et rationem, quam his temporibus uero philologo dignam esse putamus. neque in adnotatione, quam dicunt criticam, accurata, qua par est, usum esse diligentia, non est cur legentes admoneam. omnibus enim Pitrae incuria est notissima, licet in hoc libello minor sit quam in ceteris operibus quae edidit.

Sed quaerunt undique, quo modo quaque ratione in codice

aestimando deceptus sit doctus ille cardinalis. triste illud fatum, quod iam multis de re critica bene meritis hominibus contigit, ne Pitra quidem euitare potuit. quamquam patriae erat amantissimus, non Parisiis sed extra patriam quaesiuit codices Eucherianos. cuius rei his diebus eum paeniteret, si uiueret. nam in ea urbe exstat in bibliotheca, quae appellatur nationalis,
P codex Nr. 9550 *P*, quem Leopoldus de Delisle saeculo septimo uel octauo ineunte scriptum esse contendit; is autem qui catalogum manu scriptum in bibliotheca adseruatum confecit, eum saeculo VI. adtribuit. en quae nobis bibliothecarius Parisinus doctissimus de eius historia in libro celeberrimo: Le cabinet des manuscrits de la bibliothèque nationale. Tom. II. p. 15 tradit: Un très ancien manuscrit des ouvrages de saint Eucher, tiré de la bibliothèque de Saint-Claude (in comitatu Burgundiae), avait été porté au Corps legislatif. Il fut transféré à la Bibliothèque nationale le 22 novembre 1804'. (Cf. *Voyage littéraire de deux Religieux Bénédictins. Partie I. p. 177* et *Bibliothèque de l'école des chartes. Vingt troisième année. p. 475).*

Codex longus 0·26 metr. et 0·155 metr. latus, cuius singulae paginae uicenorum ternorum uersuum sunt, continet 93 folia, quorum in 86 scripta Eucherii (f. 4^a—37^a Formulae f. 37^b—80^a Instructiones, f. 80^b epistula Saluiani ad Eucherium, f. 81^a epistula Hilarii ad Eucherium, f. 81^b—86^a Passio Agaunensium martyrum, f. 86^{a-b} epistula Eucherii ad Saluium), in reliquis nonnulla opuscula theologica manu s. IX. exarata leguntur. litterae sunt quae appellantur unciales, quarum specimen optimum dedit Delisle Le Cabinet Tom. III p. 226 et 227. Planche XVI. scriptura continua est nisi quod uerba interdum punctis discernuntur. contignationes litterarum non multae sunt atque eaedem fere quae aliis in codicibus illius aetatis occurrunt, compendia scripturae sunt pauca, B. et *Q*. pro bus et que, deinde ‾ lineola in ultimis uerbis aut uersibus posita, qua *m* littera significatur. codicem et bene scriptum et conseruatum esse non negauerim, nisi quod hic illic litterae euanuerunt. correctiones duarum manuum fere aequalium diuerso atramento facile discernere queas. errores multos, qui sunt commissi litteris omissis, manus prior correxit, cum correctiones a manu altera additae in uniuersum sint spernendae, quae ita sunt comparatae, ut non codicem aliquem sed correctoris ingenium tenue atque ieiunum litterarum adsimilationum studiosissimi earum fuisse fontem tibi certe facile persuadeas.

Quae intercedit igitur ratio inter utrumque codicem? Primum nolim te fugiat uel dispositionem esse dissimillimam, cum in *S* Formulae et Instructiones unum trium librorum opus efficiant, in quo se Formulae et secundus Instructionum liber, quem sequitur primus, excipiunt. quam partitionem neque temerariam neque rationis esse expertem non negabimus, quod inter Formulas Instructionumque librum secundum quaedam cognatio intercedat. quam ob rem non mirabimur, quod idem ordo etiam in aliis codicibus, qui non sunt eiusdem familiae cuius S, nobis occurrit. quae cum ita sint, non mirum est quod se duae epistulae ad Salonium et Veranum datae in primo codice excipiant (cf. p VIII). quod igitur Eucherii non interfuit nisi ut Formulae et uoces rarae explicarentur, numerus quaestionum difficiliorum noui et ueteris testamenti multo minor est quam in P, quocum ceteri codices consentiunt, licet nonnullae nisi in S non sint seruatae, quae exhibentur p. 118—123.

Parisinus centum quadraginta una quaestionibus Sessoriano est ditior copiosiorque. en catalogus earum, quae in hoc codice desunt. omissae sunt in libro Gen. quaestiones sedecim. [1]) (III. V. VI. VII. XI. XII. XV—XVIII. XXII. XXIII. XXV—XXVIII.), in libro Ex. tres (XXIX. XXX. XXXII.), in libro Leu. tres (XXXIV—XXXVI.), in libro Deut. una (XLI.), in libro Iob duae (I. II.), in libro Reg. quattuor (I. II. III. V.), in Par. duae (I. III.), in libro Psal. quadraginta et una (II. IV. V. VII—IX. XI—XIII. XVIII—XXIII. XXVIII. XXX. XXXIII —XXXVIII. XXXXI. XXXXIII. XXXXIIII—XXXXVIII. LII —LVIII. LX. LXII. XL. XLV.), in libro Prou. una (II.), in Cantico

1) In numeris indicandis *P* codicem secutus sum.

canticorum una (V.). frustra in Sessoriano quaeres Michaeam, Esaiam, Ezechielem prophetas (octo quaestiones), et Ecclesiasten Salamonis (Cf. p. LXXXIII—LXXXVII et p. CIV.) qui ei desunt. quod ad nouum testamentum pertinet, praetermissae sunt quaestiones hae: in euangelio Matth. decem (III—XII.), in euangelio Lucae sex (I. IIII—VIII.), in euangelio Ioh. quinque (I. III. IV. VI. VIII.), in epistula ad Ioh. tres. (I. III. IV.) in Actibus apostolorum quattuor (I. II. IV. V.) adde quod non inuenies euangelium Marci (p. 110), epistulas ad Romanos (p. 123—126), duas ad Corinthios (p. 127—129), ad Ephesios (p. 129—130), ad Thessalonicenses (p. 130—131), ad Colossenses (p. 131—132), duas ad Timotheum (p. 132—133) ad Hebraeos (p. 134), [1]) Iacobi (p. 137) Apocalypsimque (p. 139), quae continent triginta quaestiones. ergo in P nobis occurrunt quaestiones CCIV numero, in S LXIII. quae XII in Sessoriano solo sunt seruatae, etiam eo singulares sunt et conspicuae, quod praeter tres carent usitata interrogandi formula neque quidquam aliud quam locos e scriptura sacra petitos exhibent. quid? num praetermittemus silentio quaedam capitula ut exempli gratia ‚De ponderibus' multo esse ampliora? quod ad stilum, quem uocant, grammaticamque pertinet, nonne primo statim obtutu magna detegetur discrepantia diuersitasque? cuius denique aures non percipient quidquid in P mutatum est limatius esse diligentiusque expressum? omissis grauioribus discrepantiis, quae nobis p. 66 l. 10, l. 17, l. 19 occurrunt, quarum origo explicatioque e diuersa librorum dispositione petenda est, quod ad structuram uerborum compositionemque pertinet, sunt primum exempla enumeranda, quae memoratu sunt dignissima, ueluti p. 14 l. 18; p. 21 l. 18; p. 23, l. 5, p. 67 l. 18, p. 93, l. 27 (hic locus praeter ceteros premendus est), p. 102 l. 12, ubi responsio in P in responsionem et alteram quaestionem cum responso diuiditur. sequatur catalogus locorum, quos in quaestione, quam tractamus, nolim parui facias: p. 9 l. 13; p. 11 l. 6, l. 22; p. 17 l. 19; p. 21 l. 19; p. 23 l. 21; p. 25 l. 21; p. 28 l. 13; p. 42 l. 5; p. 43 l. 7; p. 44 l. 14; p. 46 l. 22; p. 48 l. 18; p. 67 l. 1; p. 72 l. 19;

[1]) Cf. Addenda p. 200.

p. 76 l. 15; p. 88 l. 15; p. 93 l. 27; p. 94 l. 14; p. 104 l. 6, multa alia menda exstiterunt, quod scribae oculi uocabulis similibus decepti sunt et aberrauerunt ut: p. 69 l. 9; p. 79 l. 11 etc., quod etiam hic illic de AV ualet.

Res iam eo est adducta, ut ad ea quae supra sunt interrogata respondere queas. priorem commentationem Eucherii S codice exhiberi, quae denuo retractata et amplificata codicibus alterius familiae, cuius principem P esse paulo post demonstrabimus, nobis seruatam esse, non est, cur infitieris negesque. res re uera quam rarissima, quae omnium oculos quin in se conuersura sit, non dubitauerim. quae cum ita sint, quidquid de eximia S codicis bonitate Pitra p. 492—495 protulit, nullius est momenti. quotienscumque igitur *S* cum P congruerit, in textu constituendo eum respiciemus, diuersas autem lectiones in adnotationem, quam dicunt criticam, reiciemus. adde quod pro certo adfirmari potest sermonem non talem qualis nobis in Sessoriano occurrit profectum esse ab ipso episcopo Lugdunensi, cum codex a pessimo scriba confectus uitiis omnis generis scateat. quod eius rei ratione habita omnes discrepantias adtuli, non uereor, ne mihi crimini uertatur, quia uerum de codicis natura iudicium nisi omnibus scripturis uariis propositis fieri nequit. quisquis linguarum, quas dicimus Romanas, origini perscrutandae operam nauauerit, in hoc codice magnam messem reperiet. ideo mihi ob oculos uersabantur, qui Huemeri uestigiis ingressi sententiam philologorum Viennam anno praetermisso congregatorum sunt secuturi (Cf. Verhandlungen der zweiundvierzigsten Versammlung deutscher Philologen und Schulmänner. Die Sammlung vulgälateinischer Wortformen p. 279—280.) attamen Eucherius in uniuersum prius commentum non ualde mutatum secundisque curis uariatum in P recepit, unde factum est, ut melior in ceteris operibus esse scriptor diligentiorque in compositione multis uideretur (Cf. *Remy Ceillier. Histoire générale des auteurs sacrés et ecclésiastiques. Paris 1729—1763 Tom. XIII p. 519).*

Sed redeamus ad codicem Parisinum, quem ut Pitra ita Franciscus Paulyius ignorauit, a quo Formulae eodem anno quo ab illo uiro docto sunt editae (Sancti Eucherii Lugdunensis episcopi Libellus de Formulis spiritalis intellegentiae. Ad optimorum codicum fidem ‚portentosa interpolatione' liberauit et recensuit F. P. Graecii. Leuschner et Lubensky. A. 1884.). atque et ille et quotquot mihi innotuerunt codices, ex eodem fonte fluxerunt, sed omnes ad unum superantur ab illo aetate. iam antiquissimorum scribae interpolationes inserere coeperunt, quarum numerus paulo post mirum in modum creuit, ut genuini textus Eucheriani ambitum ualde auxerint et amplificauerint. quaeso inspicias editionem Brassicanam, quae Basileae a. 1531 prodiit, ex qua omnes usque ad hodiernum diem originem duxisse Pauly p. 3 sq. suo iure contendit. nam editio princeps Parisiensis a Cratandro a. 1530 repetita, quamquam Brassicanae est anteferenda, obliuione ita obruta est, ut omnes Eucherii editores fugerit (Cf. Pitra p. 494). sed nolim omitti interpolandi rabiem non adeo grassatam esse in Instructionibus quarum alter liber solus maiorum deprauationum ansam praebuit quam in Formulis. quibus rebus cognitis me non reprehensum iri, quod ex permagno grege codicum nonnullorum scripturas recepi in adnotationem, spero. eos tantum adhibui, quibus interpolandi origines et bonitas eximia P libri perspici possunt.

E Parisinis duos in auxilium uocaui, quorum alter membranaceus Nr. 2769, olim Colbertinus 3653 siue
N Regius 4235 foliorum 162 N insignitus litteris uncialibus scriptus est. ut opinor est Omont et Sam. Berger adsentientibus saeculo septimo uel octauo ineunte exaratus, cum Alfred Holder eum s. VI—VII adtribuat. pars prima binione, duobus quaternionibus et tribus foliis constans, alta 0·235 metr., lata 0·177 m. uersuum in singulis paginis 31, continet haec: f. 1^a—14^a Eucherii Formulas a ‚serpens' uoce p. 29 lin. 20 incipientes, f. 14^{a-b} De Graecis nominibus (Isidori opp. IIII 525 app. 20 ed. Areual.), f. 15^b—21^b Inuentio sanctae crucis. accuratissimam inuenimus descriptionem in libro

'Inuentio sanctae crucis. Actorum Cyriaci pars I. Latine et Graece .... conlegit et digessit Alfred Holder. Lipsiae MDCCCLXXXIX' p. VI—VIII. (cf. *Montfaucon*, Bibliotheca Bibliothecarum... II (Parisiis 1739) p. 982 et *Mellot*, Catalogus codicum.. bibliothecae regiae Parisiensis III. (Parisiis 1744) p. 329), ubi et compendia enumerata sunt. quamquam igitur P codicis est aequalis, iam multo est deprauatior illiusque praestantiae testis sincerrimus. respicias quaeso locos, qui sunt summi momenti, ueluti: p. 36 l. 12; p. 45 l. 24; p. 47 l. 18 (haec uerba ualde premenda sunt); p. 48 l. 8; p. 49 l. 19 (idem ualet, quod supra ad p. 47 dictum est); p. 52 l. 24.

Alter est Parisinus Nr. 12236, olim Sangermanensis M littera signatus s. IX. foliorum 125. paginae constant M uicenorum septenorum uersuum. continet praeter Eucherii Formulas f. 1—22[a] et Instructionum l. I f. 22[a]—64[b], l. II f. 66[a]—76[a] et Isidori Differentias (cf. Zeitschft für österr. Gymn. 1891 p. 296 sq.) f. 81[b]—110[a] et eiusdem Chronicon f. 111[a]—125[b]. facile legi potest et optime est conseruatus. si cognoscere uis, ubi scriba interpolationibus iam nimis indulserit, accuratius perlegas, quae adnotauimus: p. 14 l. 12; p. 17 l. 11; p. 18 l. 23; p. 24 l. 25; p. 26 l. 13, l. 19; p. 34 l. 18; p. 43 l. 7; p. 44 l. 17; p. 55 l. 16; p. 56 l. 24; p. 58 l. 17.

Tertio denique loco nominandus est codex Sangallensis Nr. 230 s. IX ineuntis littera G signatus, quem diligentissime G descripsit Gustav Scherrer in libro, cui inscribitur: 'Verzeichnis.. der Stiftsbibliothek von St. Gallen (1875).' p. 83 (Cf. Sitzungsberichte der Wiener Akad. d. Wiss. Phil. Hist. Cl. Bd. L p. 765), ubi se libri eodem ordine excipiunt quo in Sessoriano. ne lectionibus totius codicis proponendis apparatum onerem, exhibui lectionum uarietatem usque ad eum locum quo N incipit, unde iam quam arta sit codicum cognatio agnosci potest. quod ad textum ipsum pertinet, minus corruptus est Sangallensis Nr. 225 s. VIII. (Cf. Scherrer p. 80), sed formas praebet ualde deprauatas. quam ob rem cur omissus sit, non est, cur quaeras.

Quisquis codices uult inspicere, quorum scribae iam nimio interpolandi studio erant dediti, perscrutetur exempli causa quaeso codices Parisinos Nr. 1791 (Cf. Saluiani presbyteri Massiliensis opera omnia—recensuit Franciscus Pauly. Vindobonae MDCCCLXXXIII p. 216), 2182, 2727, 12237, ad quos proxime accedit cod. Vatic. Nr. 553 s. IX. quorum aliquanto praestantior est cod. Par. 2182. sed nolim his libris non exstare putes peiores; eis praesertim Brassicanus in editione adornanda usus est.

P codicis bonitas et praestantia tanta est, ut lectio uera ubique fere aut eo solo nitatur aut illo non adhibito e reliquorum librorum scripturis discrepantibus omnino erui non possit. quod, si Paulyi editionem qui in uerbis Formularum constituendis se codd. Vat. 552 et 553, Sangallensibus 225 et 230, Parisino 12236 p. 4 usum esse dicit, cum mea contuleris luce clarius apparebit, quae res grammaticas et orthographicas accuratius respicienti quasi nouum opus esse uidebitur. exempla autem quibus uerba mea probentur non sum prolaturus, cum ex quauis huius editionis pagina inspecta quae ratio inter P et libros ceteros intercedat facile cognoscas.

Meum esse quod putaui Eucherii uerba genuina edere, non sum secutus Paulyi uestigia, qui etiam interpolationes adiecit (Cf. l. l. p. 7—10). mihi enim persuasum est episcopi Lugdunensis Formulas, quae ut Cassiani Institutiones (Cf. Iohannis Cassiani Opera. Recensuit Michael Petschenig. Vindobonae MDCCCLXXXVIII p. XIII.) erant medio aeuo usitatissimae, in monasteriorum scholis enchiridii munere functas esse. ob eandem causam etiam in angustum sunt coactae a quodam epitomatore, quod opusculum anno 1886. edidi. (Glossae spiritales secundum Eucherium episcopum. Sitzungsberichte der Phil.-Hist. Cl. d. k. Akademie der Wiss. CXV p. 425 sqq. Cf. Prodromus corporis glossariorum Latinorum. Scripsit G. Loewe. Lipsiae MDCCCLXXVI p. 170, 222, 233, 236, 272 et Hermanni Useneri dissertationem ‚Der liber glossarum' Mus. Rhen. t. XXIV (a. 1869) p. 382—391). idem accidisse Isidori Synonymis a me demonstratum est libro, cui inscribitur:

‚Isidors Synonyma (II, 50—103) im Papyrus Nr. 226 der Stiftsbibliothek von St. Gallen.' (Sitzungsber. d. Phil.-Hist. Cl. d. k. Akademie d. Wiss. CXXVII. 1. Abth.). quo igitur Formulae fierent copiosiores et locupletiores, magistri scribaeque undique contulerunt quicquid eis aptum uidebatur. quam ob rem unusquisque liber, qui interpolationibus scatet, est per se perscrutandus. sed nisi ceteri patres fuerunt editi neque accurata scholarum medii aeui historia erit confecta, cuius disciplinae uix fundamenta posita sunt, haec quaestio successu careat necesse est. quod theologi non Eucherii editoris munus esse omnes consentient.

In Instructionibus edendis me eandem uiam quam in recensendis Formulis ingressum esse uix est, cur admoneam. praeter P librum et Sessorianum asciti sunt codex Augiensis CCXVIII (Caroliruhensis 165), membranaceus s. IX A et codex Vaticanus 552 membranaceus s. IX V, quorum utrumque iam Pauly contulerat, cui ab Academia Caesarea Vindobonensi episcopi Lugdunensis opera recensenda sunt tradita. cum autem praematura morte, quominus id opus perficeret, esset impeditus, mihi hoc munus est propositum. V, cuius singulae paginae binas continent columnas uicenorum senorum uersuum, quod ad Formulas pertinet, ex eodem fonte fluxit, quo Parisinus 12236. utrumque esse coniunctissimum licet primo statim obtutu cognoueris, tamen Augiensis interpolandi libidine paulo deprauatior est et corruptior. quos libros ex antiquissimo archetypo P codici aequali esse deriuatos pro certo habere potes. in codice enim Montepessulano 241 qui Lactanti opera omnia continet (cf. L. Caeli Firmiani Lactanti opera omnia. Pars I. Recensuit Samuel Brandt. Vindobonae MDCCCLXXXX p. XXXVI—XXXVII). primo et postremo insunt duo folia litteris uncialibus s. VI—VII scripta, de quibus Brandt haec per litteras una cum collatione quam accuratissima mihi scripsit et tradidit: Die beiden Blätter waren ursprünglich an den Deckeln der Handschrift angeklebt. Sie wurden abgelöst und in Folge davon sind grosse Strecken auf fol. 1ª und 2ᵇ gar nicht oder nur unsicher zu lesen. Meist

A

V

Cod. Montepessulanus

sind an diesen Stellen nur die durch die Schrift in das Pergament gemachten Vertiefungen, öfter freilich mit Tintespuren, zu erkennen. Vom zweiten Blatte sind die beiden Seitenränder abgeschnitten, die Heftung der letzten Blätterlage des Codex geht noch zum Theil durch den Text des Blattes. — Die Höhe beider Blätter 27·5 Centim., die Breite 20 Centim., die Seite enthält 27 Zeilen.' (Cf. Catalogue général des manuscrits des bibliothèques publiques des départements. Tome I p. 376). eis foliis continetur pars Instructionum libri primi inde a p. 86 l. 13 ‚sunt sed frequenter' usque ad. p. 91 l. 23, ‚manifestum est quod.' sed inter primum et alterum folium exciderunt haec uerba: p. 87 l. 22 ‚eius Manasses — p. 90 l. 15 paruulis suis'. his indiciis cognoscitur AV pendere ex illis duobus foliis: p. 86 l. 15 omissum est, ‚mihi', p. 87 l. 2 legitur ‚in die illa', p. 90 l. 22 et 24 scriptum est, ‚eructuat', quibus forma ‚danihel' est adiungenda. attamen ea folia praebent textum meliorem quam libri AV, ut p. 87 l. 21 consentiunt cum P et p. 91 l. 14, ubi uerba in AV omissa seruata sunt et p. 91 l. 12, quo loco ‚et' uocula falso adhibita deest. quod autem p. 86 l. 24 ‚intellegendum est' cum V solo congruunt et p. 91 l. 12, ubi uerba in A omissa exstant, cum libro Vaticano, facile nobis persuadetur AV non esse apographa codicis Montepessulani, sed ex aliis libris, qui quidem ad illa folia sunt referenda, originem duxisse. noua lectio unico loco, quo p. 91 l. 15 pro ‚accipiendum' legitur ‚intellegendum', exstat, cum p. 91 l. 19 uerba ‚quia aduena—patres mei', quae et in P et in AV omissa sunt, exhibeantur. qua re cognita pressaque si quis archetypum horum foliorum antiquiorem et paulo accuratiorem putet quam librum, cuius apographum est P, uix est, quod obiciatur. sed ad quaestionem absoluendam explicandamque duo folia non sufficiunt, quamuis digna sit, quae nostrum excitet studium quam acerrimum.

Quibus absolutis discrepantiae scripturae memoratu dignae proponantur:

p. 86 l. 17 ad] a — p. 86 l. 19 profetis — p. 86 l. 21 de corpus — p. 86 l. 22 profetiae — p. 86 l. 24 intellegi potest] intellegendum est. — p. 87 l. 4 forsitam danihel — p. 87 l. 7 uidetur — p. 87 l. 9 danihele — p. 87 l. 10 contenentiamque, co[i]nugati *(sic m. 1.)* — p. 87 l. 11 dilegentes — p. 87 l. 12 profeta — p. 87 l. 15 lapedei — p. 87 l. 17 insinuata — p. 87 l. 21 partem — p. 90 l. 16 iudei — a *est omissum* — p. 90 l. 18 abscondetis — p. 90 l. 19 inmunditia sua saturatos. — p. 90 l. 20 impietatem] pietatem — p. 90 22 *et* 24 eructuat — p. 90 l. 25 scientia — p. 90 l. 26 iudeis — infundi//// (*sic*) — p. 91 l. 1 eructua uerbum (*sic*) — p. 91 l. 4 bacculus (*prius* c *est erasum*) — p. 91 l. 6 bacculo — p. 91 l. 7 sint *est omissum* — p. 91 l. 10 sicut nec de bubus curam non — p. 91 l. 15 accipiendum] intellegendum — p. 91 l. 16 refrigerem (*sed* m *non facile legi potest*) — habeam — p. 91 l. 18 manufestatur (u *non bene cognosci potest*) — p. 91 l. 19 *uerba* quia aduena — patres mei, *quae desunt in PAV, seruata sunt, sed* inuena *exaratum, fuisse uidetur — Brandt legere sibi uisus est haec uerba:* quia aduena sum aput te in terra et peregrinus, *sed uoculas* in terra *exstare in codice pro certo dicere non audet.* —

Supra dixi codicem, ex quo haec duo folia fluxerunt, *AV* praestitisse et uno loco uel *P* codici. quod autem ad folia ipsa pertinet, ea iusto neglegentius scripta esse e uarietate scripturarum supra proposita concludamus necesse est. fortasse ex simili fonte deriuatus est codex Sangallensis n. 225 s. VIII, de quo iam sermo fuit p. XV. haec fragmenta parua, quae in apparatum non recepimus, quin ad codices recte aestimandos eorumque cognationem melius perspiciendam permagni sint momenti, dubitare noli.

Ad alterum librum emendandum etiam codicem Paris. 9380 s. VIII/IX membranaceum, qui bibliam, quam uocant Theodulphi, continet, adhibui. conferas quaeso, quod de hoc libro disputauit Sam. Berger in ‚Histoire de la Vulgate. Paris 1893' p. 149—170, in cuius fine Instructionum liber secundus legitur ualde corruptus plenusque interpolationum. in scriptura nominum propriorum constituenda eum in auxilium uocaui, quod summa cum diligentia scriptus est. si quis autem uiam uult cognoscere, qua interpolationes mirum in modum in altero libro — prior in uniuersum in omnibus libris est incorruptior — creuerint, uersetur et occupetur in libris iam p. XVI nominatis, quibus et cod. Vat. 553 est adscribendus. cum codex Paris. 9380 permultis abundet interpolationibus, in cod. Paris. 12237 appendicis loco additum est caput ‚De generationibus Adae', quod secundum Matthaeum I incipiens ab Adam etiam imperatores Romanos usque ad Iustinum, Tiberium Mauritiumque enumerat.

In rebus orthographicis, cum codicem P eam scribendi rationem seruauisse mihi persuasissem, qua Eucherius ipse usus est, eius auctoritatem, ubicumque fieri potuit, me secutum esse par fuit. non mihi uitio uertetur, quod uestigia eius tam anxie pressi, ut et inconstantiam eius retinuerim. re uera nesciui, quae alia sit ingredienda uia, si nomina propria respiciuntur. immo uero iam me paenitet, quod hic illic non recepi codicis scripturas, ueluti Ambacuc (cf. Hartel Lucifer von Cagliari und sein Latein. Arch. f. lat. Lexik. III. p. 35) et perfecti formam ‚percipi' p. 134, 28. in libro altero Instructionum saepe diiudicatu difficile fuit, utrum uocabula rara sint nomina, quae dicuntur propria, an appellatiua. qua de causa saepius de uera scribendi ratione primae litterae, sitne maior an minor, dubitari potest. etiam hoc loco repetendum est, quod antea de *S* diximus, nos accurate uarietates scripturae codicis exhibuisse, quamquam haud uno loco genera quaedam errorum semel indicauisse satis habuimus.

De bibliis s. ab Eucherio adhibitis fusius me data occasione agere posse spero; sed iam nunc haec sunt monenda: falsum esse Berger quod l. l. p. 2 secundum omnium opinionem episcopum Lugdunensem primum in Gallia sancti Hieronymi uersione usum esse credat, iam alio loco a me demonstratum est (Cf. Zeitschrift f. öst. Gymn. 1894 p. 223). immo locos e libris Mosis adlatos cum Pentateucho, qui Lugdunensis uocatur, consentire iam Pitra intellexit. Canticum canticorum artae cognationis uinculo coniunctum est cum illa uersione antiquiore, quam indefesso Bergeri labori debemus (Cf. Notices et extraits des manuscrits de la bibiothèque nationale et autres bibliothèques. Tome XXXIV, 2e partie. Notice sur quelques textes latins inédits de l'ancien Testament. p. 24), cum prophetarum textus prorsus diuersus sit ab eo, quem ab Hieronymo profectum esse constat. Quibus locis omnibus haud semel graues intercedunt discrepantiae inter P et S codicem. in uerbis autem edendis P codicem solum secutus exemplum eorum spreui, qui uersionem Graecam, quam septuaginta interpretibus debemus, aliasque Italae, quae uocatur, lectiones in auxilium uocant. mihi edenda fuerunt biblia, quae Eucherio praesto fuerunt, non autem ficta quaedam et excogitata. de uera enim Italae forma his temporibus quaestio institui nequit, quae quam plurimis dubiis est obnoxia. antea qui patrum fuerit textus, cognouerimus necesse est. adde quod fragmentorum noua editio est paranda. quae omnia si perfecta erunt, de uersionibus ante Hieronymum usitatis quaestionem perdifficilem non sine successu habere poterimus.

Passio Agaunensium Martyrum Eucherii opus genuinum esse mihi persuasit Stolle. (cf. Das Martyrium der thebäischen Legion. Breslau 1891 et Zeitschrift f. österr. Gymn. 1893 p. 657—658). quod codicem antiquiorem p. 11 desiderat, cui nisi s. IX liber non innotuit, iam in censura a me facta uotum expleui. nam passio et codice Parisino 9550 nobis est tradita. inde autem patet, cur hoc libro in textu constituendo usus sim fundamento. praeterea lectiones codicis Sangallensis membranacei 563 s. IX/X D (cf. D
Scherrer p. 179) adtuli, qui passionem p. 218—228 continet, quo P praestantia magis eluceret. quam parui pretii ceteri sint codices, ex paucis scripturis intellegi potest, quae in editione Migniana leguntur. editiones flocci non faciendae sunt.

Quod ad Agauni nomen pertinet, me non fugit uocem a Gregorio Turonensi *g* et *c* littera promiscue scriptam esse (Cf. Kruschii editionis indicem s. h. u.). cum autem in libro

Parisino hae duae litterae uix discerni possint, et ultima codicis folia lectu sint perdifficilia, semper media utor littera. sed silentio non omiserim mihi Eucherium ueterem quendam librum retractasse ueri simile esse, quem fortasse ab episcopo Gennauensi accepit; nam in hoc opusculo quaedam a sermone Eucheriano aliena uel ut potius dicam ab episcopo Lugdunensi rarius usurpata mihi detexisse uideor. sed haec hactenus; quaestio ipsa alio loco erit absoluenda.

Ad epistulam De Laude Heremi emendandam mihi praesto fuerunt libri manu scripti quattuor, quorum optimus est
R Cod. Vat. Reg. 708 membranaceus s. XII formae maioris R. constat duabus columnis tricenorum quaternorum uersuum et continet Bedae commentarios in Apocalypsim, Aymonii monachi historiam Francorum sanctique Benedicti translationem. haec epistula exstat fol. 25[a]—30[b]. R attamen mendis omnis generis non caret, quamquam interpolationibus liber est. quam ob rem ad alios codices nobis est confugiendum, quorum duo unius sunt familiae. dico

Codicem Parisinum 2182 membranaceum fol. 170
E duabus columnis tricenorum binorum uersuum s. XII—XIII E. praeter alia Eucherii scripta has continet litteras fol. 97[a]—102[b]. cui adnumerandus est simillimus cod. Paris. 2883
F membranaceus s. XIII. F. sed F non esse ex E deriuatum pro certo confirmatur nonnullis lectionibus, quae in illo solo inueniuntur, ueluti: p. 179, 15 *parabat*, p. 180, 27 *radiabat*, p. 182, 2 *tunguido*, p. 188, 10 *succedunt*, p. 188, 11 *uastitate*, p. 189, 3 *aliquid*, cum in hoc exhibeantur scripturae diuersae ut: p. 180, 23 *redit rursus*, p. 180, 27 *moles*, p. 181, 1 *rutilante*, p. 181, 6 *intrantesque*, p. 182, 18 *solitudine*, p. 185, 13 *caelo*, p. 186, 3 *quia*, p. 188, 26 *inuenire deum non solum*, p. 189, 26 *ullis sunt*, p. 191, 9 *infecundi*. eos autem ex eodem fonte fluxisse negari nequit.

Cod. Paris. 2990 (olim Colbertinus 6556, olim Regius
H 4594) membranaceus s. XIII H foliorum 93. exhibet hoc opusculum fol. 43[b]—50[b], hic liber uitiis omnis generis abundat. cuius scripturae uariae in adnotationem criticam sunt receptae,

quod cum eo arte coniunctus est codex, quo usus epistulam Parisiis a. 1578 edidit Gilbertus Genebrardus uel potius Dionysius Faucherius, licet paulo melior fuerit. ex illa editione ceterae originem duxerunt.

Librum manu scriptum, qui inuenitur in clara urbe Grenoble et s. XII adscribitur, inspicere nequiui. (cf. *Catalogue général des bibliothèques publiques des départements. T. VII. p. 99*)

Dolendum est, quod R solo fundamento in editione adornanda uti non possumus, quamquam altera codicum classis multo peior est. ualde desideramus P. codicem! sermonis igitur Eucheriani proprietatibus cognitis ducti saepe lectionem ueram eligere debemus uel potius diuinare.

Appendicis loco tres epistulae Eucherio datae a Saluiano, Hilario, Rustico receptae sunt, quia omnes in Sessoriano sunt traditae et duo priores in P. Saluiani epistula his temporibus ab Halmio edita est (Monumenta Germaniae historica. Auctores antiquissimi. tom. I pars prior p. 116) et a Paulyio in Saluiani editione (Vindobonae MDCCCLXXXIII p. 216.). excepto codice Parisino 95559 s. VII—VIII A. ab eis adhibiti sunt A
libri manu scripti recentioris aetatis (Cf. Halmii praef. p. VII et Sitzungsberichte der kais. Akad. tom. XCVIII p. 37, ubi Pauly accuratius de his codicibus loquitur). quae cum ita sint, praeter A ceteros spernendos esse credidi. has tres litteras iuris publici fecit Pitra p. 507—510. ex Sessoriano iam Ballerini epistulam alteram collata editione Quesnelli etiam emendarunt.[1]) tertiae epistulae ante Pitram unus et solus editor exstitit Iacobus Sirmondus Corbeiensi codice adhibito inter notas Sidonii lib. II. ep. I. hunc librum accurate excussi, cum diligentiae Pitrae meo iure diffiderem. quod cod. Paris. 12236, de quo supra p. XV disputatum est, f. 65^a—66^a nullam memoratu dignam praebet lectionem, eius in adnotatione critica mentionem non feci. Rusticus nobili genere natus a fratre est educandus Romam missus. cum primum in patriam rediit, monachorum uitam professus episcopus Narbonensis electus est. quem supremum diem obiisse putant anno 462. (Cf. Dizio-

[1]) Cf. Migne T. L. p. 1271 sq.

nario di Erudizione storico-ecclesiastica. Compilazione del Caualiere Gaetano Moroni Romano. Vol. LIX. p. 431—432. In Venezia 1852). quibus praestantissimis codicibus hae litterae haud paucis locis sunt emendatae.

Huius editionis ratio

Praesidiis optimis instructus de quibus supra rettuli ad adornandam editionem nouam accessi. ars critica in his operibus factitanda lectionum electione continetur coniectandi finibus tam anguste circumscriptis, ut idem mihi sit uerendum, quod in Cypriani editione partis III. p. LXXXVIII (Vindobonae MDCCCLXXI) Hartelius est professus, ne iis opus meum parum probetur, qui auctorum recognitiones ad numerum locorum emendatorum aestimare et perpendere solent. epistulae De laude heremi conditionem multo peiorem esse quam ceterorum librorum iam supra demonstraui. coniciendi libidini modum posuerunt proprietates sermonis Eucheriani cognitae et perspectae. nos docet Augustus Engelbrecht (Untersuchungen über die Sprache des Claudianus Mamertus. Sitzungsber. d. Phil.-Hist. Classe d. k. Akademie CX (1886) p. 435) Claudianum Mamertum Sidoniumque Apulei Frontonisque uestigia pressisse, eorum sermonem in Galliam induxisse, quamuis Sidonius exempla, quae imitando essent consequenda, et Gellium et Plinium et Symmachum proposuisset. Eucherius autem ueteres Galliae rhetores secutus secundum Sidonii praecepta ‚sermocinabatur' praeter illos tres uiros et Prudentium et Claudium Claudianum imitatus, cuius carmen De raptu Proserpinae diligentissime sine dubio lectitauerat, licet hic illic iam indicia usus Claudiani Mamertini Sidonianique apparerent. quarum imitationum quia semper rationem habui uel in rebus orthographicis, cum P codice exempli gratia scripsi ‚heresis', quae forma apud Prudentium est usitatissima. sed haec hactenus. data occasione sermonem Eucherianum accuratius tractare mihi in animo est, ut quae scripta episcopi Lugdunensis sint genuina, quae falso adscripta, diiudicare et discernere possis.

Iam grata beneficiorum memoria eos prosequi decet, qui in hac Eucherii operum parte edenda me adiuuerunt. in primis nominandus est Guilelmus de Hartel, magister praeceptorque optimus, studiorum meorum semper patronus, qui et auctor huius libri exstitit et per totum illud tempus, quo Eucherio recensendo operam dabam, singulari liberalitate et benignitate neque consilio neque opera mihi unquam defuit. quidquid usui mihi qui paruam incolo urbem esse poterat, undecumque congessit. cui quantum debeam, declarare quia iam diu mihi cordi fuit, ualde laetor, quod hac opportunitate usus nomine eius Eucherianis operibus praescribendo testificari potui. deinde opibus et Caesareae Academiae litterarum Vindobonensis et Summi Ministerii permultos libros manu scriptos et in Gallia et in Heluetia Italiaque conferendi data est mihi occasio facultasque, quarum bibliothecarum praefecti permulta in me contulerunt beneficia. tum me sibi deuinxerunt uiri doctissimi Carolus Schenkl, professor carissimus, et Iohannes Huemer, quorum doctrinae et liberalitati multa debeo. denique gratissimo animo mihi profitendum est, quanto opere obligatus deuinctusque sim Dr. Iohanni Grippel, huius seminarii primo praefecto, uiro humanissimo mihique amicissimo, qui et plagulis corrigendis et de sacrae scripturae locis iterum iterumque edocendo amicitiae munera multa et pretiosa expleuit.

Prodeat igitur hoc uolumen, quod licet opus multi laboris sit non ex omni parte esse absolutum et perfectum me ipsum non fallit! sed me firma fundamenta posuisse crediderim, in quibus aliorum insistant et theologorum et philologorum studia. Eucherium enim medio aeuo in omnibus monasteriis quam diligentissime lectitatum his diebus iniusta obrutum esse obliuione non est cur neges. inueniat et auctor et editor propitios iudices!

Scribebam in urbe Oberhollabrunn in Austria inf. mense Aprili a. 1894.

Carolus Wotke.

I.

S. Eucherii Lugdunensis

Formulae.

S = Codex Sessorianus s. VI
P = Codex Par. 9550 s. VII
G = Codex Sangallensis 230 s. IX
M = Codex Par. 12236 s. IX
N = Codex Par. 2769 s. VII—VIII

FORMULAE SPIRITALIS INTELLEGENTIAE.

PRAEFATIO.

Eucherius Verano filio in Christo salutem.

Formulas spiritalis intellegentiae conponendas tibique mittendas pro studio paternae erga te sollicitudinis existimaui, quibus perceptis in omnia scripta diuina facile se ad intellectum sequax sensus intenderet. nam cum littera occidat, spiritus autem uiuificet, necesse est ad illa spiritalium interiora sermonum spiritu uiuificante penetrari. uniuersam porro scripturam tam ueteris instrumenti quam noui ad intellectum allegoricum esse sumendam admonet nos uel illud, quod in ueteri testamento legimus: aperiam in parabolis os meum, loquar aenigmata antiqua, uel illud, quod in nouo testamento scribitur: haec omnia locutus est Iesus in parabolis ad turbas et sine parabolis non loquebatur eis. nec mirandum quod sermo diuinus prophetarum apostolorumque ore prolatus ab usitato illo hominibus scribendi modo multum recesserit facilia in promptu habens, magna in interioribus suis continens, quia et re uera fuit congruum, ut sacra dei dicta a ceteris scriptis sicut merito ita et specie discernerentur, ne illa caelestium arcanorum

7 II Cor. 3, 6. 12 Ps. 77, 2. 14 Matth. 13, 34.

3 *inscriptio deest in GM* 4 spiritalis] principalis *S* intellent (ge *m. 1*) *P* conponendas (m. *m. 1*) *P* 5 paternae sollicitudinis *SGM* 6 scribta *S* 8 uuficet *P* uiuificaet S^1 9 porro] prorsus *S* 11 ammonet *PM* alleguricum illut *S* 12 parabulis *P* inigmata *S* 13 uel item *S* item in *G* scribitur] legitur *S* 16 profetarum *(sic semper) P* 17 modum *S* faciliora *S* 18 promtu (p *m. 2*) *P* promptum *S* in *om. S* 18 continent *S* 19 ut *om. S* scribtis *S* 20 speciae *SGM* celestium *S* archanorum *S*

dignitas passim atque indiscrete cunctis pateret sanctumque canibus et margaritas porcis exponeret, ut uere ad illius columbae deargentatae modum, cuius posteriora specie auri splendentis inradiant, ita scripturae diuinae prima quaeque argento fulgerent, auro occultiora rutilarent. recte itaque procuratum est, ut illa eloquiorum castitas a promiscuis cunctorum oculis abdito suo quasi quodam uelamine pudicitiae contegeretur: ac diuina optime dispensatione prouisum est, ut scripta ipsa ita tegerentur caelestibus obumbrata mysteriis, sicut secreto suo ipsa diuinitas operiebatur. igitur cum in libris sanctis oculi domini, uterus domini, pedes, arma etiam domini scripta reperiantur longeque absit a catholica ecclesiarum fide deum corpore determinari, qui sit inuisibilis inconprehensibilis incommutabilis infinitus, requirendum est, qualiter ista per spiritum sanctum figurali expositione reserentur. hic enim inueniuntur illa dominici interiora templi, hic illa sancta sanctorum. corpus ergo scripturae sacrae, sicut traditur, in littera est, anima in morali sensu, qui tropicus dicitur, spiritus in superiore intellectu, qui anagoge appellatur. quam triplicem scripturarum regulam conuenienter obseruat confessio trinitatis sanctificans nos per omnia, ut integer spiritus noster et anima et corpus sine querella in aduentum domini dei nostri Iesu Christi iudiciumque seruetur. sapientia mundi huius philosophiam suam in tres partes diuisit: physicam ethicam logicam.

1 (Matth. 7, 6.) 2 Ps. 67, 14. 21 I. Thes. 5, 23.

1 di[g]nitas (g *m. 1*) *S* adque *SM* 2 et *om. S* exponerentur *GM* 3 deargentate *S* speciae *S* 4 splendentes *S* inradiat *G* ita *om. P* uta (u *eras.*) *S* scribturae *(sic semper) S* 5 oscultiora *(sic) S* 6 ille loquiorum *G* a *om. S* ocolis *S* 7 quasiqquodam *(sic) P* pudicitiae uelamine *SM* 8 obtima *M* 9 celestibus *S* 12 repperiantur (*prius* p *eras.*) *P* repperiantur *S* deo *S* 13 in corpore *M* inuisebilis *S* incon[m]praehensibilis (m *m. 2*, a *erasum*) *P* incomprensebilis *S* est *om. S* 15 ficurali *S* 17 est *om. S* 18 superiori *M* 19 anagogen *SG* 20 obserbat *S* sanctificans] saluificans *S* 22 querellam *S* in *om. S* 23 philosofiam *M* 24 phisicam *S* fysicam *P* fisicam *M* aethicam *S* haeticam *G* logicam *om. G*

id est naturalem moralem rationalem, sed naturalem illam pertinentem ad causas naturae, quae uniuersa contineat, moralem uero, quae respiciat ad mores, rationalem autem, quae de sublimioribus disputans deum omnium patrem esse confirmet. quam tripertitam doctrinae distributionem non adeo abhorret illa nostrorum in disputatione distinctio, qua docti quique hanc caelestem scripturarum philosophiam secundum historiam secundum tropologiam secundum anagogen disserendam putant. quapropter historia ueritatem nobis factorum ac fidem relationis inculcat, tropologia ad uitae emendationem mysticos intellectus refert, anagoge ad sacratiora caelestium figurarum secreta perducit. sunt etiam qui allegoriam in hoc scientiae genere quarto in loco adiciendam putent, quam gestorum narratione futurorum umbram praetulisse confirment. haec uero ipsa ut subiectis plenius manifestentur exemplis, caelum est secundum historiam hoc quod intuemur, secundum tropologiam uita caelestis; aquae secundum allegoriam baptismus, secundum anagogen angeli, unde est illud: et aquae quae super caelos sunt laudent nomen domini. omnis autem disciplina nostrae religionis ex illo duplici scientiae fonte manauit, cuius primam practicen secundam theoreticen uocauerunt, id est actualem et contemplatiuam; unam, quae actualem uitam morum emendatione consummet, aliam, quae in contemplatione caelestium et diuinarum scripturarum disputatione uersetur.

18 Ps. 148, 4.

1 sed *supra lin.* *P* *om.* *S* naturalem] rationalem *S* 3 respecet *S* respicit *M* respicet *G* mores] morales *S* 4 sublimibus *S* patrem omnium *S* 5 tripertitae *S* tripartitam *P* doctrinae suae *M* 6 aborret *S* 7 philosofiam *P* 8 istoriam *M* trophologiam *S* disserendum *S* disserenda *G* 9 historiae *S* 10 tropologiam *SM* 11 misticus *SM* anagogen *SM* 12 perducitur *S* 14 narrationem *SGM* umbra[m] (m *m. 1*) *P* 15 manifestetur *SM* 16 storiam *M* 18 ana[go]gen (go *m. 1*) *P* angelis *S* unde—domini *om.* *S* 20 fontem *S* 21 practicem *S* theore[ti]cen (ti *m. 1*) *P* theoricen *M* theoreticem *S* 23 emendationem *S* consu[m]met (m *m. 1*) *P*

ergo actualis scientia in diuersa studia diffunditur, contemplatiua autem in duas deriuatur partes, id est in historica disputatione et spiritalis intellegentiae interpretatione consistit. sed his nunc remotis formulas intellegentiae spiritalis quas spopondimus proponamus currentes per singulorum nominum figuras, quibus ista in illo diuinae lectionis inserta textu accipi solent. oremus itaque dominum, ut reuelet condensa scripturarum suarum et proferamus, quo modo secretiore intellectu sentiendum sit:

I. de his, quae appellantur membra domini uel quae de eo significantur,
II. de supernis creaturis,
III. de terrenis,
IIII. de animantibus,
V. de uariis nominum appellationibus,
VI. de interiore homine,
VII. de his, quae in usu atque in medio habentur,
VIII. de uariis uerborum uel nominum significationibus,
VIIII. de Hierusalem uel aduersis eius,
X. de numeris.

Ergo ipsas nunc nominum atque uerborum significantias, secundum quas uel maxime in allegoriam trahuntur, prout donum domini suggesserit, explicemus.

2 in duas in duas *(II posteriora uerba erasa) P* deriuata *GM* deriuatas *S* storica *MS* 3 interpraetatione *S* interpraetatione (a *prius erasum*) *P* 4 formolas *S* spondimus (po *m. 1*) *P* 7 accepi *S* 9 EXPLICIT PROLOGUS INCIPIT CAPITULA FORMULARUM *S* INCIPIUNT CAPITULA LIBRI PRIMI ERUDITIONUM *M* 12 craeaturis *S* 16 interiorem hominem *S* 17 adque *SM* 20 EXP. CAPITULA. INCIP. LIBER I. *S* 21 ergo—explicemus *om. S* ipsas iam *GM* 23 dei *GM* expl. caplam *G* INCIPIT LIBER ERUDITIONUM *M*

I. DE HIS QUAE APPELLANTUR MEMBRA DOMINI UEL QUAE DE EO SIGNIFICANTUR.

Oculi domini intelleguntur inspectio diuina; in psalmo: oculi domini super iustos.

Aures domini cum exaudire dignatur; in psalmo: et aures eius in preces eorum.

Os domini sermo ad homines; in propheta: os domini locutum est.

Uerbum domini filius; in psalmo: eructauit cor meum uerbum bonum.

Bracchium domini filius, per quem omnia operatus est; in propheta: bracchium domini cui reuelatum est.

Dextera domini idem quod supra; in psalmo: dextera domini fecit uirtutem.

Uterus domini secretum, ex quo filium protulit; in psalmo: ex utero ante luciferum genui te.

Pedes domini stabilitas aeternitatis; in psalmo: et caligo sub pedibus eius.

Uestigia domini operum secretorum signa; in psalmo: et uestigia tua non cognoscentur.

3 Ps. 33, 16. 5 ib. 7 Es. 1, 20. 9 Ps. 44, 2. 11 Es. 53, 1. 13 Ps. 117, 16. 15 ib. 109, 3. 17 ib. 17, 10. 19 ib. 76, 20.

1 *inscriptio deest semper in P, legitur solus numerus in margine.* uel significantur *om.* *S* 3 ps. XXXIII *S* 5 domini quid est *S* *(semper haec adduntur in I. cap.)* psal. *(sic fere semper.)* *P* qui supra et aures *S* 6 ad precis *S* 7. *et* 8. *uersus deest in S* 9 ps. XLIIII *S* 12 et bracchium *S* 13 ps. CXVII *S* 15 segretum *S* ps. CVIIII *S* 16 lucifero *S* 17 ps. XVII *S* galigo *M* 19 segretorum *S* insignia *S*

Gressus domini aduentus uel uisitatio domini; in psalmo: uisi sunt gressus tui, deus.

Arma domini adiutoria eius in sanctos; in psalmo: adprehende arma et scutum.

Scutum protectio dei; in psalmo: domine, ut scuto bonae uoluntatis tuae coronasti nos.

Framea ultio diuina; in psalmo: effunde frameam et conclude in impios.

Arcus intentio conminationis diuinae; in psalmo: arcum suum tetendit et parauit illum.

Sagittae praecepta diuina uel apostoli; in psalmo: misit sagittas suas et dissipauit eos.

Gladius uindicta uel sermo domini; in apostolo: uiuus est enim sermo dei et efficax et penetrabilior omni gladio ancipiti.

Romphea idem quod supra.

Tuba dei uox manifesta domini; in apostolo: in iussu et uoce archangeli et in tuba dei.

Currus dei sedes dei uel quadriformitas euangeliorum; in psalmo: currus dei decem milibus multiplex.

Uirga dei regni significatio uel correptio disciplinae; in psalmo: uirga aequitatis, uirga regni tui.

Baculum dei sustentatio consolationis dei; in psalmo: uirga tua et baculum tuum ipsa me consolata sunt.

1 ib. 67, 25. 3 ib. 34, 2. 5 ib. 5, 13. 7 ib. 34, 3. 9 ib. 7, 13. 11 ib. 17, 15. 13 Hebr. 4, 12. 17 I. Thess. 4, 15. 19 Ps. 67, 18. 21 ib. 44, 7. 23 ib. 22, 4.

1 ingressus *M* 3 sanctis *M* ps. XXXIIII *S* adpraehende (p *m. 2* a *erasum*) *P* adpraehinde *S* 5 domini *G* ps. V *S* 6 bone (a *m. 1*) *P* bone *GMS* nos *om. G* 7 ps. XXXIIII *S* framea *S* 8 impiis *M* 9 comminationis *PS* ps. X (*sic*) *S* 10 illum *om. G* 11 diuina apostoli ut prophete *G* ps. XVII *S* 13 gladium *M* apostolo ad hebreos *M* 14 domini *SGM* penetrauilior *S* 16 romfea *P* rumphea *G* 17 in psalmo *M* 18 in uoce *GM* 19 sedis *M* ps. LXVII 20 dece milia *S* 22 ps. XLIIII *S* equitatis *P* 23 ps. XXII *S* 24 baculos tuos *S* consolatae *S*

Carbones ignis caritatis aut exemplorum aut paenitentiae; in psalmo: cum carbonibus desolatoriis.

Fumus initia conpunctionis futurae uel ipsius conminationis dei; in psalmo: ascendit fumus in ira eius. item in aliam partem sicut fumus oculis noxius, id est uanitas.

Ignis spiritus sanctus; in Actibus apostolorum: et apparuerunt illis dispertitae linguae tamquam ignis seditque super singulos eorum et repleti sunt omnes spiritu sancto.

II. DE SUPERNIS CREATURIS.

Caeli apostoli siue sancti, ideo quod dominus habitet in eis; in psalmo: caeli enarrant gloriam dei.

Nubes prophetae siue sancti, quia pluant uerbum domini; in Esaia: mandabo nubibus desuper ne pluant.

Tonitrua uoces euangelii, eo quod de caelo intonent; in psalmo: uox tonitrui in rota.

Coruscationes splendores euangelii; in psalmo: inluxerunt coruscationes tuae orbi terrae.

Fulgura uirtutes uel uerba Iesu Christi; in psalmo: et fulgura multiplicauit et conturbauit eos.

Throni angeli uel sancti uel ipsa regnandi potestas; in psalmo: thronus tuus deus in saeculum saeculi; item

2 Ps. 119, 4. 4 ib. 17, 9. 6 Act. 2, 3–4. 11 Ps. 18, 2. 14 Es. 5, 6. 16 Ps. 76, 19. 17 ib. 19 Ps. 17, 15. 22 ib. 44, 7.

1 *alterum* aut *om. S* aut paenitentiae *om. G* 2 ps. CXVIIII *S* carbonis (b *m. 2*) *P* 3 conpunctionis (m *m. 1*) *P* 4 ps. XVII *S* 5 idem fatuitas *M* 8 supra *GM* sincolas (gu *m. 2*) *S* 12 ps. XVIII. *S* innarrant *S* 13 nubes quid sunt (*sic semper usque ad* abyssus) *S* prophetice *M* qui *S* dei *S* 14 pluant super ea pluuium *S* 15 ps. LXXVI tonitrui tui *S et dett.* 17 chоruscationes *(bis) S* 19 uirtutis (e *m. 2*) *S* ps. XVII *S* et *om. M* 19 fulgora *G* 21 siue—siue *S* 22 ps. XLIIII *S* tuos (u *m. 2*) *S*

in aliam partem de diabolo: ponam thronum meum ad aquilonem.

Sedes idem quod supra, angeli uel sancti, quod in his dominus sedeat; in psalmo: deus sedet super sedem sanctam suam.

Sol dominus Iesus Christus, quia fulgeat terris: in Salamone: ergo sol iustitiae non luxit nobis.

Luna ecclesia, eo quod in hac mundi nocte resplendeat; in psalmo: fecit lunam in tempora.

Stellae sancti siue docti; in Daniele: docti tamquam stellae fulgebunt; interdum et angeli.

Nebula uelamentum mysteriorum dei; in propheta: et nebulae puluis pedum eius.

Caligo diuinorum secretorum operimentum; in psalmo: et caligo sub pedibus eius.

Abyssus profunditas scripturarum; in psalmo: abyssus abyssum inuocat.

Ros uerbum domini, ideo quod madefaciat hominum terram: in psalmo: sicut ros Hermon qui descendit super montem Sion.

Pluuia praecepta uel mandata domini, eo quod terram, id est homines, inriget; in psalmo: pluuiam uoluntariam segregabis deus hereditati tuae.

Niues pro candore iustitiae maxime; in psalmo: lauabis me et super niuem dealbabor.

1 Es. 14, 13. 4 Ps. 46, 9. 6 Sap. 5, 6. 8 Ps. 103, 19. 10 Dan. 12, 3. 12 Nah. 1, 3. 14 Ps. 17, 10. 16 ib. 41, 8. 19 Ps. 132, 3. 22 ib. 67, 10. 24 ib. 50, 9.

1 malam partem *M* diabulo *PGM* et ponam *M* 3 eo quod *M* hiis *GM* 4 ps. XLVI *S* sedit *G* 6 solomone *(sic fere semper) S* salomone *GM* 9 ps. CIII *S* luna *SG* tempore *SM* 10 uel *M* danihelo *G* 11 st^{e}ille (e *m. 2*) *S* 12 misteriorum *M* 13 pedum puluis *M* 14 calico *G* galigo *M* perimentum *G* ps. XVII *S* 15 kaligo *G* 16 ps. XLI *S* abissus *S* 18 in eo *M* ualde faciat *S* terra *S* 19 ermon *M* quod *SG* discendit *PSGM* super] in *GM* 22 ps. LXVII *S* pluuia uoluntaria segregans *S* 24 ps. L *S*

Grando conminationes domini, quibus contumaces euerberet; in psalmo: grando et carbones ignis. item in aliam partem: et occidit in grandine uineas eorum.

Pruina abstinentia, eo quod per hanc frigescat calor corporis; in psalmo: factus sum sicut uter in pruina.

Tempestas persecutionum uel tribulationum impetus; in psalmo: qui saluum me fecit a pusillo animo et tempestate.

Glacies durities peccatorum; in Salamone: et sicut in sereno glacies ita soluentur peccata tua.

Uenti animae sanctorum; in psalmo: uolauit super pinnas uentorum. item in malam partem in Matthaeo: et flauerunt uenti.

Aquilo diabolus uel homines infideles aut mali; in propheta: ab aquilone exardescent mala super terram.

Dexter idem quod supra; in Salamone: aquilo durus est uentus. nomine autem dexter uocatur, eo quod diabolus nomen sibi dextri praesumat tamquam boni, siue quod occidentem, id est peccatum, respicientibus dexter fiat.

Auster calor fidei; in psalmo: sicut torrens in austro.

Aer inanitatis enuntiatio; in apostolo: sic pugno non quasi aerem uerberans, id est: non inania consectans.

Tempora oportuna distributio uoluntatis diuinae; in psalmo: fecit lunam in tempora.

2 ib. 17, 13. 3 ib. 77, 47. 5 ib. 118, 83. 7 ib. 54, 9. 9 Eccli. 3, 17. 11 Ps. 17, 11. 12 Matth. 7, 25 15 Hier. 1, 44. 16 Prou. 25, 23. 20 Ps. 125, 4. 21 I. Cor. 9, 26. 24 Ps. 103, 19.

1 comminationes *PM* crueret *S* euerberat *G* eueruerct *M* 2 ps. XVII *S* 4 frigiscat *PG* 5 ps. CXVIII *S* proina *S* 6 impetus tribulationum uel persecutionum *S* ps. LIIII *S* 7 facit *M* 9 glacies in sereno *S* glazies *(bis) G* 10 soluuntur *S* 11 uentus *S* ps. X *(sic) S* 12 mattheo *SM* matheo *G* 14 diabulus *PGM* in propheta *om. S* 15 ab *om. G* arescent *G* 17 uentus durus est *M* nomen *M* autem *om. S* diabulus *GM* 19 respit *G* 20 calore fidei succensus *M* ps. CXXV *S* torrente|| *S* 21 inanitas enuntiationis *M* apostulo *G* pugno non quasi in incertum *S* 22 id hoc *S* non—consectans] inaniniter *S* 23 uolumptatis *M* ps. CIII *S* 24 luna *SG*

Uer uitae renouatio uel per baptismum uel per resurrectionem; in psalmo: aestatem et uer tu fecisti ea.

Aestas uenturae iucunditatis praefiguratio; in psalmo idem quod supra.

Hiemps persecutio uel tribulatio; in euangelio: ut non fiat fuga uestra hieme uel sabbato.

Anni aliquando pro aeternitate accipiuntur ut ibi: anni tui non deficient, interdum et pro breuitate uitae, ut hic: anni nostri tamquam aranea meditabuntur.

Dies et nox iustitia et iniquitas, fides et infidelitas, prospera et aduersa; in psalmo: in die mandauit dominus misericordiam suam et nocte declarauit.

Lumen et tenebrae ita maxime accipiuntur ut dies et nox; in epistula Iohannis: qui diligit fratrem suum, in lumine manet, qui autem odit fratrem suum, in tenebris est.

Umbra protectio diuina; in psalmo: sub umbra alarum tuarum protege me.

Hora quingenti, ut putant quidam, anni, si quando dies pro toto mundi istius saeculo accipitur; in epistula Iohannis: filioli, nouissima hora est.

Oriens saluator maxime; in Luca: uisitauit nos oriens ex alto; et in Zaccharia: ecce uir oriens nomen eius.

2 Ps. 73, 17. 5 Matth. 24, 20. 7 Ps. 101, 28. 9 ib. 89, 9. 11 ib. 41, 9. 14 I. Ioh. 2, 10—11. 16 Ps. 16, 8. 20 I. Ioh. 2, 18. 21 Luc. 1, 78. 22 Zach. 6, 12.

1 per *ante* resurrectionem *om. M* 2 ps. LXXIII *S* aestate *S* uir (e *m. 2*) *S* eam *G* 3 aestus *S* iocunditatis *SM* praeficuratio *S* 5 orate ut non *M* uestra fuga *G* 8 defitient *G* 9 tamquam] sicut *M* 10 fedes (i *m. 2*) *S* infedelitas (i *m. 2*) *S* 11 ps. XLI *S* 13 maximae *S* 14 epistola *SGM* diligete (i *m 2*) *S* 15 manet (i *m. 2*) *S* 16 ps. XVI *S* 17 protige (e *m. 2*) *S* me *om. G* 18 ut anni *M* quidam putant *S* 19 toto (u *m. 2*) *S* accipiuntur *M* 20 nouissimi (a *m. 2*) *S* 21 maximae *S* uisetauit (i *ex* e *corr. m. 2*) *S*

Occidens uitae melioris defectus; in propheta: occidet uobis sol meridie.

Mane lux actuum bonorum uel baptismum uel resurrectio; in psalmo: mane adstabo tibi et uidebo te.

Meridies plena doctrinarum factorumque claritas; in Salamone: ubi cubas in meridie? et in malam partem in psalmo: a daemonio meridiano id est manifesto.

Uespere finis uitae uel saeculi uel poena; in psalmo: ad uesperum demorabitur fletus et ad matutinum laetitia.

III. DE TERRENIS.

Terra homo ipse; in euangelio: aliud cecidit in terram bonam. item in malam partem de peccatore: terram edes omnibus diebus uitae tuae.

Arida infructuosi hominis caro; in Ecclesiastico: cooperire aridam malitia et dolositate.

Puluis peccatores uel carnis uanitas; in psalmo: sicut puluis, quem proicit uentus.

Lutum peccatorum glutinum; in psalmo: eripe me de luto, ut non infigar; item in aliam partem in Iohanne: lutum fecit et liniuit oculos meos.

Montes dominus ecclesia apostoli siue sancti a celsitudine uirtutum; in psalmo: qui descendit super montem Sion.

1 Am. 8, 9. 4 Ps. 5, 5. 6 Cant. 1, 6. 7 Ps. 90, 6. 8 ib. 29, 6. 11 Marc. 4, 8. 12 Gen. 3, 14. 14 Eccli. 37, 3. 16 Ps. 1, 4 18 ib. 68, 15. 20 Ioh. 9, 11. 22 Ps. 132, 3.

1 occidit *SGM* 2 meridie] ueritatis *S* 4 ps. V *S* astabo *PM* te *om. S* 5 que *om. S* salomone *GM* 7 ps. XC *S* 8 uespere *PGM* uesper *S* poena] bene *M* ps. XXVIIII *S* 9 demora[b]uitur *S* (b *m. 2*) a matot[i]inum *S* 11 aliut *M* 12 item] et *SM* aedes *M* 13 omnebus (i *m. 2*) *S* 14 caro est et *M* ecclesiastico] salomone *S* cooperiere *S* 15 malitiam et dolositatem *SM* 17 proiciet *SM* 18 loto *S* 19 infigar] inaeream *S* euangelio iohannis *S* 20 le[i]niuit (i *ex* e *corr. m. 2*) *S* liniuit *GM* 22 qui] quod *S* d[e]iscendit *S* (*corr. m. 2*) discendit *GM*

item in aliam partem in propheta: ne quando offendant pedes uestri ad montes caligosos, id est hereticos.

Colles sancti sed minoris meriti: in psalmo: montes et omnes colles. item in malam partem in euangelio: omnis collis et mons humiliabitur.

Valles contritione cordis humiles; in psalmo: et conualles abundabunt frumento. et in malam partem propheta: uallem filiorum Ennom.

Petra Christus a firmitate; in apostolo: petra autem erat Christus.

Lapides interdum Christus aut sancti; in psalmo: lapis quem reprobauerunt aedificantes. item in aliam partem: potens est deus de lapidibus istis suscitare filios Abrahae.

Ager hic mundus; in euangelio: ager est hic mundus.

Campi sancti siue scripturae diuinae, eo quod pastum animarum praebeant; in psalmo: et campi tui replebuntur ubertate. item in malam partem: in campo Taneos.

Pascua refectio spiritalis; in psalmo: in loco pascui ibi me conlocauit.

Cultura sancti, qui excoluntur in deum; apostolus: dei agricultura estis.

1 Hier. 13, 16. 3 Ps. 148, 9. 4 Luc. 3, 5. 6 Ps. 64, 14. 8 Hier. 19, 2. 9 I. Cor. 10, 4. 11 Ps. 117, 22. 13 Matth. 3, 9. 15 ib. 13, 38. 17 Ps. 64, 12. 18 ib. 77, 43. 19 ib. 22, 2. 21 I. Cor. 3, 9.

1 in *om. P* 2 ad hereticos *S* hereticorum *G* 3 minores *M* ps. CXLVIII *S* 4 malam] aliam *SGM* omnes *P* omnes (i *m. 2*) *S* 5 mons et collis *S* 6 ps. LXIIII *S* comualles (n *m. 2*) *S* 7 habundabunt *S* et] item *S* in propheta *S* 8 emnom *S* 9 christus sicut in apostolo *G* 11 ps. CXVII *S* lapidem quem *M* 12 aedificantes. et in in propheta. sancti lapides soluuntur super terram *M* partem in euangelio *S* 16 sancti siue *om. S* 17 praeueant (b *m. 2*) *S* ps. LXIIII *S* 18 item] et *M* item in psalmo LXXII: in campo thaneos; in psalmo LXXII: in loco pascue ibi me conlocauit *S* 19 *om. S* pascuae *GM* 21 domino in apostolo *S*

Agricola deus, in euangelio dominus: ego sum uitis uera et pater meus agricola est.

Sulci corda sanctorum; in psalmo: sulcos eius inebrians.

Semen diuina praedicatio; in euangelio: exiit qui seminat seminare semen suum.

Messis ubertas uel copia fidelium; in euangelio: leuate oculos uestros et uidete regiones quia albae sunt iam ad messem; et aliter: messis consummatio saeculi sicut messores angeli.

Manipuli fructus iustitiae; in psalmo: portantes manipulos suos.

Stipula aridi ad fidem uel inanes; in apostolo: ligna faenum stipula, et in propheta: heu mihi quia factus sum sicut qui colligit stipulam in messe, hoc est: nullos boni operis fructus inueni.

Area ecclesia; in euangelio: et permundabit aream suam.

Uentilabrum examen iustitiae dei; in euangelio: cuius uentilabrum in manu sua.

Triticum sancti uel electi dei; in euangelio: et congregabit triticum suum in horeum.

Hordeum legis littera; in euangelio: est puer unus hic, qui habet quinque panes hordiacios.

1 Ioh. 15, 1. 3 Ps. 64, 11. 4 Luc. 8, 5. 6 Ioh. 4, 35. 8 Matth. 13, 39. 10 Ps. 125, 6. 12 I. Cor. 3, 12. 13 Mich. 7, 1. 16 Matth. 3, 12. 18 ib. 20 ib. 22 Ioh. 6, 9.

1 deus dominus *S* in euangelio secundum iohannem *S* dominus *om. SGM* 3 sulcus *S* 4 praedicatione *M* 6 messes *P* cupia *GM* 7 uedete (i *ex* e *corr. m. 2*) *S* 8 iam *om. S* messes *P* saecoli *S* 9 sicut et messores *G* 10 ps. CXXV *S* portantis (e *m. 2*) *S* 12 inanes ignis *S* 13 feno *S* (u *m. 2*) 14 messem *GM* 15 nulli *S* fructos *GM* 16 permundauit *S* 18 uentelabrum *PS* dei *om. M* 20 congregauit *S* 21 suum *om. S* horreo suo *S* 22 ordeum *M* hic *om. M* 23 habit *S* quinque *om. S* ordiacios *SGM*

Paleae peccatores; in euangelio: paleas autem conburet igni inextinguibili; et Hieremias: quid paleis ad triticum dicit dominus?

Zizania scandala uel male uiuentes; in euangelio: uenit inimicus eius et superseminauit zizania in medio tritici.

Uinea ecclesia uel populus Israhel; in psalmo; uineam de Aegypto transtulisti. item in malam partem: ex uinea enim Sodomorum uitis eorum.

Uitis Christus; in euangelio: ego sum uitis uera. item in aliam partem ut supra in cantico deuteronomii: ex uinea Sodomorum uitis eorum.

Palmites apostoli uel sancti; in euangelio: ego sum uitis, uos palmites. et in malam partem in cantico deuteronomii: et palmes eorum ex Gomorra.

Uuae fructus iustitiae; in cantico Esaiae: exspectaui ut faceret uuam. item in malam partem in deuteronomio: uua eorum uua fellis.

Botrus ecclesia siue corpus domini; in numeris: eo quod botrum inde portassent filii Israhel.

Uindemia consummatio saeculi uel uindicta in populum; in psalmo: uindemiant eam omnes qui praetergrediuntur uiam. et Iohel: mittite falces et uindemiate uineam terrae, quia maturae sunt uuae eius.

1 Matth. 3, 12. 2 Hier. 23, 28. 4 Matth. 13, 25. 7 Ps. 79, 9. 8 Deut. 32, 32. 10 Ioh. 15, 1. 11 Deut. 32, 32. 13 *et* 15 Ioh. 15, 5. 16 Es. 5, 4. 17 Deut. 32, 32. 19 Num. 13, 25. 22 Ps. 79, 13. 23 Ioel 3, 13.

1 conburit *S* conpuret *M* 5 inimicos (u *m. 2*) *S* eius *om. S* 6 trici *P* 8 aliam partem *S* 10 uitis *legitur in S post* palmites uites *P* *(altero loco)* 11 quod supra *M (cetera sunt omissa)* 14 in—deuteronomii *om. M* deutheronomii *(sic semper) S* 15 palmites *S* 16 ubae (u *m. 1*) *S* et expectauet facere ubam (u *m. 2*) *S* uua *M* 19 quo *S* (d *m. 2*) 20 portarent *M* strahel *S* 22 transeunt uia *S* transeunt uiam *GM* uindimiante *S*

Torcular altare ab eo, quod ibi oblationes tamquam fructus conferantur; in cantico Esaiae: et torcular fodi in ea. et aliter torcular tribulationum pressura, in qua fideles probantur; in titulo psalmi: in finem pro torcularibus.

Faenum caro uel uana gloria; in propheta: omnis caro faenum et omnis gloria eius ut flos faeni.

Herbae iucunditas quaedam proficientis animae; in Genesi: producat terra herbam uirentem. item in malam partem: mane sicut herba transeat.

Flores Christus uel specimen iustitiae; in psalmo: iustus ut palma florebit.

Lilium Christus uel angeli a candore iustitiae; in Salamone: ego flos campi et lilium conuallium.

Rosae martyres a rubore sanguinis; in Salamone: sicut rosa germinat super uuida fluenta.

Uiolae confessores ob similitudinem liuidorum corporum; in cantico canticorum: flores in terra uisi sunt.

Siluae gentes; in psalmo: inuenimus eam in campis siluae. de his siluis egressi sunt duo ursi reges Romanorum ad praeceptum figurati Helisaei et post XLII annos ascensionis eius ad caelos Iudaeos pueros comederunt.

2 Es. 5, 2. 4 Ps. 8, 1. 5 Es. 40, 6. 8 Gen. 1, 11. 9 Ps. 89, 6. 10 Ps. 91, 13. 13 Cant. 2, 1. 14 Eccli. 39, 17 17 Cant. 2, 12. 18 Ps. 131, 6. 19 [IIII Reg. 2, 24.]

1 ab *om.* *SM* tamquam fructus *om.* *S* 2 torcolar *S* 3 tocolar (r *et* u *m. 2*) *S* praessura *S* 4 propter (pter *erasum*) *S* torcolaribus *S* 5 fenum (*semper*) *SGM* omnes (i *ex* e *corr. m. 2*) *S* 7 herba *S* iocunditas *S* 8 terram *S* et in aliam partem *S* 10 specimen] species *S* ps. XCI *S* 11 florit (e *m. 1*) *S* florebit. et de hominum quoque uita presente in aliam partem: mane floreat et pertranseat *M* 14 martires robore *PS* 15 uuida fluenta] riuum umectum *S* 16 similitudine *M* liuidorum diuinorum *S* 17 uisi sunt—comederunt *om.* *G* in terram *S* 18 in psalmo *om.* *S* ea *S* 19 siluae] silua *M* reges romanorum uespasianus et titus *SM*

Condensa opaca uel contecta scripturae diuinae; in psalmo: et reuelauit condensa.

Ligna peccatores igni deputandi; in Ecclesiaste: qui scindit ligna, periclitabitur in eis. item in bonam partem: et erit tamquam lignum quod plantatum est.

Radix origo; in apostolo: quod si radix sancta et rami. et in malam partem in psalmo: et radicem tuam de terra uiuentium.

Arbor homo a fructu operum; in euangelio: aut facite arborem bonam et fructum eius bonum. et in malam partem: aut facite arborem malam et fructum eius malum. quidam in hoc testimonio arborem hanc uoluntatem hominis magis quam ipsum hominem accipiendam putant.

Ramus successio; in apostolo: quod si radix sancta et rami. item in malam partem in Daniele: praecidite ramos eius.

Folium sermo doctrinae; in psalmo: et folium eius non defluet. et aliter folium uestitus et decor cum protectione diuinae gratiae.

Poma sanctorum in uirtutibus fructus: in cantico canticorum: et manducet fructum pomorum suorum.

Palma perfectio uel uictoria; in psalmo: iustus ut palma florebit.

2 Ps. 28, 9. 3 Eccle. 10, 9. 5 Ps. 1, 3. 6 Rom. 11, 16. 7 Ps. 51, 7. 9 *et* 11 Matth. 12, 33. 14 Rom. 11, 16. 15 Dan. 4, 11. 17 Ps. 1, 3. 21 Cant. 5, 1. 22 Ps. 91, 13.

1 opoca *P* ps. XXVIII *S* 2 et *om. M* 3 depotandi *S* ecclesiasten *S* 4 incendit *S* periglitabitur *S* 5 in—partem] in psalmo primo *S* 6 apostulo *M* radex *S* (i *m. 2*) 9 a] ob *M* fructus *S* 12 uolumtatem *M* 13 quidam—putant *om. G* accipiendum *S* hominem accipiunt *M* 14 apostulo *GM* radex (i *ex* e *corr. m 2*) *S* 15 in propheta *S* danihelo *GM* praecedite (i *ex* e *corr. m. 2*) *S* 17 ps. I *S* 18 defluet] decidit *S* et *ante* aliter *om. G* decorum *S* 21 manducit (e *m. 2*) *S* 22 ps. XCI *S* iustos (u *m. 2*) *S* 23 floriet *S* florebit. et in apostolo: omnes quidem currunt, sed unus accipiet palmam. id est inter omnes ereses solus catholicus populus coronatur *M*

Caedri excelsioris potentiae uiri; in psalmo: ut caedri Libani multiplicabuntur. et in malam partem in psalmo: et confringet dominus caedros Libani.

Olea sanctus misericordiae abundans fructibus; in psalmo: ego autem sicut oliua fructifera.

Oleaster homo sine fructu uel gentilis; in apostolo: si autem tu ex naturali excisus es oleastro.

Ficus synagoga interdum; in euangelio: et arefacta est continuo ficulnea. et in Habacuc: ficus non adferet fructum.

Malogranata ecclesia de multis gentibus siue diuersas gratias habens; in canticis canticorum: emissiones tuae paradisus malogranatorum cum fructu pomorum.

Harundo peccator uel fragilis in fide; in euangelio: harundinem quassatam non confringet. item harundo infirmum auxilium; in propheta: quid confides in baculo isto harundineo aegyptio? cui si quis incubuerit, conquassabitur et perforabit manum eius.

Rubus ut quidam opinantur, sanctae Mariae uirginis praefiguratio, eo quod quasi de humani corporis rubo saluatorem

1 Ps. 91, 13. 3 ib. 28, 5. 5 ib. 51, 10. 6 Rom. 11, 24. 8 Matth. 21, 19. 9 Ab. 3, 17. 12 Cant. 4, 13. 15 Matth. 12, 20. 16 Es. 36, 6.

1 ps. XCI *S* caedros (u *m. 2*) *S* cedrus *G* cedrum *M* 2 liuani (b *m. 2 bis*) *S* multiplicauitur (b *m. 2*) *S* multiplicabitur *GM* ps. XXVIII *S* 3 confringit (e *m. 2*) *S* confringit *M* 4 olea] oliua *S* 5 autem *om. S* 6 gentiles *S* apostulo *GM* 8 sinagoga *S* 9 ficulnea continuo *M* abbacum (c *m. 2*) *S* abbacuc *GM* affer//t *P* adferit (e *m. 2*) *S* dabit *M* 11 malagranata *PSGM* ecclesiam *S* 12 emissionis *PS* 13 paradisum *S* malagranatorum *S* malorumgranorum *M* 15 confringit (e *m. 2*) *S* confringit *M* arundo *PM* 16 confid//s *P* cofides *S* confidis *GM* baculum *S* 17 arundinem in ęgypto *M* aegipti *S* 18 perforauit (b *m. 2*) *S* perforauit *GM* 19 opinatur *S* sanctae *om. G* uirgenis (i *ex* e *corr. m. 2*) *S* 20 rouos (ubu *m. 2*) *S*

tamquam rosam emiserit, aut quod uim diuini fulgoris sine sui absumptione pertulerit; in Exodo: apparuitque ei dominus in flamma ignis de medio rubi et uidebat quod rubus arderet et non conbureretur.

Spinae interdum noxiae diuitiarum curae animum suffocantes; in euangelio: aliud cecidit in spinas.

Tribuli aculei uitiorum uel temptationum; in genesi: spinas et tribulos generauit tibi.

Fontes baptismum; in psalmo: sicut ceruus desiderat ad fontes aquarum.

Aqua populi uel temptationes; in psalmo: forsitam ut aqua absorbuisset nos. item in bonam partem in Hieremia: me dereliquerunt fontem aquae uiuae. et in propheta: qui sititis, ite ad aquam, id est ad doctrinam.

Torrens persecutionis incursus; in psalmo: de torrente in uia bibet. et in bonam partem: et torrentem uoluntatis tuae potum dabis eis.

Flumina infidelium populi; in psalmo: super flumina Babyllonis. item in bonam partem: flumina de uentre eius fluent aquae uiuae, id est gratiae spiritalis.

2 Ex. 3, 2. 6 Luc. 8, 7. 8 Gen. 3, 18. 9 Ps. 41, 2. 11 ib. 123, 4. 13 Hier. 2, 13. 14 Es. 55, 1. 15 Ps. 109, 7. 16 ib. 35, 9. 18 Ps. 136, 1 19 Ioh. 7, 38.

1 tanquam *P* fulguris *S* 2 absumtione *P* adsumptionem *S* assumptione *GM* exhodo *P* apparuique *P* ei *om.* *G* 4 robus *P* rub[u]os (u *m. 2*) *S* ardebat *S* conbu[re]retur *S* 5 suffocandi *G* 6 spinis *SGM* 7 temtationum *(sic semper)* *P* 8 generauit] germina[b]uit (b *m. 2*) *S* germinabit *GM* 9 ps. XLI *S* 11 ps. CXXIII *S* forsitans uel ut *S* 12 absorbuisse[n]t (n *m. 2*) *S* obsorbuissent *M* item] et *M* [i]heremia (i *m. 2*) *S* 13 derelinquerunt *M* fontes *S* et *om.* *M* 15 ps. CVIIII *S* turr[o]entem (o *m. 2*) *S* 16 b[i]ebet (i *m. 2*) *S* 17 putum *P* bonae uoluntatis tuae potabis eos *S* eis] nobis *M* 18 ps. CXXXVI *S* 19 babillonis *S* babilonis *GM* 20 spiritales *S*

Lacus infernum; in psalmo: posuerunt me in lacu inferiore, id est in illo inferni loco, in quo peccatores soli poenali custodia detinentur.

Mare saeculum siue populi; in psalmo: hoc mare magnum et spatiosum.

Pisces sancti; in euangelio; et traxerunt plenum rete piscibus magnis. item in malam partem: malos autem foras miserunt.

Fluctus temptationes; in psalmo: omnia excelsa tua et fluctus tui super me transierunt.

Unda idem quod supra; in cantico: gelauerunt undae in medio mari.

Insulae uel animae uel ecclesiae dei, quae diuersis temptationum tunduntur fluctibus; in psalmo: laetentur insulae multae.

Litus finis saeculi; in euangelio: et secus litus sedentes elegerunt bonos in uasa.

Harena maris innumerae gentium multitudines; in Genesi: et multplicabo semen tuum sicut stellas caeli et ut harenam, quae est ad oram maris.

1 Ps. 87, 7. 4 Ps. 103, 25. 6 Ioh. 21, 11. 7 Matth. 13, 48. 9 Ps. 41, 8. 11 Ex. 15, 8. 14 Ps. 96, 1. 16 Matth. 13, 48. 19 Gen. 22, 17.

1 in psalmo] LVIII *S* laco inferim *G* 3 poenali] in infernali *S* c$\overset{u}{o}$stodia (u *m. 2*) *S* det$\overset{i}{e}$nentur *P* det$\overset{i}{e}$nentur (i *m. 2*) *S* //tenentur *M* 5 et spatiosum *om. M* 6 sanctus *M* sancti siue euangeli *S* rete plenum *SM* retem *S* 7 pisc$\overset{i}{e}$bus (i *ex* e *corr. m. 2*) *S* malam] aliam *S* 11 quod supra] temptationes *S* cantico exodi *SGM* undae] gutte *S* 12 mar$\overset{i}{e}$ (i *m. 2*) *S* 13 uel (*priore loco*) *om. G* qui *G* 14 ps. XCVI *S* 17 elegebant *S* 18 arena *M* innumerabiles gentium multitudo *S* innumer egentium (*sic*) *M* 19 st$\overset{e}{i}$llas (e *m. 2*) *S* caeli id est sanctus et peccatores sicut harena quae *S*

IIII. DE ANIMANTIBUS.

Aues sancti, quod ad superiora corde euolent; in euangelio: et fecit ramos magnos ita ut possent sub umbra eius aues caeli habitare.

Uolatus sanctorum excessus in deo uel in scripturis intellectus; in psalmo: et uolabo et requiescam.

Alae duo testamenta; in Ezechiele: unumquodque duabus alis uelabat corpus suum.

Pinnae scripturae; in psalmo: pinnae columbae deargentatae.

Nidus ecclesia aut requies excelsa sanctis; in psalmo: et turtur nidum sibi ubi reponat pullos suos. et aliter nidus bona conscientia, in qua bonarum cogitationum fetus fouentur atque in opera pariuntur, ut postea filii appellentur; in psalmo: filii tui sicut nouella oliuarum in circuitu mensae tuae.

Pulli sancti; in psalmo ut supra. et in malam partem in Salamone: et pulli aquilarum deuorent eum.

Aquilae sancti; in euangelio: ubi fuerit corpus, illuc congregabuntur aquilae. et in malam partem: pulli aquilarum deuorent eum.

Struthio hereticus uel philosophus, quod quasi cum pinnis

3 Marc. 4, 32. 6 Ps. 54, 7. 7 Ez. 1, 23. 9 Ps. 67, 14. 11 ib. 83, 4. 15 ib. 127, 3. 18 *et* 20 Prou. 30, 17. 19 Matth. 24, 28.

3 possent *om.* *S* possint *G* umbra eius possi[n]t *M* 4 ha[u]bes (u *m. 2*) *S* habitarent *S* 5 excessus] excelsus *S* ascensus *M* exitus *G* scripturis sanctis item *M* ps. LIIII *S* 7 ezechielo *SM* hiezechiel *G* du[a]//bus *P* duobus *S* 8 [e]uolabant (e *m. 2*) *S* uelabant *M* 9 *pr.* p[i]ennae (i *m. 2*) *S* ps. LXVII *S* 12 turt[u]or (u *m. 2*) *S* sibi *om.* *M* aliter] iterum *S* 13 nidos bonae *S* 14 a[t]dque (t *m. 2*) *S* ut] et *S* appellantur *S* 15 ps. CXXVII *S* nouellae *SG* oli[b]uarum (b *m. 2*) *S* 18 s[a]olomone *S* 19 illic *SM* 20 et aquilae *M* 20 pulli—eum] ut supra *SM* 22 strutio *SGM* haereticus *GM* pennis *S*

sapientiae tamen non euolat; in Esaia: et erit cubile draconum et pascua struthionum.

Pelecanus dominus Christus in passione aut uir sanctus solitudini deditus; in psalmo: similis factus sum pelecano solitudinis.

Coruus nigredo peccatoris uel daemonis; in Salamone: effodiant eum corui de conuallibus. item in bonam partem in cantico canticorum de sponso: crines eius ut abietes, nigri sicut corui.

Perdix diabolus; in propheta: clamauit perdix, congregauit quae non peperit.

Columba spiritus sanctus; in euangelio: et uidi spiritum dei descendentem sicut columbam. item in aliam partem: in Ephraim columba sine sensu non habens cor.

Turtur spiritus sanctus aut uir sanctus aut intellegentia spiritalis; in canticis canticorum: uox turturis in terra nostra audita est. sed tunc columba spiritus sanctus dicitur, quando scripturae sacrae manifesta dissertio est; tunc uero turtur spiritus sanctus intellegitur, cum scripturae altis atque obscuris mysteriis eleuantur.

Miluus significat, ut puto, rapacem uel elatum; in psalmo secundum Hebraeum: milui abies domus est.

1 Es. 34, 13. 4 Ps. 101, 7. 6 Prou. 30, 17. 8 Cant. 5, 11. 10 Hier. 17, 11. 12 Ioh. 1, 32. 14 Os. 7, 11. 16 Cant. 2, 12. 22 Ps. 103, 17.

1 et *om. SM* drachonum *S* 2 structionum *S* strutionum *GM* 3 pelicanus *GM* uir *om. S* 4 solitudine *GM* ps. CI *S* 5 solitudine *S* in solitudine *M* *post* solitudinis *haec leguntur in S:* ideo dominus peleganus (i *m.* 1.) cognominatur quia in passione ab omnibus discipolis derelectus est qua (quia?) pelicanus solitudine amat hel *(in marg.)* 6 ngredo *S* nigrido *G* peccatores *P* peccatorum *S* demones *S* 8 abietis *P* abietes *S* habies *G* abies *M* 10 diabulus *GM* perdex (i *m.* 2) *S* perdex// *P* 11 peperat *G* 12 uidit *GM* 13 discendentem *PS* 14 efraim *P* epharaim *S* (r *m.* 2) effraim *GM* 16 spiritales *S* tortoris *S* turtor *G* 17 spiritus spiritus *P* 18 disertio *P* 19 turtor *S* 20 misteriis *S* 21 significat-puto] significatur *S* uel *om. S* in psalmo *om. M* in iob *S*

Accipiter interdum sanctus, ut puto, rapiens regnum dei; in Iob: numquid in sapientia tua plumescit accipiter?

Nycticorax Christus uel uir sanctus infidelibus despicabilis; in psalmo: factus sum sicut nycticorax in domicilio.

Passer nonnumquam dominus aut uir sanctus; in psalmo: etenim passer inuenit sibi domum. est et aliter passer, de quo dicitur ad sanctum: transmigra in montem sicut passer.

Gallus dominus, ut puto, aut sanctus; in Salamone: et gallus ambulans inter gallinas laetus. et in Iob: quis dedit gallo intellegentiam. et in alteram partem: et asportari te faciam sicut asportatur gallus gallinacius.

Gallina sapientia siue ecclesia siue anima; in euangelio: sicut gallina congregat pullos suos sub alis suis.

Uespertiliones idolorum monstra tenebris dedita; in propheta: ut adoretis talpas et uespertiliones.

Scarabeus in propheta: et scarabeus de ligno clamabit, ut putant quidam, de domino.

Lucustae populi; in euangelio: esca autem eius erat lucustae.

Apes forma uirginitatis siue sapientiae; in Salamone: uade ad apem et disce quam operatrix sit; et in malam partem in propheta: et api quae est in Assur.

Musca diabolus; in Salamone: muscae moriturae exterminant oleum suauitatis.

2 Iob. 39, 26. 4 Ps. 101, 7. 6 ib. 83, 4. 7 ib. 10, 2. 9 Prou. 30, 31. 10 Iob. 38, 36. 11 Es. 22, 17. 15 Matth. 23, 37. 17 Es. 2, 20. 18 Ab. 2, 11 20 Matth. 3, 4. 23 Prou. 6, 6. 24 Es. 7, 18. 25 Eccle. 10, 1.

1 interdum sanctus *om. S* 3 nicticorax *(bis) GM* 6 et est *GM* 18 scaraueus *S* clamauit *GM* 19 domino eo quod dominus in cruce fuerit *S* 20 lugustae *S* locustae *GM* 23 opera traxit *M* 24 adsur *S* 25 diabulus *GM* solomone *P* salamone *G* salomone *M* exterminatis oleum suauitatis suauitatem unguenti *M*

Bestiae diabolus uel homines feri; in psalmo: ne tradas bestiis animas confitentes tibi.

Leo dominus: uicit leo de tribu Iuda; item in aliam partem: ne quando rapiat ut leo animam meam.

Pardus diabolus uel peccator moribus uarius; in propheta: sicut Aethiops non mutabit pellem et pardus uarietatem.

Elephans peccator inmanis; in regnorum: et adducebant ad Salamonem simias et elephantos.

Ursus diabolus aut duces saeui; in regnorum: et egressi sunt duo ursi et comederunt eos.

Ceruus Christus uel sancti: sicut ceruus desiderat ad fontes aquarum.

Lupus diabolus uel heretici; in euangelio: intrinsecus autem sunt lupi rapaces. item in bonam partem: Beniamin lupus rapax, apostolum Paulum significans.

Aper diabolus; in psalmo: exterminauit eam aper de silua.

Tigris feminea interdum arrogantia; in libro Iob secundum Hebraeum: tigris periit eo quod non habuerit praedam.

Rinoceron fortis quique uel in bonam uel in malam partem; in libro Iob secundum Hebraeum: numquid uolet rinoceros seruire tibi.

1 Ps. 73, 19. 3 Apoc. 5, 5. 4 Ps. 7, 3. 6 Hier. 13, 23. 8 III Reg. 10, 22. 10 IIII Reg. 2, 24. 12 Ps. 41, 2. 14 Matth. 7, 15. 16 Gen. 49, 27. 17 Ps. 79, 14. 20 Iob. 4, 11. 22 Iob. 39, 9.

1 diabulus *M* ps. LXXIII *S* 2 besteis *PSG* confitentem *S* 3 dominus in apocalipsin *M* 4 partem in psalmo VII *S* 5 diabulus *P* diabus *M* uariis *M* in propheta *om. S* 6 ethyops *G* ethyobs *M* mutauit *S* 8 elefans *PM* elefantus *S* eleuans *G* 9 salomonem *M* salamonem *G* elefantos *PS* elifantos *G* 10 diabulus *GM* saeui] serui *G* et *om. G* 11 eum *S* 12 sancti in psalmo *SM* 14 hereticus *SGM* 16 beniamin] ueniam *S* significat *M* 17 diabulus *GM* ea *S* 19 adrogantia *S* 20 hebreum *S* 21 *uocabula se hoc modo excipiunt in S:* tigris, monocheron, rinocheron onager rinocheron *S* rinoceron *GM* fortes *S* 22 hebreum *S* uult *S* 23 rinochero *S* rinocerus *GM*

Monoceron hoc est unicornis; in psalmo: et dilectus quem ad modum filius unicornium, id est singularis potentiae uel sanctorum, qui teneant unicum dei uerbum. et in aliam partem: et a cornibus unicornium humilitatem meam. unicornes hic superbos uel unum testamentum habentes.

Onager heremita; in Iob: quis dimittet onagrum liberum? potest et populus ille Iudaeorum onager dici, quia sequitur in eodem libro: et uincula eius quis soluit? uincula utique praeceptorum.

Inuleus Christus aut sanctus propter gratiarum uarietatem; in Salamone: similis esto tu, fratruelis meus, dammulae aut hinulo ceruorum.

Damma idem quod supra.

Lepus timens deum; in psalmo: petram refugium leporibus et erinaciis.

Erinacius idem quod supra; et erinacii gens inualida, qui fecerunt in petris domos sibi.

Uulpes hereticus uel diabolus uel peccator callidus; in euangelio: ite, dicite uulpi illi.

Animal homo carnalis; in apostolo: animalis autem homo non percipit ea quae sunt spiritus dei.

1 Ps. 28, 6. 4 ib. 21, 22. 7 Iob. 39, 5. 9 ib. 12 Cant. 2, 9. 15 Ps. 103, 18. 20 Luc. 13, 32. 21 I Cor. 2, 14.

1 monocheron *S* monoceron *GM* hec *S* unicornex *S* ps. XXVII *S* 2 quem ad modum] sicut *SM* unicornuorum *SGM* singulares *S* 3 potentiae uel spiritus uel quique sanctorum *M* 4 partem in psalmo XXI *S* unicornuorum *SGM* 5 superuos *S* 7 herimida *P* qui *M* demittit *S* demitit *GM* 8 iudeorum *S* dicere *M* 9 soluet *GM* 11 inulus *G* 12 salomone *PSM* salamone *G* esto tu] estu *M* 13 dammula *S* hinnulo *S* inulo *G* inoleo *M* damna—supra *om.* *GM* 15 dominum *M* ps. CIII *S* petra *SGM* 16 herinacius *S* erenacius *GM* 17 herinacius *S* erenacius *M* herenacii *PS* erenacii *GM* 18 qui fecerunt] quae ferunt *S* 19 haereticus *GM* uulpis haereticus aut diabulus aut *GM* 20 ite et *S* 21 apostulo *M*

Iumentum intellectu et eloquio carens; in psalmo: ut iumentum factus sum apud te.

Equus uir sanctus; in Abacuc: qui ascendis super equos tuos; et in malam partem: fallax equus in salutem.

Mulus inrationabilis quisque; in psalmo: nolite fieri sicut equus et mulus quibus non est intellectus.

Asinus corpus humanum uel populus gentilium; in euangelio: et adduxerunt ad Iesum asinam et pullum eius et eum desuper sedere fecerunt.

Asina corona uel plebs carens dei notitia; in euangelio idem quod supra.

Camelus diuites rebus saeculi onusti uel moribus distorti; in euangelio: facilius est camelum per foramen acus transire quam diuitem intrare in regna caelorum.

Tauri principes populorum; in psalmo; tauri pingues obsederunt me.

Boues apostoli, qui suscepto iugo Christi euangelii in uomere mundum exarauerint; in psalmo: offeram tibi boues cum hircis.

Uaccae carnalibus uitiis pleni; in psalmo: inter uaccas populorum.

1 Ps. 72, 23. 3 Ab. 3, 8. 4 Ps. 32, 17. 5 ib. 31, 9. 8 Matth. 21, 7. 13 ib. 19, 24. 15 Ps. 21, 13. 18 ib. 65, 15. 20 ib. 67, 31.

1 intellectum *S* homo intellectu *M* ps. LXXII *S* ut] uelut *M* 3 aequus *S* ambacuc *P* am[b]bacu[c]m (b *et* c *m. 2*) *S* abbacuc *GM* ascendes *GM* 4 aeqos *GM* tuus *P* falsus *M* aequus *M* ad salutem *SM* in salute *G* 5 quisque *om. S* ps. XXXI *S* 6 in quibus *SGM* 7 homanum *S* 8 ad iesum *om. S* 10 asinam *S* corona] caro *SGM* notitiam *S* 12 camellus *S* rebus] huius *M* 13 gamellus *S* camellus *G* agus *S* 14 intrare *om. S* 15 princepis *S* salmo XXI *S* 17 bo[b]ues (b *m. 2*) *S* euangelio *S* in euangelio *G* in *om. SGM* 18 exarauerunt *SGM* ps. LXV *S* bo[u]bes (u *m. 2*) *S* 19 h[i]ercis *S* (i *m. 2*) 20 [u]baccae (u *m. 2*) *S* ps. LXVII *S* salmo *G*

Uitulus, Christus siue sancti: tunc inponent super altare tuum uitulos. et in aliam partem: circumdederunt me uituli multi, hoc est lasciuientes.

Sues peccatores inmundi; in epistula Petri: et sus lota in uolutabro luti.

Arietes apostoli uel ecclesiarum principes; in psalmo: adferte domino filios arietum.

Oues populi fideles; in euangelio: oues meae uocem meam audiunt.

Pecora simpliciores quique, minus praediti rationandi subtilitate; in Salamone: pasce animas pecorum tuorum.

Hirci peccatores siue gentiles; in Daniele: ecce autem hircus caprarum ueniebat ab occidente super faciem totius terrae. item in bonam partem: offeram tibi boues cum hircis.

Caprae iusti interdum ex gentibus uenientes; in Salamone; capillatura tua sicut grex caprarum, quae reuelatae sunt de Galaad.

Agni Christus uel apostoli aut sancti; in euangelio: pasce agnos meos.

Haedi peccatores; in euangelio: haedos autem a sinistris

Talpae idola uel heretici, qui non uident ueritatem; in Esaia: ut adoretis talpas et uespertiliones.

1 ib. 50, 21. 2 ib. 21, 13. 4 II Petr. 2, 22. 6 Ps. 28, 1. 8 Ioh. 10, 27. 11 Prou. 27, 23. 12 Dan. 8, 5. 14 Ps. 65, 15. 17 Cant. 6, 4. 19 Ioh. 21, 15. 21 Matth. 25, 33. 24 Es. 2, 20.

1 sancti in psalmo L *GMS* (L *om. GM*) 2 malam partem *M* partem in psalmo XXI *SGM* (XXI *om. GM*) 4 sancti petri *S* sues *S* *(altero loco)* 6 arietis *G* ps. XXVIII *S* 8 ob[u]es (u *m. 2*) *S (bis)* f[i]edeles *S* (i *m.* 2) me *M* 10 quaequae (pr. e *eras.*) *S* quicque *G* et minus *M* 11 salomone *PM* salamone *G* psalmo *S* pecorum] peccatorum *S* 12 hyrcus *GM* peccatores] pastores *S* danihel *G* 13 ab—hircis *om. S* 20 agnus meus *SG* 21 hedi *SG* edi *M* hedos *SG* edos *M* 22 *uocabula in M hoc modo se excipiunt:* haedi, canis talpae talpe *S* haeretici *M* 23 esaiam (m *eras.*) *S* uespert[i]el[e]ionis *S (corr. m. 2)*

Canis diabolus uel Iudaeus uel gentilis; in psalmo et de manu canis unicam meam. et in aliam partem in Ecclesiaste: melior est canis uiuus leone mortuo. hic leonem diabolum, canem uero gentilem uel hominem peccatorem accipiendum putant, quod ille ad fidem uel paenitentiam possit uenire, ille non ueniat.

Ranae daemones: in Apocalypsi: et uidi de ore draconis spiritus tres inmundos in modum ranarum, sunt autem spiritus daemoniorum. item ranae heretici, qui in caeno uilissimorum sensuum conmorantes uana garrulitate blaterare non desinant.

Formica prouidus uel operarius; in Salamone: uade ad formicam, o piger.

Uermis Christus pro humilitate adsumpti hominis; in psalmo: ego autem sum uermis et non homo. item in aliam partem in Esaia: uermis eorum non morietur, id est, siue ipse uermis siue peccati conscientia.

Aranea humana fragilitas; in psalmo: et tabescere fecisti uelut araneam animam eius.

Serpens diabolus uel maligni homines; in euangelio: serpentes genimina uiperarum. item in alteram partem in euangelio: sicut Moses exaltauit serpentem in deserto.

1 Ps. 21, 21. 3 Eccle. 9, 4. 7 Apoc. 16, 13—14. 12 Prou. 6, 6. 15 Ps. 21, 7. 16 Es. 66, 24. 18 Ps. 38, 12. 21 Matth. 23, 33. 22 Ioh. 3, 14.

1 canes *S* diabulus *M* iudeos *S* gentiles *S* ps. XXI *S* eripe et de manu *M* 2 ecclesiasten *SGM* 3 melius *S* canes *P* hic uero *S* 5 penitentiam *S* 7 apocalipsi *S* apocalypsin *G* apocalipsin *M* drachonis *S* 8 inmundus *G* mondum (n *eras.*) *S* 9 heritici *S* 10 nobilissimorum *G* 11 oblaterare *S* blasphemare *M* 12 salamone *G* salomone *M* 13 piier *G* 14 humilitatem (m *eras.*) *S* assumpti *PM* 15 ite *S* 16 malam partem *M* 18 tabiscere *PSG* 21 $\overset{\text{ni}}{\text{ge}}$mina *S* aliam *S* 22 in euangelio *om.* *S* moises (*sic semper*) *S* moyses *G* monses *M*

Draco, diabolus uel apertus persecutor; in psalmo: tu confregisti caput draconis, dedisti eum escam populo Aethiopum.

Scorpius diabolus uel ministri eius; in euangelio: dedi uobis potestatem calcandi super serpentes et scorpiones.

Uipera idem quod supra in euangelio: serpentes genimina uiperarum.

V. DE UARIIS NOMINUM APPELLATIONIBUS.

Homo aut homo totus aut mens; in Genesi: fecit deus hominem ad imaginem et similitudinem suam. et in malam partem in psalmo: exurge, domine, non confortetur homo, hoc est caro uel diabolus.

Uir spiritus, id est mens; in apostolo: caput mulieris uir. item uir in malam partem in Genesi: bona facie ualde uirgo, quam uir non cognouerat, id est diabolus, qui plerumque mentem cogitatione corrumpit.

Mulier anima siue caro humana; in apostolo: caput mulieris uir.

Uirgo ecclesia uel sanctae animae; in apostolo: despondi enim uos uni uiro uirginem castam exhibere Christo.

1 Ps. 73, 14. 4 Luc. 10, 19. 7 Matth. 23, 33. *et* Luc. 3, 7. 10 Gen. 1, 27. 12 Ps. 9, 20. 14 I Cor. 11, 3. 15 Gen. 24, 16. 18 I Cor. 11, 3. 20 II Cor. 11, 2.

1 dracho *S* diabulus *G* confrigisti (e *m. 2*) *S* confringisti *N* 2 et esca *S* in escam *M* 3 ethyopum *G* 4 scorpio *SM* 5 scorpionis (e *m. 2*) *S* 6 gemina *N* 9 INCIPIT DE *N* 12 ps. VIIII *S* exurge *SN* confortetur] praeualeat homo homo *S* 14 spiritus] Christus *M* id est] uel *S* apostulo capud *G* 15 in *om. S* bona bona faciae *N* faciae *S* 16 quam uir] quamuis *N* 17 mentes *S* mente *N* conrumpit *N* 19 mulieri *N* 20 uel] siue *N* in apostolo] ubi supra *N* dispondi *SN* 21 uos *om. S* exibere *SM* 22 deo *S*

Rex dominus; in apostolo: rex regum et dominus dominantium.

Regina ecclesia; in psalmo: adstitit regina a dextris tuis. et iterum regina anima imperans corpori.

Pater dominus; in propheta: et ero uobis in patrem et uos eritis mihi in filios et filias, dicit dominus omnipotens.

Mater ecclesia uel Hierusalem caelestis; in apostolo: illa autem quae sursum est Hierusalem libera est, quae est mater nostra.

Frater Christus uel proximus; in psalmo: narrabo nomen tuum fratribus meis.

Soror ecclesia, synagogae uel Christo anima; in canticis canticorum: soror mea sponsa.

Uir et uxor Christus et ecclesia, intellectus spiritalis et historia scripturarum; in apostolo: uiri, diligite uxores uestras sicut et Christus dilexit ecclesiam.

Sponsus Christus ideo quod a patre ab initio sit promissus; in psalmo: et ipse tamquam sponsus procedens de thalamo suo.

Sponsa ecclesia, quae utique diuinis sponsionibus sit promissa; in cantico canticorum: ueni a Libano, sponsa, ueni a Libano.

Filius populus credentium; in apostolo: iam non est seruus sed filius; quod si filius, et heres per deum.

1 I Tim. 6, 15. 3 Ps. 44, 10. 5 Hier. 31, 33. 8 Gal. 4, 26. 11 Ps. 21, 23. 14 Cant. 4, 9. 16 Eph. 5, 25. 19 Ps. 18, 6. 22 Cant. 4, 8. 24 Gal. 4, 7.

1 in apostolo] ubi supra *N* 3 ps. XLIIII *S* astitit *P* 4 imperans corpori *om. S* 5 patre *SN* 6 heretis *S* 8 aecclesiam *N* caelestes (i) *S* in illa *S* 13 aecclesia *S* sinagoga *S* cantica *N* 14 sponsa] speciosa mea *S* 16 storia *S* scribturarum *N* dilegete (i i) *S* (*corr. m* 2) 18 ideo] eo *S* 19 ps. XVIII *S* procidens *N* 20 thalamo *N* 21 u//tique *N* deuinus (i) *S* 22 cantic// (o) *P* canticis *SGM* cantica *N* 23 ueni sponsa a libano *M* 25 dominum *S*

Filia anima fidelis siue ecclesia; in psalmo: audi, filia, et uide.

Proximi fide propinqui; in Salamone: uenite manducate et bibite et inebriamini proximi.

Amici concordes in deum; in euangelio: uos amici mei estis.

Senex consummatae iustitiae; in Genesi: et mortuus Abraham senex et plenus dierum. et in Salamone: cani sunt hominis sensus et aetas senectutis uita inmaculata. et in alteram partem de Salamone: cumque iam senex esset, deprauatum est cor eius.

Iuuenes alacres in deum; in epistula Iohannis: scribo uobis, iuuenes, quia fortes estis et uerbum dei in uobis manet et uicistis malignum. et in malam partem in regnorum libro de Roboam: derelicto consilio seniorum locutus est secundum consilium iuuenum.

Paruulus mente humilis et simplex; in euangelio: abscondisti haec a sapientibus et prudentibus et reuelasti ea paruulis; item in alteram partem in apostolo: cum essem paruulus, loquebar ut paruulus.

Meretrix anima peccatrix, quae relicto caelesti uiro suo,

1 Ps. 44, 11. 3 Cant. 5, 1. 5 Ioh. 15, 14. 7 Gen. 25, 8. 9 Sap. 4, 8—9. 10 III Reg. 11, 4. 12 I Ioh. 2, 14. 15 III Reg. 12—13. 18 Matth. 11, 25. 21 I Cor. 13, 11.

1 fedeles *S* (i *m.* 2) fidelix *N* 3 solomone *S* salomone *M* solomone *N* uenite et *S* 4 bebite *S* (i *m.* 2) proximi *om. N* 5 concordis *P* dominum *S* 6 estis si feceritis quae mando uobis *M* 7 *et* 8 senes *S* consumatae *S* 8 habraam *N* solomone *S* (a *m.* 2) salomone *(bis) MN* 9 uitam inmaculatam (m *eras.*) *SN* 10 malam partem *M* 11 deprauatum] desabbatum *N* cumquam senes *S* 12 iuuenis alacris *MN* iohannes *N* scriuo (b *m. 2*) *S* 13 bouis *N* iuuenis (e *m. 2*) *S* iuuenis *N* fortis *N* 14 manit (e *m. 2*) *S* manet in uobis *M* uicisti *N* et-partem *om. M* 15 libro *om. S* qui derelicto *N* 18 et in *S* 20 eam *N* 22 uero *S* (i *m.* 2)

id est Christo, adulterinos de diabolo iniquitatis fructus concipit; in Hieremia: facies mulieris meretricis facta est tibi.

Operarii apostoli uel praedicatores euangelii; in euangelio; messis quidem multa, operarii autem pauci.

Pastor dominus: ego sum pastor bonus. item pastor apostolus; in euangelio: pasce oues meas.

Mercennarii seruientes domino non pro amore tantum diuino sed pro temporali retributione; in euangelio: quanti mercennarii patris mei abundant panibus!

Piscatores apostoli uel doctores; in euangelio: et faciam uos fieri piscatores hominum.

Medicus Christus uel doctus; in Salamone: mansuetus uir cordis est medicus. et iterum; non egent sani medico sed male habentes.

Diues fidelis abundans spiritalibus bonis; in apostolo: quia diuites facti estis in illo in omni scientia et in omni uerbo. et in malam partem: uae uobis diuitibus in euangelio.

Pauper humilis; in euangelio: et erat quidam Lazarus pauper. et iterum: beati pauperes spiritu. in malam partem in psalmo: quia pauperes facti sumus nimis.

2 Hier. 3, 3. 5 Matth. 9, 37. 6 Ioh. 10, 11. 7 Ioh. 21, 17. 9 Luc. 15, 17. 11 Matth. 4, 19. 13? 14 Luc. 5, 31. 17 I Cor. 1, 5. 18 Luc. 6, 24. 20 Luc. 16, 20. 21 Matth. 5, 3. 22 Ps. 78, 8.

1 diabulo *PMN* fructos *N* concepit *MN* 2 iheremia *N* 4 euangelii *om. S* in euangelio *M* 5 messes *P* messes (i *supra* e) *S* 6 dominus in euangelio *SM* 7 in euangelio *om. M* obes (u *supra* b) *S* 8 amorem *S* diuino tantum *N* 9 pro *om. N* retributione] deuotione *N* mercennarii in domo *S* 14 et iterum] item *N* iterum] in euangelio *M* 15 medicum *SN* 16 fedelis (i *supra* e) *S* fidelix *N* 17 qui *S* 18 item in malam partem in euangelio *MN* 20 in euangelio] ubi supra *N* pauper Lazarus *S* eleazarus *M* 21 iterum *om. M* item *S* et in malam partem *S* item in malam partem *M* 22 ps. LXXVIII *S*

Uestitus habens baptismi uel fidei integritatem: in euangelio: et uidit ibi hominem non uestitum ueste nuptiali.

Nudus carens baptismi uestimento uel diuino adiutorio; in Apocalypsi: tu autem es nudus et miser. et in bonam partem in euangelio: et reiecta, inquit, sindone nudus profugit ab eis, id est nudus terrena facultate.

Uiui iusti; in psalmo: placebo domino in regione uiuorum. et in alteram partem: et laudaui magis mortuos quam uiuentes, in Ecclesiaste.

Mortui peccatores uel infideles; in euangelio: sine mortui sepeliant mortuos suos. et in bonam partem: beati mortui qui in domino moriuntur. item et: mortui estis et uita uestra abscondita est cum Christo in deo.

Cadauera infidelium corpora; in propheta: et impleam uallem Iosaphat cadaueribus mortuorum. item in aliam partem: posuerunt cadauera seruorum tuorum.

Sepulchrum corpus peccatoris mortuam uitiis animam intrinsecus retinens; in euangelio: quia similes estis

2 Matth. 22, 11. 5 Apoc. 3, 17. 6 Marc. 14, 52. 8 Ps. 114, 9. 9 Eccle. 4, 2. 11 Matth. 8, 22. 13 Apoc. 14, 13. 14 Col. 3, 3. 16 Ioel 3, 3 18 Ps. 78, 2. 20 Matth. 23, 27.

1 habens baptismi uestitum *S* uestitum baptismi habens *M* fedei *S* (i *m. 2*) *S* 2 ibi] sibi *N* 3 nuptiale *N* 4 uestimentum *S* 5 apocalapsi *S* (i *m. 2*) apocalipsin *M* nudus *S* est *N* 6 in *om. N* reiecta] relicta *SM* 7 profugiit *S* a terrena *M* 8 ps. CXII *S* 9 aliam *M* in salomone *post* partem *add. S* 10 ecclesiasten *M* 11 mortuo *S* infideles *S* fidelix *N* mortuos *PSN* mortui *scripsi secutus cod. Par. Lat. 11955 s. VIII cf. Nouum testamentum domini nostri Iesu Christi recensuit Ioh. Wordsworth. Oxonii MDCCCLXXXIX tom. I fasc. I p. 69* sine ut mortui *M* 13 et item *N* 14 mortui enim *N* cum] in *S* 15 domino *M* 16 infedelium *S* 17 iosafat *P* iosaph *S* iosafhat *N* kadaueribus *M* 18 partem psalmo *M* tuorum et ubi fuerit cadauer, illic congregabuntur et aquilae *M* 19 mortuum *S* mortua uitae animam *M* 20 similis *P* semeles *S* (*corr. m. 2*)

sepulchris dealbatis, quae foris parent hominibus speciosa, intus uero plena sunt ossibus mortuorum.

VI. DE INTERIORE HOMINE.

Interior homo anima rationalis; in apostolo: in interiore homine habitare Christum per fidem in cordibus uestris.

Caput eius Christus; in apostolo: caput uiri Christus.

Uertex summitas iustitiae; in Salamone: coronam enim gratiarum accipiet tuus uertex. item in malam partem: uerticem capilli perambulantium in deliciis suis, id est, summa nequitiae.

Capilli ornatus iustitiae uel sensus; in euangelio: uestri autem et capilli capitis omnes numerati sunt.

Oculi intellectus fidelis et simplex; in euangelio: uestri autem beati oculi quia uident. et in malam partem in euangelio: si oculus tuus nequam fuerit.

Aures obaudientia fidelis; in euangelio: et aures uestrae quia audiunt.

Nares spiraculum fidei bonarumque uirtutum; in Iob: et spiritus diuinus in naribus meis. et in malam partem in Iob: de naribus eius procedit fumus, id est diaboli.

4 Ephes. 3, 16. 17. 7 I Cor. 11, 3. 8 Prou. 4, 9. 10 Ps. 67, 22. 12 Matth. 10, 30. 14 ib. 13, 16. 16 ib. 6, 23. 17 ib. 13, 16. 19 Iob. 27, 3. 21 ib. 41, 11.

1 sepulchris] monumentis *S* hominis *S* 4 rationabilis *M* interiorem hominem *S* 7 apostulo *M* in apostolo] ubi supra *N* 8 salomone *NM* 9 uertix uno *N* partem in psalmo LXVII *S* 10 diliciis *P* dilectis *SMN* 13 et *om. SM* n$\overset{u}{o}$merati *S* 14 f$\overset{i}{e}$del$\overset{i}{e}$s *S* (*corr. m. 2*) fideli$\overset{s}{x}$ *N* (*corr. m. 2*) 15 oculi beati *M* qui *SN* in euangelio] ubi supra *NM* 16 nequa *S* 17 obaudientia *etiam cod. Par.* 1791 obedientia *SMN* fidelium *S* fideli$\overset{s}{x}$ *N* (s *m. 2*) 18 quae *SM* 19 fidei *om. M* bonarumquae *S* et *om. S* 21 in Iob *om. S* ubi supra *N*

Fauces iudicium intellectus; in libro Iob: et fauces meae nonne sapientiam meditantur? et in malam partem: raucae factae sunt fauces meae.

Os sermo ipse; in psalmo: os iusti meditabitur sapientiam.

Lingua idem quod supra; in psalmo: et lingua eius loquetur iudicium.

Manus opus; in psalmo: et laui inter innocentes manus meas.

Dextera opera bona; in euangelio: nesciat sinistra tua quid faciat dextera tua.

Sinistra opera non bona; in euangelio idem quod supra.

Pectus arcanum intellegentiae; in euangelio: discumbebat autem super pectus domini discipulus quem Iesus amabat plurimum.

Uenter capacitas rationis; in Abacuc: uenter meus turbatus est intra me.

Renes interiora sensus; in psalmo: insuper et usque ad noctem erudierunt me renes mei.

Lumbi fortitudo animi; in apostolo: accingite lumbos mentis uestrae.

Umbilicus appetitus concupiscentiae; in Iob: et uirtus

1 Iob. 12, 11. 3 Ps. 68, 4. 4 ib. 36, 30. 6 ib. 8 Ps. 25, 6. 10 Matth. 6, 3. 13 Ioh. 21, 20. 16 Ab. 3, 16. 18 Ps. 15, 7. 20 Ephes. 6, 14. 22 Iob. 40, 11.

1 intellectum *N* in libro iob] ubi supra *N* in iob *S* 2 sapientia *SN* meditabitur *N* 3 faucis *MN* meae *om. S* 4 ps. XXXVI *S* in psalmo *om. M* medita[b]uitur sapientia *S* 6 psalmo qui supra *SN* 7 loquitur *N* 8 ps. LXXII *S* labi *N* 12 sinestra *N* opera mala ubi supra idem quod supra *N* in euangelio *om. S* 13 in euangelio] ubi supra *N* 14 supra *N* discipolus *S* 15 plurimum] multum *M* 16 ambacuc *P* a[b]mbacu[c]m *S (corr. m. 2)* abbacuc *M* abbacum *N* 17 in me *S* 19 erudierunt *P et cod. Par. 1791* increpauerunt *SMN* 20 adcingite *N* lumb[o]us (o *m. 2*) *S* 22 umb[i]elicum *S* adpetitus *SN*

eius super umbilicum uentris, id est. quod feminae genitalia per hoc significet sicut in lumbis uirorum.

Adeps pinguedo gratiae diuinae in psalmo: sicut adipe et pinguedine repleatur anima mea. item in malam partem adeps crassitudo malitiae; in psalmo: adipem suum concluserunt.

Ossa firmitas animae; in psalmo: omnia ossa mea dicent: domine, quis similis tibi? et in malam partem in libro Iob: ossa eius uelut fistula aeris.

Uiscera affectus pietatis et misericordiae; in apostolo: si quid uiscera et miserationes. et in alteram partem in actibus apostolorum de Iuda: et diffusa sunt uiscera eius.

Pelles signum mortalitatis; in Genesi: et fecit eis pellicias tunicas.

Sanguis operatio carnalis; in psalmo: libera me de sanguinibus deus, deus salutis meae. et item: caro et sanguis regnum dei non possidebunt.

Caro homo exterior; in apostolo: caro enim concupiscit aduersus spiritum, spiritus autem aduersus carnem.

Genua confessio humilitatis; in cantico: et nunc flecto genua cordis mei. aliquando uirtus fidei; in propheta:

3 Ps. 62, 6. 5 ib. 16. 10. 7 ib. 34, 10. 9 Iob. 40, 13. 10 Philipp. 2, 1. 12 Act. 1, 18. 14 Gen. 3, 21. 16 Ps. 50, 16. 17 I Cor. 15, 50. 19 Gal. 5, 17. 22 Ephes 3, 14.

1 feminis *S* 2 signific(e)it *S (corr. m. 2)* in *om. N* 3 pinguido *N* pingu(e)ido *S (corr. m. 2)* 4 et *om. S* pinguidine *P* pinguidinis *S* pinguidem *N* animam meam *N* item] et *S* 5 partem *om. N* adeps *om. S* grassitudo *S* ps. XVI *S* 7 ps. XXXIIII *S* 8 domine *om. M* s(i)em(i)elis *S* 9 libro *om. S* ossa eius *om. P et cod. Par. 2182* fistola *M* 10 aut misericordia *S* 11 miseratione//// *M* miserationis *N* aliam *S* 12 omnia uiscera *S et cod. Par. 2727* 15 tunicas pellicias *SMN* 16 ps. L *S* 17 et *om. M* item] iterum *S* item in malam partem *M* 18 possedebunt *N* 19 apostulo *M* 22 canticis *N* 23 propheta] profundo *N*

reliqui mihi septem milia uirorum, qui non curuauerunt genua Bahal.

Pedes cursus uitae uel stabilitas mentis uel fidei; in psalmo: stantes erant pedes nostri. et in malam partem in propheta: cur claudicatis utroque pede? et: ueloces pedes eorum ad effundendum sanguinem.

Calcaneum supplantatio uitiorum; in Genesi: ipse tuum obseruabit caput et tu illius calcaneum. et in malam partem: leuauit contra me calcaneum.

Gressus profectus operum; in psalmo: perfice gressus meos in semitis tuis.

Uestigia signa uirtutum; in psalmo: ut non moueantur uestigia mea. et in alteram partem in Salamone: et transiit uita nostra id est impiorum tamquam uestigium nauis.

Stola indumentum baptismi uel fidei; in euangelio: cito proferte stolam primam.

1 III Reg. 19, 18. 4 Ps. 121, 2. 5 III Reg. 18, 21. Ps. 13, 3. 7 Gen. 3, 15. 9 Ioh. 13, 18. 10 Ps. 16, 5. 12 ib. 13 Sap. 2, 3. 16 Luc. 15, 22.

1 septe *S* curbauerunt *S* 2 baal *N* ante bahal *S* 3 mentes *S* et fidei *S* ac fidei *N* 4 ps. CXXI *S* stantis *S* pedis *N* 5 prophetam (m *eras.*) *S* profetam *N* quur *PM* u//troque *S* 6 sanguine *N* 7 subplantatio *M* supplicatio *N* 8 obseruauit *N* 8 et—calcaneum *om. SN* 10 ps. XVI *S* 11 meus *S* semetis *S* 12 ut] et *M* 13 aliam *M* salomone *PMN* 14 *uoce* tamquam *fol. 4*[a] explicit, *folium sequens est mutilum, cuius permagna pars est auulsa. haec legi possunt:* sus multa condit in aby reuocare ita cinoribus tenecr mecum id est sapie morauimus ignis ac nis caritas circumsep ignis flammae c[i (?)]//us ign examinasti sicut igne e ignis ira et consummam e ait dn̄s ignis uoluntat omn sicut clibanus corda eorum canimus significatur protec umbra aliquando peccata saedenbris et in umbra mortis umbra aliq poenae in iob. ubi umbra mortis et null *sequitur fol. 5*[a] *explicatio uerbi (p. 43 l. 8)* umbra: cuius est umbra ita et *in N* 14 uestegium *S* 16 cito—primam *om. S*

Cilicium paenitentiae testimonium; in euangelio: olim in cinere et cilicio paenitentiam egissent.

Cingulum spiritalis operis accinctus: in psalmo: et praecinxisti me laetitia.

Calciamenta praeparatio pacis; in apostolo: calciati pedes in praeparatione euangelii pacis.

Arma interioris hominis in apostolo: induti loricam iustitiae et scutum fidei et galeam salutis et gladium spiritus, quod est uerbum dei.

VII. DE HIS, QUAE IN USU ATQUE IN MEDIO HABENTUR.

Panis Christus uel sermo domini; in euangelio: ego sum panis uiuus.

Uinum idem quod supra; in Salamone: et bibite uinum, quod miscui uobis.

Oleum misericordia uel sanctus spiritus; in psalmo: in oleo sancto meo linui eum. item in aliam partem: oleum autem peccatoris non inpinguet caput meum, id est adulatio.

Porcina peccata; in psalmo: saturati sunt porcina.

Azymum sine fermento malitiae; in apostolo: in azymis sinceritatis et ueritatis.

Similago puritas mentis et fortitudo caritatis; in Leuitico: si autem anima offeret munus sacrificium deo. similago sit munus eius.

1 Matth. 11, 21. 3 Ps. 29, 12. 5 Ephes. 6, 15. 7 ib. 6, 16. 17. 12 Ioh. 6, 41. 14 Prou. 9, 5. 16 Ps. 88, 21. 18 ib. 140, 5. 20 Ps. 16, 14. 21 I Cor 5, 8. 24 Leu. 2, 1.

1 cilicium—euangelio *om.* *S* 2 ce[i]nere *S* (i *m. 2*) cinere et *om.* *M* 3 ps. XXVIIII *S* praece[i]nxisti *SM* (i *m. 2*) 5 apostulo *M* 7 hominis monumenta *M* luricam *S* 8 *pr.* et *om.* *S* 14 s[a]olomone *S* be[ibi]uete *S* (*corr. m 2*) 16 ps. LXXXVIII *S* *alt.* in *om.* *S* 17 meo *om.* *M* malam *M* 18 oleo *S* peccatorum *S* capud *S* 20 ps. XVI. *S* 21 azimum *et* azimis *S* 23 karitatis *M* 24 aff[e]erit *S*

Subcinericium humilitatis oblatio; in Genesi: festinanter consperge tres mensuras similaginis et fac subcinericia.

Lac mentis sinceritas; in epistula Petri: rationale sine dolo lac concupiscite. item in aliam partem: lac uobis potum dedi non escam; nondum enim poteratis. hic lac exiguitas sensus.

Coagulatum uitiis concretum; in psalmo: coagulatum est sicut lac cor eorum.

Sal condimentum sapientiae; in euangelio: uos estis sal terrae.

Mel dulcedo praeceptorum dei; in psalmo: quam dulcia faucibus meis eloquia tua, domine, super mel ori meo. item aliter in Salamone: inueniens mel manduca, quod satis est, ne forte satiatus euomas, id est, altiora te ne quaesieris.

Fel amaritudo malitiae; in psalmo: dederunt in escam meam fel.

Acetum asperitas corruptae mentis; in psalmo: et in siti mea potauerunt me aceto.

Pix inquinamentum et nigredo delictorum; in Salamone: qui tangit picem inquinabitur ab ea.

Sicera confectio quaedam nequitiae; in euangelio: uinum et siceram non bibet.

1 Gen. 18, 6. 4 I Petr. 2, 2. 5 I Cor. 3, 2. 8 Ps. 118, 70. 10 Matth. 5, 13. 12 Ps. 118, 103. 14 Prou. 25, 16. 16 Eccle. 3, 22. 17 Ps. 68, 22. 19 ib. 22 Eccli. 13, 1. 23 Luc. 1, 15.

2 consp[e]irge *S* consparge *M* getres *S* subcen[i]eritas *S* 4 rationales *M* 8 coagolatum *S* 9 eorum] meum *S* 10 est[i]es *S* 12 dulci[e]do *S* 13 domine *om. SM* mel et fabum *S* 16 an te (an *eras.*) *S* exquisieris *SM* 17 ps. LXVIII *S* esca mea *SM* 19 acetum *praecedit* fel *in M* psalmo qui supra *S* 21 nigrido *S* 22 inquinau[b]itur *S* eo *M* 23 quidam *M* malitiae et nequitiae *S* 24 sicera *PSN*

Calix domini passio; in psalmo: calicem salutaris accipiam.

Merum sinceritas iudicii aut ueritatis uel calor fidei; in psalmo: uini meri plenus est mixto.

Fex ultimum iudicii; in psalmo: uerumtamen fex eius non est exinanita.

Cibus sermo uel uoluntas domini; in euangelio: meus cibus est ut faciam uoluntatem eius qui me misit patris.

Potus idem quod supra; in psalmo: et torrente uoluntatis tuae potabis eos, id est spiritu sancto. item in aliam partem: non est regnum dei esca et potus.

Promptuaria cordis receptacula; in cantico deuteronomii: et in promptuariis timor.

Pera uictus sollicitudo; in euangelio: non peram in uia.

Sacculus thesaurizatio in deum; in euangelio: facite uobis sacculos qui non ueterescant. et in aliam partem: sacculum communem possideamus, id est auaritiam.

Pecunia uerba diuina; in euangelio: oportuit ergo te mittere pecuniam meam nummulariis.

Uellus populus; in psalmo: et descendet tamquam pluuia in uellus.

1 Ps. 115, 13. 4 Ps. 74, 9. 5 ib. 7 Ioh. 4, 34. 10 Ps. 35, 9. 12 Rom. 14, 17. 14 Deut. 33, 16. 15 Matth. 10, 10. 16 Luc. 12, 33. 18 Prou. 1, 14. 20 Matth. 25, 27. 22 Ps. 71, 6.

1 passio domini *S* ps. CXV *S* 2 accepiam *P* 3 uel *om.* *S* 5 iudicii ultionum *M* psalmo qui supra *S* 8 uol^{u}ontatem *S* eius- patris] patris mei qui *S* 10 ps. XXXV *S* torrentem *M* bone uoluntatis *S* 11 potum dabis eis *M* spiritum sanctum *S* id—sancto *om.* *M* 13 propmtuaria *S* 15 pera *(altero loco)* *S* 16 thensaurizatio *S* facete *S* 17 ueteriscant *PS* 18 partem in solomone *S* possideamus commune sacculum *M* 20 d^{i}euina *S* te ergo *S* 21 nummolariis *M* 22 ps. LXXI *S* discendet *PM* d^{e}iscendat *S* 23 uellum *M*

Linum spiritalis fortitudo uel candor; in Exodo: porro filiis Aaron tunicas lineas parabis.

Utres uasa humani corporis; in euangelio: uinum nouum in utres nouos mitti debet.

Farina opus bonum uel scientia; in euangelio: abscondit mulier in farinae sata tria.

Mola uitae conuersio; in euangelio: duae molentes in mola. possunt et duo testamenta lapides molae significare. per quos labore disserentium triticum ueteris instrumenti in farinam euangelii conuertatur.

Haec igitur nomina cum in textu sacrae lectionis occurrunt ita uel maxime, ut exprimimus, apertioribus accipienda traduntur, licet in diuersas plerumque significationes pro persona uel tempore uel loco exeant atque in figuras locis congruas pro ratione allegoricae interpretationis erumpant. Nam et Abyssus intellegitur, sicut supra diximus, profunditas scripturarum et item abyssus aquae inmensitas: et rupti sunt fontes abyssi multae. item abyssus ineffabilia iudicia dei: iudicia tua abyssus multa; item abyssus infernus: aut quis descendit in abyssum? id est Christum de mortuis reuocare. item abyssus corda hominum facinoribus tenebrosa: abyssus dixit: non est mecum id est sapientia.

Ignis, sicut superius memorauimus, accipitur spiritus sanctus. et item ignis caritas circumsepta eius, ignis

1 Ex. 28, 40. 3 Luc. 5, 38. 5 Luc. 13, 21. 7 Matth. 24, 41. 17 Gen. 7, 11. 19 Ps. 35, 7. 20 Rom. 10, 7. 22 Iob. 28, 14.

2 a[a]ron *S (corr. m. 2)* tonicas *S* parau[b]is *S* 3 uas *M* 5 abscondit-tria *om. S* 6 farina *M* 7 mola-euangelio *om. S* in mola *om. M* 9 labor *S* strumenti *M* 11 hec *S* 12 maximae *S* expraemimus *S* tradantur *S* 13 licet] illic et *M* diuersis *M* 14 uel loco *om. M* figuris *S* 15 interpraetationes *S* 16 habissus *(sic semper) S* 17 aquae] adque *S* i[m]nmensitas *P* (m *m. 2*) erupti *S* 18 multae] magnae 19 dei in psalmo XXXV uelut *S* 20 disc[e]ind[e]et *S* discendit *M* 21 de] a *S* 23 acc[i]epitur *S* 24 item] iterum *S* eius circumsepta *om. SM* *post* eius *repetitur* circumsepta *PSM*

flammae eius. ignis tribulatio: igne nos examinasti sicut igne examinatur argentum. ignis ira: et consumam eos in igne irae meae, ait dominus. ignis uoluptas: omnes adulterantes sicut clibanus corda eorum.

Umbra, ut indicauimus, significatur protectio diuina; item umbra aliquando peccata: sedentes in tenebris et umbra mortis. umbra aliquando poenae; in Iob: ubi umbra mortis et nullus ordo. et quia umbra non longe est ab ea re, cuius est umbra, ita et mors non longe est a poena, quae infert mortem. umbra aliquando est delectatio peccatorum; in Iob de diabolo: sub umbra dormit in secreto calami et locis umentibus. et rursum species alia qua specie unam rem multa significant.

Duo testamenta eo quod duo hic illi lapides molares possint significare memorauimus. et item duo testamenta duo Cherubin in Exodo; duo animalia in Abacuc; duae petrae in Exodo et in canticis canticorum, quarum uelamento sponsa et Moses proteguntur; duo montes aenei in Zacharia,

1 Ps. 65, 10. 2 Ezech. 22, 31. 4 Os. 7, 4. 6 Ps. 106, 10. 7 Iob. 10, 22. 11 ib. 40, 16. 16 [Ex. 25, 18] [Ab. 3, 8] 17 [Ex. 17, 6] Cant. 2, 14. 19 [Zach. 6, 1—4].

1 eius et iterum *S* 2 igne *om. S* consummam *P* 3 in *om. S* 6 et in *S* 7 item umbra aliquando *S* quia umbra est longe *S* quia umbra ita et mors non longe est a poena quae infert mortem *M* 10 inferunt *PS* item umbra aliquando *S* 11 diabulo *P* dormitio *S* 12 in secreto *om. S* humentibus *M* rursus *SMN* 13 *alt. l.* speciem *S* rursus species aliqua speciae una rem multa *N* 14 hic duo illi *N* 15 significari *M* et *om. M* 16 cherufin *S* duo-exodo *om. S* abbacuc *M* abbacu *N* duo petrae *N* 17 uelamentum *S* montes *est ultima uox in N fol. 5ᵃ, quae fol. 5ᵇ legi possunt, sunt haec:* egrediu migris al iodas signifi equi nomini umensi uerum librati sumus nunc dationis modum ad aululum pro neces terrupimus reuertamur li in euangelio et tulerunt duodecim cofinos frau rum plenos. it, in aliam par anus eius in cofinos serui t id est in seruitute uel tributione quam aegyptii intulerunt *uoce p. 44* cathedra *incipit iterum tota linea quae legi potest* 18 duo *om S*

de quorum frutectis myrtinis et obscura opacitate egrediuntur quadrigae cum equis rufis nigris albis et uariis.

Sed has tam multimodas significationes in singulis persequi nominibus non solum laboris inmensi uerum etiam inpossibile arbitrati sumus. nunc ergo ad eum interpretationis modum atque ordinem, quem paululum pro necessitate disputandi interrupimus, reuertamur.

Cophini apostoli; in euangelio: et tulerunt reliquias duodecim cophinos fragmentorum plenos. item in aliam partem: manus eius in cophino seruierunt, id est in seruitute uel tribulatione, quam Aegyptii intulerunt.

Cathedra doctrina; in psalmo: et in cathedra seniorum laudent eum. item in malam partem: et in cathedra pestilentiae non sedit, id est in doctrina hereticorum.

Scabillum humiliatorum subiectio; in psalmo: donec ponam inimicos tuos scabellum pedum tuorum.

Statera aequitas uel diuinae gubernationis potentia; in Esaia: et librauit in pondere montes et colles in statera.

Cinis humanae fragilitatis inanitas; in Salamone: quid superbit terra et cinis?

Olla prosapia; in psalmo: Moab olla spei meae, id

8 Matth. 14, 20. 10 Ps. 80, 7. 12 ib. 106, 32. 13 ib. 1, 1. 15 ib. 109, 1. 18 Es. 40, 12. 20 Eccli. 10, 9. 22 Ps. 59, 10.

1 mirtinis *SM* 3 significationis *S* in *om. M* 4 labores *S* (*corr. m. 2*) 5 inpossebile *S* interpraetationis *S* 6 adque *SM* ordinem redeamus *S* disputandum *S* 7 interrumpimus *M* reuertamur *om. S* 8 cofini *(sic semper) S* 9 fraumentorum *M* 10 cofinus *S* 11 in tribulatione *M* 12 *solum ultimum* a *uocis* cathedra *legi potest in N* kathedra *M* ps. CVI *S* 13 item] et *S* 14 pistilentiae *N* ereticorum *M* hereticorum secundo apostolorum *S* 15 scabellum *SMN* humiliatorium *N* ps. CVIIII *S* dum haec ponam *N* 17 gobernationes *S* guuernationis *N* uel diuinae potentiae gubernatio *M* 20 flagilitatis *S* inanitatis *N* salomone *PMN* 21 superuit *S* 22 prosapientia *N* ps. LVIIII *S* bolla *S*

est quod de Ruth Moabitide Christi secundum carnem prosapia descenderit. item in aliam partem olla tribulationis excoctio; in propheta: et uidi ollam succensam et facies eius a facie aquilonis.

Lampades animae iustitia fulgentes; in euangelio: et parauerunt lampades suas.

Lucerna ecclesia uel anima; in euangelio; sint lumbi uestri accincti et lucernae ardentes. aliquotiens lucernae opera bona: sic luceat lumen uestrum, ut uideant opera uestra bona.

Modius corpus humanum uel legis littera uel populus Iudaeorum; in euangelio: nemo accendit lucernam et ponit eam sub modio.

Candelabrum ecclesia uel corpus domini aut sancta scriptura; in propheta: et uidi a dextris altaris candelabra duo ardentia.

Mensa altare uel refectio spiritalis; in psalmo: parasti in conspectu meo mensam.

Claues adapertio scientiae spiritalis; in Luca: uae uobis legis peritis, quia tulistis clauem scientiae: ipsi non introistis et eos, qui introibant, prohibuistis. item claues iustitiae misericordiae pietatisque uirtutes; in euangelio: tibi dabo claues regni caelorum.

Serae repagula aduersus impios diuinorum praeceptorum: quoniam confirmauit seras portarum tuarum.

3 Hier. 1, 13. 5 Matth. 25, 7. 7 Luc. 12, 35. 9 Matth. 5, 16. 12 Matth. 5, 15. 15 Zach. 4, 2. 17 Ps. 22, 5. 19 Luc. 11, 52. 23 Matth. 16, 19. 25 Ps. 147, 13.

1 moabitidae *PS* 2 discenderit *P* descenderet *S* 4 faciem *S* faciae *S* aquolonis *P* aqui//lonis *N* 5 iuste *S* 6 lampadas *N* 7 ecclesiae *S* animae *SMN* 8 adcincti *S* 12 iudeorum *SMN* lucerna *N* 13 ponet *P* ea *N* modium *SN* 14 scribtura *N* 15 altaris *om. S* candilabra *PN* 16 argentea *M* 17 ps. XXII *S* 18 conspecto *N* 19 clauis *S* periti *N* 20 tollitis *N* 22 item *om. N* clauis *S* pietatis quae *SN* uertutes *P* uirtutis *N* 23 clauis *S* 24 serrae *SN* adversum *N* praeceptorum in psalmo *SMN* 25 confortauit *SN* serras *SN*

Ascia prauorum persecutio; in psalmo: in bipenne et ascia deiecerunt eam.

Bipennis geminata adflictio; in psalmo idem quod supra.

Nauis ecclesia: in euangelio: nauicula multis in medio mari iactabatur fluctibus. Solet et homo nauicula dici, ut nautae cogitationes hominem gubernantes aduertantur.

Retia praedicatio; in euangelio: et mitte retia in capturam.

Trabes peccatum grauius; in euangelio: eice primum trabem de oculo tuo.

Fistuca peccatum leuius; in euangelio: et tum uidebis eicere fistucam de oculo fratris tui.

Laqueus dolus; in psalmo: laqueos parauerunt pedibus meis.

Funes sors uel hereditas; in psalmo: funes ceciderunt mihi in praeclaris. item funes peccata: uae qui trahitis peccata uelut funem longum. et: funes peccatorum circumplexi sunt me.

Rota orbis aut uita humana; in psalmo: uox tonitrui in rota. et item: deus meus pone illos ut rotam, id est, uolubiles uel instabiles effice in malitia sua.

1 ib. 73, 6. 4 Matth. 14, 24. 8 Luc. 5, 4. 10 Matth. 7, 5. 12 ib. 14 Ps. 56, 7. 16 ib. 15, 6. 17 Es. 5, 18. 18 Ps. 118, 61. 20 Ps. 76, 19 21 ib. 82, 14.

1 persaecutio *N* in *ante* bipenne *om.* *N* bip^{e}innae *S* uipinne *N* 2 asca *M* deicerunt *P* ea *M* 3 bipinnis *N* gemina *S* afflictio *P* 4 naues *P* 5 et *om.* *S* 6 hominis gopernantis *S* guuernantis *N* 8 retiam in capturam piscium *M* captura *N* 10 trauis *S* traues *N* graue *SN* peccato graues *M* 11 trauem *SN* 12 leue *S* in euangelio] ubi supra *N* tunc *SMN* 13 festucam eicere *M* 14 laquaeus *(priore loco)* *N* laqueos *S* ps. LVI 16 ps. XV *S* caeciderunt *N* 17 uae] uel *N* traitis *M* 18 et item *S* 19 circumplex^{i}e *S* circumplexsi *N* 20 orbis-uolubiles *om.* *N* ps. LXXVI *S* thonitrui *S* 22 effice—sua *om.* *S* effici *M*

Spongia caua infidelitas Iudaeorum; in euangelio: illi autem spongiam plenam aceto hyssopo circumponentes obtulerunt ori eius.

Scalae sanctorum profectus; in Genesi: uiditque in somnis scalam stantem super terram et cacumen illius tangens caelum angelos quoque dei ascendentes et descendentes super eam.

Scopae curae superstitionis per uanam gloriam; in euangelio: et ueniens inuenit uacantem, scopis mundatam et ornatam.

Margarita doctrina euangelica uel spes regni caelorum; in euangelio: inuenta autem una pretiosa margarita abiit et uendidit omnia, quae habuit, et emit eam.

Anulus signaculum fidei; in euangelio: et date anulum in manu eius. item de hoc in psalmo: signatum est super nos lumen uultus tui domine.

Chlamis laudis ornatus; in Salamone: chlamides fecit uiro suo, id est uestimentum, quod tamquam de duobus testamentis confectum sit.

Aurum interior scripturarum intellectus; in psalmo: et posteriora dorsi eius in specie auri.

Argentum eloquia diuina siue intellectus litterae uel hi-

1 Ioh. 19, 29. 4 Gen. 28, 12 9 Luc. 11, 25. 12 Matth. 13, 46. 14 Luc. 15, 22. 15 Ps. 4, 7. 17 Prou. 31, 22. 20 Ps. 67, 14.

1 spungia *(semper) SN* iudeorum *S* 2 sfongiam *M* sp[o]ungia plena *N* acheto *N* et isopo *SN* (ysopo *N*) 3 optulerunt *PSN* 6 eius *SN* 7 et descendentes *om. S* discendentes *P* discindentes *N* super] per *M* 8 cura *S* curam *N* 9 eam uacantem *S et cod. Par. 2182, et cod. Par. 1791* 11 margaritam *N* euangeliaca *S* 12 unam praetiosam margaritam *N* praetiosam *S* 13 habiit *SN* 15 manum *N* in psalmo *om. S* 17 clamis *SMN* salomone *MN* clamidem *M* — s *SN* 18 id est quod de duobus testamentis confecit *N* quod *om. S* 20 scribturarum *N* intelli[e]ctus *S* 21 speciae *SN* 22 aeloquia *(bis) N* intelli[e]ctus *S* storiae *S* storie *M* [is]storiae *(sic) N*

storiae; in psalmo: eloquia domini, eloquia casta, argentum igne examinatum.

Lapides pretiosi apostoli uel sancti siue ipsa opera uirtutum; in Apocalypsi: fundamenta muri ciuitatis omni lapide pretioso ornata.

Aes uanitas uel inanitas fidei; in apostolo: factus sum uelut aes sonans. item in aliam partem: posuisti ut arcum aereum bracchia mea. hic aereum fortem uel firmum.

Ferrum tribulatio uel homo ipse; in psalmo: ferrum pertransiit anima eius.

Plumbum pondera peccatorum; in propheta: et uidi iniquitatem super talentum plumbi.

Fictile fragilitas carnis; in apostolo: habemus thensaurum hunc in uasis fictilibus.

VIII. DE UARIIS UERBORUM UEL NOMINUM SIGNIFICATIONIBUS.

Aedificare bona opera facere uel bene docere; in apostolo: si quis autem aedificat supra fundamentum hoc aurum argentum lapides pretiosos.

Destruere mala opera exercere uel male docere; in Salamone: unus aedificans et unus destruens.

1 ib. 11, 7. 4 Apoc. 21, 19. 6 I Cor. 13, 1. 7 Ps. 17, 35. 10 ib. 104, 18. 11 Zacch. 5, 7. 13 II Cor. 4, 7. 18 I Cor. 3, 12. 21 Eccle. 34, 28.

3 praetiosi *SN* uel *om. S* uirtutum] uistotum *N* 4 apocal[i]epsi *S* apocalipsi *M* apocalypse *N* muri] auri *S* ciuitatis auro et *S* omnia *N* 5 praetiosi *S* praetioso *N* ornata *om. S* ornato *N* 6 aes] aeramentum *S* 7 partem in psalmo XVII *S* 8 brachia *SM* bracia *N* aerum in fortem *N* 10 ps. CIIII *S* 11 pertransi[u]bit *S* pertransiuit *N* 12 profeta *N* 13 blumbi *N* 14 fictilae *N* thesaurum *SM* thensaurum aurum *P* 15 hunc *om. S* 18 uel—docere *om. S* 20 praetiosos *SN* 21 male *om. S* salomone *MN* 22 destruns *P* distruens *S*

Mundare uitiis expurgare; in euangelio: tetigit eum Iesus dicens: uolo mundare, et confestim mundata est lepra eius.

Stare fide consistere; in apostolo: state in fide.

Ambulare ad dominum tendere; in psalmo: et ambulabam in latitudinem.

Sedere in deum humiliter resumere; in euangelio: uos autem sedete in ciuitate.

Iacere aut uitiis aut temptationibus succumbere; in euangelio: et inuenit eam iacentem in lecto.

Currere in operibus bonis properare; in apostolo: sic currite ut conprehendatis.

Uigilare custodiam cordis adhibere uel in deum resurgere; in psalmo: a uigilia matutina usque ad noctem.

Dormire transitu apud Christum requiescere; in psalmo: numquid qui dormit non adiciet ut resurgat? et aliter dormire peccatorum sopore torpescere; in apostolo: surge qui dormis.

Ascensus profectus in deum; in psalmo: ascensus in corde eius.

Descensus defectus a deo; in euangelio: homo quidam descendebat ab Hierusalem in Hiericho.

1 Matth. 8, 3. 4 I Cor. 16, 13. 5 Ps. 118, 45. 7 Luc. 24, 49. 10 Marc. 7, 30. 11 I Cor. 9, 24. 14 Ps. 129, 6. 16 ib. 40, 9. 18 Ephes. 5, 14. 19 Ps. 83, 6. 21 Luc. 10, 30.

1 in euangelio *om.* *N* 3 libra *N* 4 sta *S* 5 deum *SN* 6 latitudine *M* 7 sumere *S* rerumere *N* 8 sedite *N* ciuitatae *S* ciuitatem *M* 9 subcumbere *SN* 10 ea *N* iacente *N* 12 currete (i *supra* e) *S* conpraehendatis *PS* 13 uigelare (i *supra* e) *S* adibere *M* 14 nocte *M* 15 transitu *P et cod. Par. 2182* transitum *SMN* aput *M* 17 torpescere (i *supra* e) sopore *S* torpiscere *N* 19 ascensus profectus in domino; in euangelio: homo quidam descindebat ab iherusalem in iherico *N* ascinsus *(secundo l.)* *S* 21 descensus—Hiericho *om.* *N* discinsus (e e *supra* i i) *S* 22 discendebat *PS* hericho *S*

Uia Christus; in euangelio: ego sum uia et ueritas et uita; et aliter uia uita hominis; in psalmo: uias meas enuntiaui et exaudisti me.

Spatiosa uitiorum inlecebris dilatata; in euangelio: lata porta et spatiosa uia quae ducit ad perditionem.

Arta districta uel tribulationibus pressa; in euangelio: quam angusta porta et arta uia quae ducit ad uitam.

Directa praeceptis dei ordinata; in Esaia: rectas facite semitas eius.

Praua a dei praeceptis deuia; in Esaia: et erunt praua in directa et aspera in uias planas.

Plana oboedientia praeceptorum exaequata; in Esaia idem quod supra.

Aspera inoboedientiae asperitate horrida; in Esaia idem quod supra.

A dextris a parte iustitiae: in euangelio: statuit oues quidem a dextris suis, haedos autem a sinistris.

A sinistris a parte iniustitiae; in euangelio idem quod supra.

Fouea dolus uel lapsus in mortem; in psalmo: foderunt ante faciem meam foueam.

Puteus diabolus uel infernum; in psalmo: neque urgeat super me puteus os suum. et in bonam partem in Genesi: ad puteum iuramenti, id est aquam fidei.

1 Ioh. 14, 6. 2 Ps. 118, 26. 4 Matth. 7, 13. 7 ib. 14. 9 Es. 40, 3. 11 Es. 40, 4. 17 Matth. 25, 33. 20 Ps. 56, 7. 22 ib. 68, 16. 24 Gen. 46, 1.

1 et *om. S* 2 *alt.* et] item *S* 3 annuntiaui *N* 5 porta *om. N* perditionem] mortem *S* 6 distincta *N* praessa *S* 8 uia est *N* 9 fac^{i}ete *S* 11 deuia] diuisa *N* 12 dereta *P* 13 obidientia *P* exequata *SN* idem *om. N* 15 ordi^{na}ta *N* 17 parte] perte *N* 18 suis—sinistris *om. S* edos *M* autem *om. N* sinestris *N* 19 perte *S* ^{in}iustitie *M* idem—supra] hedos autem a sinistris *S* 20 fouea—quam saluanda *(p. 51, l. 21) desunt in S. quia folium excisum est* fobea *N* labsus *N* montem *N* 22 infernus] infirmus *N* 23 sum *M* et] laeti *N* 24 genesim *N* ^{a}quam *N (corr. m. 2)*

Sanitas mentis integritas; in psalmo: clamaui ad te, sanasti me.

Languor uitiorum morbus; in psalmo: qui sanat omnes languores tuos.

Lepra peccatorum contaminatio: in euangelio: et confestim mundata est lepra eius.

VIIII. DE HIERUSALEM UEL ADUERSIS EIUS.

Hierusalem ecclesia uel anima: in psalmo: lauda Hierusalem dominum. et notandum, quod quaecumque in ecclesiam generaliter conueniunt haec et ad animam referri possunt.

Sion idem quod supra; in psalmo: lauda deum tuum Sion.

Filii Sion filii ecclesiae; in psalmo: et filii Sion exultent super rege suo.

Filiae Hierusalem idem quod supra.

Tabernaculum corpus domini uel ecclesia; in psalmo: in sole posuit tabernaculum suum.

Arca caro dominica uel corda sanctorum deo plena; in psalmo: tu et arca sanctificationis tuae. item arca ecclesia intra quam saluanda claudantur; in Genesi: remansit autem solus Noe et qui cum eo erant in arca.

Tabulae lapideae duae, ut puto, propter testamenta duo uel propter duo praecepta dilectionis dei et proximi; in Exodo: et dixit dominus ad Mosen: excide tibi duas tabulas.

1 Ps. 29, 3. 3 ib. 102, 3. 5 Matth. 8, 3. 8 Ps. 147, 12. 12 ib. 14 ib. 149, 2. 17 ib. 18, 6. 20 ib. 131, 8 21 Gen. 7, 23. 25 Ex. 34, 1.

1 in mentis *N* 2 et sanasti *MN* 8 iherusalem (*semper*) *N* 9 quod quaecumque] quidquid *M* 10 ecclesiam *MN* et *om. N* anima *N* 12 in psalmo *om. N* 14 ecclesiae uel sensus anima *M* fili (*secundo loco*) *P* 15 regem suum *M* 16 iherusalem *N* 17 tauernaculum *N* in psalmo *om. N* 21 qua *N* clauduntur *SMN* 22 solus *om. S* era^{n}t *S* 24 dei proximi *N* 25 deus *S* moysen *MN*

Lex praecepta diuina: in psalmo: lex domini inmaculata.

Chirographum conscriptio hominis peccatoris cum diabolo per manum iniquitatis: in apostolo: chirographum peccati quod erat contrarium nobis.

Pactum confoederatio gratiae diuinae cum homine; in psalmo: uidi non seruantes pactum.

Testamentum confirmatio uoluntatis diuinae: in propheta: et confirmabo testamentum super domum Iuda.

Praeputium uita gentilis; in apostolo: in praeputio aliquis uocatus est, non circumcidatur. id est, etiam qui ex gentibus ad fidem Christi uenit corpore non circumcidatur.

Circumcisio expoliatio uitiorum; in apostolo: circumcisi estis circumcisione non manu facta in expoliatione corporis carnis.

Cornu fortitudo uel regnum; in Regnorum: et exaltauit cornu Christi sui.

Purpura martyrii species per cruorem; in Exodo: omnis, qui percipit corde, adferet initia domino aurum argentum aeramentum hyacinthum purpuram coccum netum et byssum.

Coccus idem quod supra uel caritatis ardor uel crucis mentio; in Exodo sicut supra.

Byssus castitatis uel continentiae candor; in Exodo idem quod supra.

1 Ps. 18, 8. 4 Col. 2, 14. 7 Ps. 77, 57. 9 Hier. 31, 31 *et* Hebr. 8, 8. 10 I Cor. 7, 18. 13 Col. 2, 11. 16 I Reg. 2, 10. 18 Ex. 35, 5. 6.

1 ps. XVIII *S* 3 chirografum *SN* cirografum (*semper*) *M* 4 chirografum *PS* cirografum *N* 6 confideratio *M* hominem *N* 9 meum super *N* 14 non circumcisione *S* 16 cornum *(semper) SN* regum *N* et *om. N* 18 martiris *S* 19 percepit *SN* afferet *P* adferit *S* offert *N* 20 hyacintum *PN* hiacinctum *S* purpura coccu *N* 21 netum *om. S* bissum *M* 22 cruor mentis *N* 23 exhodo *P (semper)* idem quod supra *S* quod supra *N* sicut *om. M* 24 bissus *et* hyacinthus *sunt permutata in N* bissum *SMN*

Hyacinthus confessorum liuores; in Exodo idem quod supra.

Superumerale operum ab umeris significatio; in Exodo: et fecerunt superumerale de auro et hyacintho et purpura et cocco neto et bysso torta.

Rationale doctrinae uel rationis a pectore declaratio; in Exodo: et fecerunt rationale opere textili secundum opus superumeralis.

Poderes doctrina secretior atque perfectior; in Exodo: et fecerunt uestimentum poderem sub umbone opus textile totum hyacinthinum.

Lamina aurea in fronte crucis suprafiguratio; in Exodo: et fecerunt laminam auream et infra scripserunt, inquit, in ea litteras deformatas signaculum sanctitatis domini, id est nomen tetragrammaton domini.

Templum corpus domini uel sancti; in apostolo: uos enim estis templum dei uiui.

Altare fidei altitudo; in psalmo: tunc inponent super altarem tuum uitulos.

Sacrificium oblatio iustitiae; in psalmo: sacrificate sacrificium iustitiae.

Holocaustum totus fidei accensus; in psalmo: holocausta medallata offeram tibi.

Hostia Christus uel anima dicata deo; in apostolo: oblationem et hostiam deo in odorem suauitatis.

2 Ex. 39, 2. 6 ib. 39, 8. 8 ib. 39, 20. 12 ib. 39, 29. 15 II Cor. 6, 16. 17 Ps. 50, 21. 19 Ps. 4, 6. 21 ib. 65, 15. 23 Ephes. 5, 2.

1 hiacinctus *S* hyacintus *N* *(cf. p. 52 l. 24)* libores *N* 2 superhumeralem *N* 4 neto *om. S* bisso *S* torto *N* 5 spectore declamatio *S* 6 ficerunt *N* operae testili *N* 8 segretior *S* adque *N* perfectio *SN* 9 podorem *S* podere *N* umbonem *S* 10 testile *N* hiacintinum in exodo *S* 11 crucis in fronte *P* praefiguratio *SMN* 12 lamminam *P* lamina auream *N* scribserunt *SN* 13 inquid *MN* 14 nomen *om. N* thetragrammaton *S* tethragrammatom *N* tetragrammon *M* 15 domini *om. S* 16 enim *om. S* 17 ps. L *S* altare *M* altarem *P* 19 ps. IIII *S* 21 olocaustum-a *M* 24 ostia *M* in-suauitatis *om. S* suabitatis *N*

Myrra mortalitatis indicium; in psalmo: myrra et gutta et cassia a uestimentis tuis.

Unguentum diffusa nominis Christi gratia; in Salamone: unguentum effusum nomen tuum.

Sancta sanctorum interiora quaeque mysteria dei uel regna caelorum; in epistula ad Hebraeos: non enim in manu facta sancta Iesus introiit exemplaria uerorum sed in ipsum caelum, ut appareat nunc uultui dei pro nobis.

Sabbatum requies spiritalis; in Genesi: et requieuit dominus ab omnibus operibus suis.

Quadragensima figura praesentis uitae ac laboris; in euangelio: et cum ieiunasset quadraginta diebus et quadraginta noctibus.

Pasca praenuntiatio dominici transitus; in euangelio: ante diem autem festum Pascae sciens Iesus quia uenit eius hora, ut transeat ex hoc mundo ad patrem.

Quinquagensima manifestatio futurae beatitudinis uel remissionis; in Leuitico: numerabitis ergo septem hebdomadas plenas usque ad alteram diem et infra id est quinquaginta dies.

Iubeleus uenturae quietis significatio; in Leuitico: annus remissionis est; signum sanctum erit uobis.

1 Ps. 44, 9. 4 Cant. 1, 2. 6 Hebr. 9, 24. 10 Gen. 2, 2. 13 Matth. 4, 2. 15 Ioh. 13, 1. 19 Leu. 23, 15. 16. 22 ib. 25, 10.

1 mirra *S* indicio *S* ps. XLIIII *S* 3 diffusum *S* effusa *N* 5 quoque misteria domini *S* quaeque que *N* interior aut misteria dei ***M*** 7 factis sanctis *PSMN* introibit *S* uirorum *PSMN* uerorum *cod. Paris. 2182* 8 adpareant *N* 12 quadragesima *MN* presentis *N* 13 *et* 14 quadragenta *S* 15 pascha *SMN* dominico *N* dominicae *M* 17 hora eius *MN* transiret *S* 18 futurae *om. M* 19 leuiticum *S* ebdomadas *P* ebdomața (d *supra*) *S* eudomada *N* 20 ad *om. M* altarem (e u *supra*) *S (corr. m. 2)* 21 quinquagenta *S* 22 iobeleus *P* iobeleus (u *supra*) *S* significatio] signum *S* annum *S* 23 est *om. S*

Ciuitas dei ecclesia uel anima; in psalmo: in ciuitate dei nostri.

Ciues fideles; in apostolo: sed estis ciues sanctorum et domestici dei.

Muri munimenta scripturae diuinae uel prophetae aut sancti; in psalmo: aedificentur muri Hierusalem. item in aliam partem: in deo meo transgrediar murum.

Turres apostoli uel perfecti quique; in psalmo: et abundantia in turribus tuis.

Portae scripturae sanctae uel iustitiae uel apostoli aut angeli; in psalmo: et eleuamini portae aeternales. item in aliam partem: quia lata porta et spatiosa uia quae ducit ad noctem.

Plateae beatitudo dilatata sanctorum; in Apocalypsi: et plateae ciuitatis aurum mundum tamquam uitrum perlucidum.

Fundamentum Christus uel fides; in apostolo: fundamentum enim aliud nemo potest ponere praeter quam id quod positum est Christus Iesus.

Maceria lex uel angelorum custodia; in cantico Esaiae: et maceriam circumdedi et calamos adfixi et plantaui uineam.

Domus anima in qua Christus habitat uel ecclesia; in psalmo: in domum domini ibimus.

1 Ps. 47, 2. 3 Ephes. 2, 19. 6 Ps. 50, 20. 7 ib. 17, 30. 8 ib. 121, 7. 11 ib. 23, 7. 12 Matth. 7, 13. 14 Apoc. 21, 21. 17 I Cor. 3, 11. 20 Es. 5, 2. 24 Ps. 121, 1.

3 fideles *om.* *N* es[i]tes *S* 5 scributurae *N* 6 ps. L *S* ihierusalem *N* 7 in aliam partem *erasa in M* partem in psalmo XVII *S* transgredear *N* 8 profecti *N* ps. CXXI *S* 10 scributurae *SN* 11 euangeli *P* seu angeli? euangelistae *cod. Par. 2182* ps. XXIII *S* aelebamini *N* 12 quia] quam *M* 14 apocal[i]apsi *S* apocalypsae *N* 16 perlucidum et in aliam partem: sponsus meus in plateus *(sic)* non inuenitur *M* 18 praeterquam] quam *MN* 20 macheria *S* 21 macheria *S* maceria *N* affixi *P* fixi *S* 24 domo[um] *S* domo *N* ibe[i]mus *S*

Cenaculum altitudo meritorum uel scientiae; in euangelio: et ipse uobis ostendet cenaculum magnum.

Ostia adapertio fidei; in apostolo: ostium enim mihi apertum est magnum et euidens.

Columna firmamentum uel stabilitas spiritalis; in apostolo: Iacobus et Iohannes et Cephas qui uidebantur columnae esse.

Paries interdum structura bonorum operum; in cantico canticorum: ecce hic retro post parietem nostrum prospiciens per fenestras.

Fenestrae uisus uel ceteri sensus; ut supra: prospiciens per fenestras; item in malam partem: mors introibit per fenestras uestras.

Gradus spiritalis ascensus; in psalmorum titulo: canticum graduum.

Pauimentum humiliatio uel adflictio animae siue in terrena declinatio; in psalmo: adhaesit pauimento anima mea.

Psalterium opera bona; in psalmo: psalterium iucundum cum cithara.

Cithara pectus deuotum in quo tamquam nerui sunt uirtutes. hoc est spiritalia bona; in psalmo: exsurge psalterium et cithara, id est opera cum fide; uel de ipso domino resurrectio carnis cum diuina uirtute.

Decachordum praecepta decem uel geminati quinque sensus

2 Luc. 22, 12. 3 I Cor. 16, 9. 6 Gal. 2, 9. 9 Cant. 2, 9. 12 Hier. 9, 21. 14 Ps. 119, 1. 17 ib. 118, 25. 18 ib. 80, 3. 21 ib. 107, 3.

2 ostendit *SN* 3 oste[i]a *S* ostium *M* apostolum *N* hosteum *N* 5 colo[u]mna *S* 6 cefas *PMN* chefas *S* 7 colomnas *S* 8 parietes *M* 10 respiciens *S* fenestram *SMN* 11 ceteri—introibit *desunt in N mutilo* 13 fenestram *M* 14 gradum *MN* in psalmo *M* 16 afflictio *P* siue—declinatio *om. S* terrina *N* interna *M* 18 iocundum *S* 21 ps. CX *(sic) S* exurge *SN* psalterium iocundum *S* 22 et] cum *S* ex *P* cum cithara *om. M* 24 de[c]aorda *S (corr. m. 2)* precepta *N* decacordum uel decem praecepta uel cert[a]e illic quae totidem psalmis XIV continet uel geminata *M*

hominis exterioris cum interiore; in psalmo: in decachordo psalterio cum cantico et cithara.

Organum homo uel ille qui est adsumptus a domino; in psalmo: laudate eum in chordis et organo.

Tympanum adtenuatum corpus in ieiunio; in psalmo: laudate eum in tympano et choro.

Chorus concordia; in psalmo ut supra.

Tuba uocis exaltatio in praedicatione diuina; in propheta: exalta uelut tuba uocem tuam.

Cymbala labia deum confitentia uel dilectio dei et dilectio proximi; in psalmo: laudate eum in cymbalis bene sonantibus.

Iubilatio clamor spiritali feruore expressior; in psalmo: laudate eum in cymbalis iubilationis.

Aegyptus mundus uel gentilium populus; in psalmo: uenient legati ex Aegypto.

Aethiopia ecclesia ex gentibus; in psalmo: Aethiopia praeueniet manus eius; item in aliam partem in psalmo: dedisti eum escam populo Aethiopum.

Babyllon aut mundus aut Roma; in Apocalypsi: et Ba-

1 Ps. 91. 4. 4 ib. 150, 4. 5 ib. 9 Es. 58, 1. 11 Ps. 150, 5. 14 ib. 15 ib. 67, 32. 17 ib. 19 ib. 73, 14. 20 Apoc. 16, 19.

1 di(e)cacorda psalterium *S* 2 canticum *SN* chitara *N* 3 assumptus *P* in psalterio *M* 4 cordis *SMN* 5 timpanum *S* attenatum *P* timphanum adtinuatum *M* in *om. MN* psalterio *M* 7 psalterio *M* ut] quod *S* 8 exultatio *SMN* predicatione *N* 9 exalta uelut] exaltant *S* exalta ut *N* exalta *om. M* 10 cimbala—is *SM* 11 eum—sonantibus *om. N mutil.* 13 *in N mutil. solum haec legi possunt:* spiritalis feruor expresmo laudate eum in cymba spiritalis *S* expraessior *S* 14 cimbalis *SM* iub(i)elationis *S* 15 aegiptus *S* mundus hic *S* gentium *M* 16 li(e)gati *S (corr. m. 2)* 17 ethyopia *M* psalmo qui supra *S* 18 eius deo *S* 19 in psalmo *om. S* in escam *S* in esca *MN* 20 babilon *(semper) SM* mundum *N* apocalipsi *SM* apocalibsi *N*

bylon magna uenit in memoriam ante deum dare ei calicem uini indignationis irae suae.

Inimici diabolus uel uitia; in psalmo: non confundetur, cum loquetur inimicis suis in porta.

Fures heretici uel pseudoprophetae; in euangelio: omnes quotquot uenerunt ante me fures fuerunt et latrones.

Gentes uitia; in Pentateucho: cum introduxerit te dominus deus tuus in terram quam possessurus ingredieris et deleuerit gentes multas coram te. item in aliam partem: omnes gentes plaudite manibus.

Pugna certamen aduersus nequitias spiritales uel aduersum uitia conflictus; in apostolo: sic pugno non quasi aërem uerberans.

Pax carnis in bonum spiritusque concordia; in psalmo: rogate quae pacis sunt Hierusalem. item pax Christus; in apostolo: ipse est enim pax nostra.

Uictoria de diabolo uel de aduersis triumphus; in apostolo: deo autem gratias qui dedit nobis uictoriam per dominum nostrum Iesum Christum.

Brabium consummatorum praemium meritorum; in apostolo: ad destinatum persequor ad brabium supernae uocationis dei.

3 Ps. 126, 5. 5 Ioh. 10, 8. 8 Deut. 7, 1. 11 Ps. 46, 2. 13 I Cor. 9, 26. 16 Ps. 121, 6. 17 Ephes. 2, 14. 19 I Cor. 15, 57. 22 Phil. 3, 14.

1 ueniet *S* memoria *SN* 2 eius irae *SMN* 4 dum loqu[e]itur *S* loquitur *MN* 5 eretici *M* seudoprofetae *PN* eudoprophetae *S* 6 quodquod *SMN* sunt *S* 8 pentatheuco *S* pentateuco *M* penthatico *N* 9 terra *N* 10 ingrederis *S* deleueris *S* 11 plaudite—aduersum *in S mutilo a m. 3* plaudete *M* 12 aduersus *S* 14 ueruerans *M* 15 et spiritus *S* spiritusquae *N* 16 ihierusalem *MN* 17 enim est *S* nostra et in aliam partem: non enim ueni pacem mittere sed gladium *M* 18 diabulo *PM* *alterum* de *om. M* aduersariis *S* 21 bra[u]bium *S* *(corr. m 2)* brachium *N* brauium *M* apostulo *M* 22 brabrium *N* brauium *M*

Corona aeternae gloriae pro iustitia merces; in apostolo: de reliquo reposita est mihi corona iustitiae.

Quoniam spiritalium profectuum consummatio prouehit ad coronam, recte horum quoque spiritalem nominum interpretationem corona consummat. quae tamen nomina uniuersa conplecti arduum duximus, sicut etiam illud, ut depromerentur cuncta, quae se in utramque partem gemina significatione diffundunt.

X. DE NUMERIS.

Sane his nominibus absolutis numeros quoque breuiter digeramus, quos mystica exemplorum ratio inter sacratos celebriores efficit.

I. hic numerus ad unitatem deitatis refertur: in Pentateucho: audi Israhel, dominus deus tuus deus unus est.

II. ad duo testamenta: in Regnorum: et fecit in Dabir duo Cherubin in decem cubitorum magnitudinem.

III. ad trinitatem; in Iohannis epistula: tria sunt quae testimonium perhibent: aqua sanguis spiritus.

IIII. ad quattuor euangelia; in Ezechiele: et ex medio eorum similitudo quattuor animalium.

2 II Tim. 4, 8. 14 Deut. 6, 4. 16 III Reg. 6, 23. 19 I Ioh. 5, 8 22 Ezech. 1, 5.

1 corona—corona] *desunt in S mutilo, sunt adscripta a m. 3. s. X* mercis *SM* 2 de cetero mibi reposita *S* 3 prouexit *M* 4 corona *N* nominum] numerum *S* interpraetationem *SN* 6 arduum conplecti *N* 7 quaequae *S* parte *N* geminata *S* 9 *inscriptio deest in N* 10 apsolutis *S* brebiter *N* 11 degeramus *S* degeneramus *N* mistica *SM* intra sagratos *S* sacros *N* 12 *post* efficit *legitur in N* *DE NUMERIS* 13 I] unus *N* nomeru (u *supra*) *S* ad diuinitatem *S* pentatheuco *S* pentateuco *M* penthatico *N* 14 srahel *N* 16 II] duo *N* 17 dauir *S* cherofin *S* in *om. S* cerubint decem gubitorum *N* 19 III] tres *N* iohannes *N* trea *N* qui *S* 20 adqua *N* 22 quartuor *S* ezechielem *M* et ex] uidi et *N*

V. ad quinque libros Mosi; apostolus: in ecclesia uolo quinque uerba sensu meo loqui.

VI. ad diem sextum quo dominus hominem cum uniuersis terrae animantibus fecit; in Genesi: faciamus hominem ad imaginem et similitudinem nostram; item paulo post: et factum est uespere et factum est mane dies sextus.

VII. ad diem septimum in quo perfectis omnibus deus requieuit; in Genesi: et requieuit die septimo ab uniuerso opere quod patrarat.

VIII. ad diem dominicum resurrectionis, id est octauum: in titulo psalmi: in finem pro octaua.

VIIII. ad sacramentum, quod hora nona dominus spiritum emisit; in euangelio: et circa horam nonam clamauit Iesus uoce magna.

X. ad decalogum: in psalmo: in psalterio decachordo psallam tibi.

XII. ad apostolos; in euangelio: duodecim autem apostolorum nomina sunt haec.

XIIII. ad sacramentum dominicae generationis; in euangelio: ab Abraham usque ad Dauid generationes quattuordecim.

XV. ad quindecim gradus templi.

XVI. ad numerum prophetarum.

XXII. ad sacramentum diuinorum uoluminum secundum litteras Hebraeorum.

1 I Cor. 14, 19. 4 Gen. 1, 26. 6 ib 1, 31. 9 ib. 2, 2. 12 Ps. 11, 1. 14 Matth. 27, 46. 16 Ps. 143, 9. 18 Matth. 10, 2. 21 ib. 1, 17

1 moysi *MN* in apostolo *M* 2 uolo *om. M* 3 quod *S* 5 semi[i]litudinem *S* 6 item—post *om. S* 8 septimum *om. N* 9 diae *S* 10 omni *S* parauit *S* pararat *N* quo operauerat *M* 11 domicum *P* octa[u]bum *S* octabum *N* 13 sagramentum *S* ora *N* 14 hora nona *SN* 16 decalogum id est decem uerba quae in tabulis duabus scripta sunt *S* psalterium *N om. S* decacorda *S* decacordarum *M* 18 duodecem *S* autem] enim *S* 19 haec sunt *S* 21 ab *om. M* abraam *N* generationis *SM* 22 sunt XIIII *S* quattuordicem *P* 23 grados *SM* 26 hebreorum *SMN*

XXIIII. ad mysterium numeri seniorum; in Apocalypsi: et super thronos uiginti quattuor seniores sedentes.

XXX. ad fructus fidelium coniugiorum; in euangelio: et dabunt fructum aliud centensimum et aliud sexagensimum aliud tricensimum.

XXXIII. ad mysterium aetatis qua dominus in carne uersatus est; in apostolo, sicut quibusdam ex hoc uidetur: donec occurramus in unitate fidei et agnitionis filii dei in uirum perfectum in mensuram aetatis plenitudinis Christi.

XL. ad quadragensimae sacramentum; in euangelio: et agebatur a spiritu in deserto diebus quadraginta.

XLII. ad numerum in heremo mansionum uel ad numerum generationum quae ab Abraham sunt usque ad dominum Iesum Christum.

L. ad Pentecosten; in actibus apostolorum: et cum conplerentur dies Pentecostes.

LX. ad fructum uiduis siue continentibus debitum; in euangelio: et dabunt fructum aliud sexagensimum.

LXXII. ad numerum presbyterorum Mosi uel discipulorum quos dominus elegit; in euangelio: post haec

1 Apoc. 4, 4. 4 Matth. 13, 8. 9 Ephes. 4, 13. 12 Luc. 4, 1—2. 17 cf. Matth. 1. 18 Act. 2, 1. 21 Matth. 13, 8. 24 Luc. 10, 1.

1 misterium *SM* in apocalipsi *SM om. N* 2 tronos *SM* uigenti *S* et quattuor *S* 4 coniuuorum *S* 5 dabant *S* *pr. l.* alium *N om. M* centesimum *PM* aliut *(et 6) N* 6 trigesimum *S* 7 misterium *SM* etatis *S* actatis *N* 8 in his *S* ex *om. N* uedetur *S* 9 unitatem *SN* agnitionem *S* 10 fili *N* uerum *S* (i *m. 2*) et in mensuram *S* mensura *N* 13 a *om. S* ab *N* diserto *N* quadragenta *S* 15 ad heremu *S* eremum *M* aeremum *N* ad numero *(utroque l.) M* 16 generationis *S* 17 christum iesum *S* 18 penthecosten *N* 19 pentecosten *SMN* 20 debitu *M* 21 aliut *M* 23 praesbyterorum *S* moysi *MN* discepolorum *S* 24 quod *N* hec *S*

autem designauit dominus et alios septuaginta duos et misit illos binos ante faciem suam in omnem ciuitatem.

C. ad martyrum fructum siue uirginum; in euangelio: et dabunt fructum aliud centensimum.

Hos igitur certos sacratosque numeros exempli tantum causa protulimus. sunt uero praeter eos plurimi uel paene omnes sacrati qui quomodo fiant ipse diuinae lectionis scrutator inuenies.

5 Matth. 13, 8.

1 septuagenta duo *S* 2 et duos *M* uinos *N* ante—ciuitatem *om. S* 4 martirum *S* martyrium *N* 6 $\overset{i}{\text{e}}$gitur *S* sagratosque *S* tantium *S* 7 protolimus *S* praeter eo$\overset{\text{um}}{\text{r}}$ (um *add. m. 2) N* plurimi uel in ueteri uel in nouo testamento *M* pene *S* poene *MN* 8 sagrati *S* praediuinae *N* escr$\overset{\text{u}}{\text{o}}$tator *S* 9 inuenias *M* EXPLICIT *P* $\overline{\text{EXPL}}$. EUCHERII $\overline{\text{EPI}}$ LIBER PRIMUS *S* EXPLICIT LIBER ERUDITIONUM *N*

II.

S. Eucherii Lugdunensis

Instructionum libri duo.

S = Codex Sessorianus.
P = Codex Parisinus.
A = Codex Augiensis CCXVIII s. IX.
V = Codex Vaticanus 552 s. IX.
G = Codex Parisinus 9380 (Biblia Theodulphi) s. VIII—IX.

LIBER PRIMUS.

PRAEFATIO AD SALONIUM.

Saepe a me requiris multarum rerum absolutionem quae in diuinis uoluminibus interpretem postulant; colligam, prout redierint in memoriam quae a te, mi Saloni, studio cognoscendi sedule copioseque prolata sunt, atque eis non ex meo ingenio sed ex inlustrium doctorum iudicio, neque ex propria temeritate sed ex aliorum auctoritate respondeam consectans non tam eloquii exultantis ambitum quam necessariae breuitatis modum. sic enim et innumeris satisfieri inquisitionibus tuis poterit et mihi insuper liberum erit aliqua extrinsecus quae cognitioni tuae utilia arbitrabor inserere, ut est illud, quid significet alleluia, diapsalma, amen; quid sit cidaris, ephod, siclus et cetera, quae uel in sacris libris frequentata uel maxime in ecclesiae usu posita interpretationem requirunt. haec cum se legentibus per totum scripturarum corpus crebro offerant, non ab re existimaui ea tibi cum significationibus suis in opere hoc quasi coaceruata ostendere. dignum namque est quacumque cura mea ingenium tuum remunerari qui uixdum decem natus annos heremum ingressus inter illas sanctorum manus non solum inbutus uerum etiam enutritus

EU[CH]ERIUS SALONIO FILIO IN $\overline{XPO}$ SALUTEM *S ubi prologus sequitur praefationem formularum.* EUCHERIUS SALONIO IN XP$\overline{S}$ SALUTEM DICIT *AV* 3 licet saepe *S* 4 interpraetem *SAV* 5 redirent *S* 6 cupiosaeque *SV* adque *S* 8 auctoritatem *S* 9 braeuitatis *V* 12 cognitini *S* arbitror *P* arbitrabor *SAV* 13 significe//t *P* chitharis *S* 14 epodh *AV* cętera *PA (sed ̦ in P a manu altera additum est)* uel *deest in S* 15 maximae *S* interpraetationem *SP (sed* a *in P. a m. 2. deletum est)* 16 cum se] uel *S* scribturarum *S* 17 exhistimaui *P* existimabi *S* 20 natos *P* (*corr. m. 2.*) *SAV* decim *AV* iter *S*

es sub Honorato patre, illo, inquam, primo insularum postea etiam ecclesiarum magistro; cum te illic beatissimi Hilarii tunc insulani tironis sed iam nunc summi pontificis doctrina formaret per omnes spiritalium rerum disciplinas, ad hoc etiam te postea consummantibus sanctis uiris Saluiano atque Uincentio eloquentia pariter scientiaque praeeminentibus. his igitur tot ac talibus usus magistris ex me quoque minimo omnium audies quae sciscitatus es. in quibus iam nunc et interrogantem te et me respondentem recognosce. uale in Christo.

DE QUAESTIONIBUS DIFFICILIORIBUS UETERIS ET NOUI TESTAMENTI.

DE GENESI.

I. Quibus scripturarum testimoniis trinitas adprobatur?

Multifariam et multis id quidem significationibus per omnia fere sacra uolumina declaratum manifestatumque diffunditur, sed nos breuiter hoc in ipso statim diuinarum scripturarum demonstremus exordio. in principio, inquit, fecit deus caelum et terram. et infra: et spiritus dei ferebatur super aquas. in principio, hoc est, in filio, quia per filium fecit deus pater caelum et terram, cui et illud a patre dicitur: faciamus hominem ad imaginem et similitudinem nostram. omnia enim per filium operatus est, quia omnia per ipsum facta sunt, et sine ipso factum

17 *et* 18 Gen. 1, 1—2. 21 ib. 1, 26. 23 Ioh. 1, 3

1 *post* primo *rasura in P* 2 magistros *S* *post* magistro *rasura in P* hilari *SV* 3 sed iam] redi//ã *V* 4 ad huc *S* 6 praeminentibus *P* his *deest in S* 9 cognosce *AV* UALE SALONI MI CARISSIME IN XPO FILI *S* 10 de—adprobatur *om. S* 14 multifaria *AV* id] in *S* conificationibus *S* 15 uolumina] scriptura *AV* diffiditur *S* 16 nos] non *S* statim *deest in S* 17 *post* exordio *leguntur in S:* id est de interrogationibus et responsionibus. in genesis exordio legimus inquid *P* (t *supra* d) inquid *SV* 18 et *ante* spiritus *deest in AV* 19 *post* aquas *legitur in S:* responsio 21 ad] a *S* semelitudinem *S* (i *supra* e *bis*) 23 per ipsum omnia *S* sine ipsum *S*

est nihil. ferebatur autem super aquas spiritus dei utique sanctus. ecce habes et deum patrem et filium et spiritum sanctum. item aliud: uerbo domini caeli firmati sunt et spiritu oris eius omnis uirtus eorum. ecce dominum et uerbum et spiritum eius sanctum. item in euangelio: ite, baptizate gentes in nomine patris et filii et spiritus sancti. sed pater ingenitus, filius genitus, spiritus sanctus nec genitus nec ingenitus; ne si ingenitum dixerimus, duos patres dicere uideamur, si genitum, duos filios, sed potius qui ex patre et filio procedat, uelut quaedam patris filiique concordia. neque uero apud nos potest sine spiritu sancto iusta esse concordia. idem spiritus et caritas dei et donum dei dicitur. idem et diuisor est gratiarum. ergo pater ex quo omnia, filius per quem omnia, spiritus sanctus in quo omnia, sicut et apostolus dicit: quoniam ex ipso et per ipsum et in ipso omnia, ipsi gloria in saecula

II. Spiritus dei quo modo ferebatur super aquas?

Non peruagatione sed potestate dum creaturae suae supereminet regentis imperio.

III. Aquas ubi legimus a deo factas?

Etsi factas eas in exordio creaturarum non euidenter diuinae lectionis textus expressit, a deo tamen factae sunt. nam et aliquanta alia quae non scribuntur, quo modo de ceteris intellegantur, ostenditur. sicut et apostoli baptizati intellegendi sunt, cum baptizatos eos non penitus manifestet apertior

1 Gen. 1, 2. 3 Ps. 32, 6. 6 Matth. 28, 19. 13 I Cor. 12, 4. 15 Rom. 11, 36.

1 *pro* aquas—sanctus *leguntur in S:* uero ut in superiore libro memorauimus secundum allegoriam angeli sunt. 3 uero *S* 4 omnes *S* 6 omnis gentis *S (corr. m. 2)* 8 ne *om. S* ingenitus *(alt. l.) S* 9 uedibimur *S* et si *S* 11 concordiam *S* 12 dei *om. S* 15 apostolus dicit] in apostolo dicitur *S* 16 sunt omnia *SAV* saecula saeculorum amen *S* 18 per uagationem sed potestatem *S* *post* suae *spatium in S* 19 regentes *V* 20 *numerus in P loco falso positus; interrogatio et resp. desunt in S* 22 expraessit *PAV* 23 aliquao *V* 25 conbaptizatos *V* poenitus *V* paenitus *A* apertio *V*

scriptorum significantia. licet quidam hoc intellegi illo uelint testimonio quo saluator dicit: qui lotus est non indiget ut lauet. et tamen de aquis a deo factis illud nos aliquatenus instruere testimonium potest quo dicitur: separentur aquae in congregationem unam et appareat arida; quia scilicet non praeciperet, ut aquae a terra quam fecerat secernerentur, nisi et aquas ipse fecisset. nec enim consequenter in creaturarum ordine postea distingüi iuberet, quod ipse antea non creasset. et hoc quidem ob id colligimus, quia creationis eius manifeste Genesis non intulit mentionem. manifestius autem creaturae huius deum designat auctorem psalmus ille qui dicit: quoniam ipsius est mare, et ipse fecit illud.

IV. Quid est, quod dicitur: et uidit dominus, quia bona sunt ualde.

Uidit, hoc est: adprobauit.

V. Quae consequentia est hominis ut scribatur: haec uocabitur mulier, quoniam ex uiro sumpta est.

Etymologia quae hic in latino non sonat, in hebraeo sermone seruatur, uir enim uocatur is et mulier issa, quod animaduertitur pulcherrime recens custodisse translatio dicens: haec uocabitur uirago, quia ex uiro sumpta est.

VI. In quo dei similitudinem retinemus?

In mente.

VII. Paradisus ubi esse definitur?

Diuersa super hac re sententia plurimorum est. aliqui tamen hunc in terra esse definiunt, ut non potuerit nisi in terra habitare terrenus quem tamen homini inaccessibilem effici diuina uirtute confirmant.

2 Ioh. 13, 10. 4 Gen. 1, 9. 12 Ps. 94, 5. 14 Gen. 1, 31. 17 ib. 2, 23. 22 ib.

1 uelint] uel in *PV* uelint *A* uolunt *edd.* 5 congregatione una *AV* 7 secerneretur *V* 8 poste[a] *P* 9 collegimus *AV* 14 deus *SV* quoniam *S* 17 V. quae—mente *om. S* 18 ex] de *AV* sumta *P* 19 etoemologia *PA* ethimologia *V* 22 quoniam de *AV* sumta *P* 24 mentem *V*

VIII. Eden in Genesi quid accipiemus?

Sacratissimum ipsum ad orientem paradisi locum.

VIIII. Quid intellegendum est de arbore illa scientiae boni ac mali?

In primis ne, ut quidam heretici interpretantur, malorum, ita ut bonorum putetur ex hoc conditor deus. in arbore quippe illa quaecumque erat praeceptum dei intellegendum est, sed in custodia praecepti scientia erat boni, in transgressione praecepti scientia erat mali. ergo degustata arbore, id est, praecepti lege uiolata scientia erat mali, quia praecepti legisque transgressum consequebatur et poena.

X. Quomodo accipiendum est illud, quod nobis scriptura deambulantem in paradiso deum rettulit.

Dei in eodem loco praesentiam hac deambulandi appellatione manifestat; scripturae enim mos est, quo facilius hominibus ad intellegentiam clareat, per humanas significationes diuinos motus affectusque ostendere. sicut cum dei bracchium dicit, potentiam eius uirtutemque designat, cum aures, eo quod cuncta indubitanter audiat, cum oculos, eo quod indiscrete uniuersa prospiciat, cum animam, eo quod perpetuum semperque uiuat aut quod auctore ipso omnia uiuificentur.

XI. Cum omnia bona fecerit deus nihilque non ab illo factum sit, unde malum?

De priuatione boni, dum id quod in bonum auctor bonus protulit in malum a male utentibus deprauatur. in ipsa autem

1 (Gen. 4, 16). 3 (ib. 2, 9). 12 (ib. 3, 8). 17 (Es. 53, 1). 18 (Ps. 33, 16). 19 (ib.) 20 (Es. 1, 14).

1 edem *S* accepimus *S* 2 sagratissimum *S* 4 et *S* 5 quedam *V* interpraetantur *P* 6 it sicut bonum *S* 7 illa quippe *S* 8 sed et in *AV* 9 ergo—mali *om. S* 11 trans(gres)sum *P* 13 deambolantem *S* retulit *V* 14 dei enim *AV* deambolantem *S* appellationem *S* 15 scriptura (e superscr.) *P* scribturae *V* mo//s *P* 16 intellegendum *S* 17 motusque effectus *AV* effectus *S* cum] dum *S* brachium *SAV* 18 aureos *S* 19 induuitanter *S* 20 in perpetuum *A* semperquae *S* 22 XI. cum—nox *p. 70 l. 16 om. S* 24 deprauatione *AV*

creaturae substantia nihil est quod recte appellari malum possit. porro ea quae putantur mala, id est, serpentum et cetera bestiarum animantia, per inconuenientem naturae modum efficitur, ut noxia sint. uenenum quippe quod mortem infert homini uita serpenti est. si enim homo pepetuo inmortalis mansisset, ueneni perniciem incurrere non timeret. hoc modo et alia in aquis uiuunt quae terrae exposita moriuntur atque econtrario uiuunt alia in terra quae aquis inmersa depereunt.

XII. Quia totius substantia creaturae deo auctore processit, requiro, quid de tenebris sentiendum sit.

Quidam ex hoc ita disputant: silentium dicitur, ubi sonus nullus est, cum tamen nullam silentii nouerimus esse substantiam; sic et quia lucis praesentia nullae sunt tenebrae, merito tenebrae deputantur lucis absentia. cui opinioni parum congruere putant alii testimonium illud quo scribitur: tuus est dies et tua est nox.

XIII. Cum nulla esse ignorantia apud deum possit, quo modo ipse in libri Geneseos exordiis dicit dominus: Ada, Adam, ubi es.

Hoc est dicere: Adam, quo recedisti? non ergo uox ista quasi pro ambigui sciscitatione quaerentis est, sed cum increpatione interrogantis. et aliter: sermo hic non deum ueri inscium, uel ubi esset Adam, deum ostendit ignarum, sed illud potius ostendit, quod omnis ille qui peccat uelut iam erroribus suis deuius et per delictum recedens a conspectu dei notitia eius efficiatur indignus.

XIIII. Quid est, quod ait: maledicta terra in operibus tuis?

Hic opera non tam excolendi atque exercendi agri quam peccata intellegenda esse quidam arbitrantur.

15 Ps. 73, 16. 18 Gen. 3, 9. 27 ib. 3, 17.

1 substantiae *AV* recti *V* 5 si—timeret *desunt in AV* 7 moritur *V* 8 depereant *V* 10 sensiendum *P* 15 quod *AV* 16 dies *om. V* nox *V (add. m. 2)* 17 esse possit *S* 18 lebro geneseos exordii *S* libro *AV* ad adam *SAV* adam *om. S* 19 reccidisti *P* 22 interrogatione increpantis *S* 25 //ecedens *P* 26 notitiae *S*

XV. Quo modo intellegendum est, quod dicit: et habitauit in terra Naid.

Naid uel sicut in Hebraeo habet Nod instabilis dicitur, ergo non terrae nomen est, sed iuxta poenam sententiamque diuinam uagum Cain fuisse profugumque declarat.

XVI. Cum superius uirum et mulierem nominibus suis utrumque signasset, quid est, quod in consequentibus adicit et dicit: uirum et mulierem fecit eos et benedixit eis et uocauit nomen eorum Adam.

Adam interpretatur homo, hominis uero nomine manifestum est tam uirum appellari posse quam feminam.

XVII. Quid est, quod in annis Mathusala quattuordecim anni per diligentem supputationem ultra diluuium deprehenduntur, cum octo tantum animae in arca fuisse referantur.

Error in numero est, quippe cum in Hebraeorum libris ita legatur, ut intra diluuii tempus hic quattuordecim annorum numerus expleatur.

XVIII. Cum dominus dicat: erunt dies eorum centum uiginti anni, quo modo postea Abrahae aliorumque multorum uitae tempora ultra haec spatia tenduntur?

Quia ibi hic annorum numerus agendae potius poenitentiae quam uitae fuerat adtributus humanae, intra quem praescriptum numerum confessioni uacarent, ut diluuio non perirent. aut si numerum illum ad humanam potius referri uitam placet, quia neque nunc amplius quemquam quam centum uiginti annos uiuere liceat illud quod dictum est: erunt dies

1 Gen. 4, 16. 8 ib. 5, 2 12 ib. 5, 22 *et* 25—26 14 ib. 7, 7 18 ib. 6, 3. 19 (ib. 25, 7; 35, 28)

1 *XVI P* *XV.* quo modo—sed erunt *p. 72 l. 3 om. S* abitauit *V* 2 naid uel sicut in hebraeo habet nod quod insatiabilis *AV* 3 uel—instabilis *om. AV* 4 est *P in margine* 7 designasset *A* adiecit *A* 10 interpraetatur *P* 11 mulierem *AV* 12 XVI *P* a[n]nis *P* mathusale[a] *P* mathusalę *AV* 13 diluui//um *P* depraehenduntur *P* 16 quattuordecem *P* 17 numeris *P* 21 ubi *AV* 22 quam *AV* 24 ad *deest in P* (*supra lin. a m. 2.*)

eorum centum uiginti anni, non in eos, qui tunc contiguo tempore subsecuti sunt, sed in posteros promulgauit, quia non dixit sint, sed erunt.

XVIIII. Dilatet deus Iaphet et habitet in tabernaculis Sem, quid in hoc intellegendum est?

De Iapheth qui in lingua nostra latitudinem sonat gentium nascitur multitudo, de Sem Hebraei. hoc ergo significatum est dei scripturarumque notitiam eiecto Israhele a nostris uindicandam. notandum uero est tres Noe filios tres post diluuium terrae partes occupasse, Sem namque posteritas in Asiam uel Orientem, Cham in Africam uel Meridiem, Iapheth cum parte Asiae in Europam se Occidentemque porrexit.

XX. Quid est, quod dicitur in Genesi: et terra illa exiit Assur et aedificauit Nineuen et Rooboth ciuitatem.

Non duas significat ciuitates, Rooboth namque plateas dicit. est ergo sensus hic: aedificauit Nineuen et plateas ciuitatis.

XXI. Quo modo occurrendum est arguentibus, quod Abraham fratris sui Sarram filiam sibi in matrimonium sumpserit?

Respondendum, quod quae a domino adhuc tunc non fuerant lege interdicta non putabantur inlicita.

XXII. Quid fuit, ut Iudaeis, quod neque nos absque uerecundia sciscitamur, signum in illa uerecundiore corporis parte poneretur?

4 Gen. 9, 27. 14 ib. 10, 11. 19 (ib. 20, 12) 24 ib. 17, 11)

4 iafeth *(sic semper) SPAV* tauernacculis *S* 8 eiectum is^{t}//rahel *S* 9 est *om. S* 11 asia *S* oriente *S* africa *S* meridiae *S* 12 partę *S* eoropa *AV* perrexit *S* 14 exit *P* 15 nineuin *S* roboth *S* 16 roboth *P* 17 nineuin *S* 19 arguendum est occurentibus *S* 20 arram *P* filiam sarram *S* matrimonio *S* sumserit *P* 21 responsum quoque *V* respondendum *deest in A* quoque *S* 23 *XXII.* quid—iustificaretur *p. 73 l. 20 om. S* ^{i}udaeis *P* uericundia *AV*

Poscebat quidem, mi Saloni, tantarum profunditas quaestionum ordinata ac spatiosa disputatione nos propositis satisfacere et pro meritis reddere singulis uelut quandam inmorandi dignitatem; sed quid agimus? quibus festinato opus est ad tam multa properantibus, exhibenda prolatis a te rebus est nuda et circumcisa responsio. itaque ad hoc quod nunc requiris agnosce, quod nihil turpe in ipsa creatione conditi hominis uideri potest, quippe cum omni compage membrorum totumque hominem deus finxerit. deinde nec incongruum fuerit, ut generatio illa signum in parte membri genitalis acceperit, per quod generationis ipsius promebantur exordia. scilicet secundum interiorem intellegentiae sensum per hanc circumcisionem secretioris partis corporis illud praefiguratum est, quod secretior circumcisio, id est cordis, oporteret adhiberi.

XXIII. Scribitur in Genesi: tentauit deus Abraham, quasi ignorabat dominus, an fidelis deo Abraham foret, nisi eum manifestandae rei probatione tentasset.

Non quia fidem eius deus ignoraret, tentauit Abraham ueri exploratione, sed idcirco tentatus est, ut tentatus iustificaretur.

XXIIII. Quo modo Iacob dicit: uidi deum faciem ad faciem et salua facta est anima mea, cum in euangelio legatur: deum nemo uidit umquam; aut quo modo Moses cum deo faciem ad faciem tamquam cum amico locutus scribitur, et rursus idem dicit ad dominum: ostende mihi gloriam tuam?

Quia Iacob uel Moses non in ipsa maiestatis suae gloria

8 (Iob. 10, 8) 16 Gen. 22, 1. 21 ib. 32, 30. 23 Ioh. 1, 18 24 (Ex. 33, 11) 25 ib. 33, 18.

2 spaciosa *V* 7 cond////iti *P* 8 quum *PV* omne *V* 9 hominem totum finxerit deus *AV* 11 acciperit *PAV* 12 scilicet *scripsi* caelorum *codd.* 14 cordis *om.* *V* 16 temtauit *PV* temptauit *A* 18 manifestanda^{e} *P* manifestanda *V* 21 faciem *P* facie *SAV* 23 moises *S* 24 faciem *SP* facie *AV* 25 domino *S* 27 in *om.* *P* ipsam *S* gloriam *S*

deum uiderant, sed per subiectam diuinae potestati speciem uisibilis creaturae quae humanis poterat adparere conspectibus; in ea autem substantia maiestatis in qua est, quo modo deus a mortali adhuc homine uideretur, cum ipse ad Mosen dicat: non poteris uidere faciem meam, non enim uidebit me homo et uiuet. hac ergo ratione utrumque testimonium uerum est.

XXV. Quid est, quod ait: ipse est Ana qui inuenit Iamin in deserto, cum pasceret asinos Sebeon patris sui?

Iamin latine maria interpretatur, id est, aquarum congregationem, quod stagnum rem in heremo haut dubie difficilem ipse reppererit. indicat Iamin et asinos qui de onagris eius institutione nascuntur. sunt qui aestimant, quod permixtionem diuersorum inter se animalium ipse primus, ut muli uel mulae nascerentur, inuenerit.

XXVI. Quae sunt illa primogenita quae Esau uendidit Iacob fratri suo?

Prior et maior pars primogenitis debebatur uel in honore uel in hereditaria successione, sicut ipse Iacob, Ruben, inquit, primogenitus meus, prior in donis, maior imperio. et in libro Deuteronomii de primogenito scribitur: dabitque ei, id est pater, de his quae habuerit cuncta duplicia; iste est enim principium liberorum eius et huic debentur primogenita. unde et Isaac benedictionem suam ad Esau putauerat primogeniti iure referendam.

5 Ex. 33, 20. 8 Gen. 36, 24. 17 (ib. 25, 33) 20 ib. 49, 3. 22 Deut. 21, 17. 25 (Gen. 27)

1 uidebant *S* uiderat *AV* subiectum *S* diuine maiestatis *S* 4 moisen *S* dicet *P* dicabit *SV* 8 *XXV.* quid—fundorum *p. 75 l. 20 om. S* 9 iamim *V* sibeon *PAV* 11 interpraetatur *PAV* 12 herimo *P* haut *P* haud *AV* 13 rep^{re}perit *P* iamim *PVA* 15 permistione *AV* 20 *post* successione *legimus in A:* uel in gratia paternae successionis et benedictionis paternae successione uel *V* 21 meus *om. V*

XXVII. Quid his respondendum est, qui ob uxores multas incontinentiam patribus uel patriarchis nostris obiciendam putant?

Primum, quod tunc nondum lege prohibitum, quia consuetudo erat, crimen esse non poterat; deinde, quod illa tunc uel pro loco uel pro tempore non inprobabilia apud deum fuerint. pro loco, sicut et in una domo in altero angulo aliquid fieri a quolibet domino praecipitur quod in alio nequaquam fieri permittitur. pro tempore uero, quod rudi adhuc saeculo praeceptum fuerat: crescite et multiplicamini. nunc uero iubetur, ut et qui habent uxores tamquam non habentes sint, non quod iustitia uaria sit, sed tempora mutabilia quae pariter ire non possunt, et diuersis quibusque temporibus uel diuersis locis diuersa congruant. necesse est postremo, quod in his ex uoluntate domini sub specie gestorum praesentium fuerit quaedam praenuntiatio futurorum.

XXVIII. Quid est, quod dicit: et ecce uitis in conspectu meo, et ecce in uite tres fundi?

Tria flagella uel tres propagines indicantur sub hac trium enuntiatione fundorum.

DE EXODO.

XXVIIII. Loquitur ad Abraham deus, quod quarta progenie de terra Aegypti reuersuri essent filii Israhel. et quo modo postea Moses scribit: quinta autem progenie ascenderunt filii Israhel de terra Aegypti?

Si genealogiam secundum Leui tribum requiras, quattuor progenies pro filiorum successione numerabis, si tribus Iudae ordo replicetur, quinque generationum successiones inuenies, quamquam in Hebraeo, ut indicat Aquilae studiosissimi trans-

10 Gen. 1, 28. 11 (I Cor. 7, 29) 17 Gen. 40, 10. 22 (ib. 15, 16) 24 Ex. 13, 18.

1 quid est respondendum his *AV* 11 iub//ter (i *superscr.*) *P* et ut *AV* 21 incepit interrogationis de exodo *S* *titulum om. AV* 22 *XXIX.* loquitur—deus *p. 76 l. 11 om. S* 24 moyses *A* 26 genea logia *PAV* 28 inuenies *om. A*

latoris editio, non habeat: quinta generatione ascenderunt, sed armati ascenderunt filii Israhel de terra Aegypti.

XXX. In scripturis frequenter legimus: et dixit dominus; istud dicere domini quo modo accipiendum est?

Dicere dominus uel loqui scribitur, si quando ad sanctorum aures expressorum qui saepe ab aliis non auditur facit sonitum peruenire uerborum, aut cum per adsumpti cuiuslibet corporis speciem deus loquitur, aut cum aliquis admonitione uisionis nocturnae instruitur, uel certe cum ea quae agi uult dominus, sanctorum cordibus ut agantur, inspirat secundum illud: Audiam, quid loquatur in me dominus deus.

XXXI. Dicit dominus ad Mosen: posteriora mea uidebis, quid hic intellegendum est?

Quod posteriora diuinorum operum in Christo postremis manifestanda temporibus uel in spiritu uisurus esset uel in posteris suis.

XXXII. Quae referenda sunt inquirentibus, quam ob causam deus uni tantum genti per Mosen legem dederit atque hanc ipsam multa iam saeculi aetate transcursa?

Quod non Iudaeis tantum lex illa prolata sit quae omnibus gentibus constitutione naturalis legis innascitur apostolo hoc etiam confirmante atque dicente: cum enim gentes quae legem non habent naturaliter quae legis sunt faciunt, eius modi legem non habentes sibi ipsi sunt lex qui ostendunt opus legis scriptum in cordibus suis. atque idcirco non sero dominus legem innocentiae in decem uerba collegit cuius iam insita in pectoribus humanis origo prae-

1 Ex. 13, 18 2 ib. 11 Ps. 84, 9. 12 Ex. 33, 23. 22 Rom. 2, 14.

7 sonum *AV* 8 *post* admonitione *legimus in AV:* sine reuelatione 9 nocturnae uisioni *AV* 12 *ante* dicit *legitur in S:* interrogatio moisen *S* moysen *A* posteris *S* 15 manifestandam *S* essit *S* *post* suis *legimus in S:* nam posteriora domini uidere hoc est filium eius terris apparuisse et saeculum periclitantem iam in finem sua passione redemisse 17 *XXXII.* quae—extiterunt *p. 78 l. 14 om. S* 18 uni tantum] unitatem *V* ta[n]tum *P* 20 non] nondum *V* 23 qua *V* 27 insita—praecesserat *om. V*

cesserat. nec tarde eam saxeis tabulis rursus inscripsit quam iam antea paginis cordis insculpserat; etenim ante hanc Mosi legem habebat natura legem suam per quam et deum mundi uitaeque auctorem agnoscere et per hoc diligere in promptu erat et iustitiam erga proximum dilectionemque seruare: in quibus mandatis duobus omnis lex pendet et prophetae. igitur et illud ante iam nouerant: omnia quaecumque uultis, ut faciant uobis homines, et uos facite eis; in quo est lex et prophetae. et ut hoc etiam exemplis probemus, ante hanc legem litterae per illam naturae legem Abel iustus agnoscitur, Enoch rapitur, Noe eligitur, Abraham pater gentium nuncupatur. quam ob rem hanc Mosi legem non sero esse prolatam praecedens efficit lex naturae per quam multi deo probabiles extiterunt.

XXXIII. Qui est ille digitus dei quo duae legis tabulae leguntur inscriptae?

Digitus dei hic accipiendus est spiritus dei.

DE LEUITICO.

XXXIIII. Quam ob causam in sacrificiis mel prohibetur offerri?

Quia secundum interiorem sensum resoluti blandimentis deliciarum aut dulcedine uoluptatum non possunt mysteriorum dei esse participes. hinc est igitur, quod etiam pascha domini comedi cum amaritudine iubetur, quia sit semper austera districtio ueritatis. oportet ergo absque ullo adulationis ac uoluptatis mello noxio salutares nos deo hostias semper offere et dicere: ergo inimicus factus sum uerum dicens uobis? econtrario admiscere in omnibus sacrificiis sal iubetur, scilicet

5 (Matth. 22, 40) 7 Matth. 7, 12. 10 (Gen. 4, 4; 5, 24; 6, 8; 17, 4) 15 (Ex. 31, 18) 19 (Leu. 2, 11) 23 (Ex. 12, 8) 27 Gal. 4, 16 28 (Leu. 2, 13)

2 moysi *A* 3 per quam *om. AV* 4 prom^{p}tu (p *m. 2.*) *P* prompto *V* 11 enoc *P* elegitur *P* 15 quid *S* qui// *P* (s *erasum*) quis *AV* 16 leguntur] uidentur *S* 18 *titulus deest in S* 19 *XXXIV*. quam— cognoscitur *p. 78 l. 12 om. S* 28 e contrario *V*

ut omnia quae ad Christi honorem cultumque offerimus salem rationis ac discretionis semper accipiant.

XXXV. Quid proprie ad usus pertinebat sacerdotum quidue ad leuitarum ex his quae populus offerebat?

Primitiae frugum ceterarumque rerum sacerdotibus, decimae uero leuitis deputabantur, de quibus tamen decimis decima sacerdotibus debebatur.

XXXVI. Uniuersa quae deus condidit bona ualde sunt et quo modo in lege quaedam animalia uocantur inmunda?

Ut reliqua taceam quae ex hoc dici possunt inmunda appellata sunt esui non creationi; horum enim in cibum usus pro quibusdam figuris diuina interdictus lege cognoscitur.

XXXVII. Cum munda et inmunda animalia diuina per Mosen lege discreta sint, quo modo etiam ante diluuium de his quae in arcam recipienda erant inmunda appellantur animalia?

Moses inspirante sancto spiritu Pentateuchi scriptor et conditor est, et quia in Leuitico de mundis inmundisque animalibus erat proferenda discretio, etiam in Genesi, quia utriusque libri idem auctor est, eadem animalia appellauit inmunda.

XXXVIII. Quae de ueteri testamento relinquere uel quae obseruare debemus?

Debemus obseruare mandata quae ad corrigendam uitam moresque pertinent, relinquere autem ceremonias ritusque sacrificiorum qui figuras atque umbram futuris tunc rebus praetulerunt.

XXXVIIII. Quid respondebimus obicientibus quam ob

5 (Num. 18; 19; 21; 26) 8 (Gen. 1, 31) 9 (Leu. 11) 14 (Gen. 7, 8)

6 leuiticis *P* decimae *A* 7 debebantur *AV* 8 dominus *AV* 13 quum *P* 14 lenge// discraet *S* de^{i}luuium *P* 15 arca *SAV* arcam// *P* 17 moises *S* pentatheuci *SAV* scribtor *S* 18 quae *S* 20 idem *om.* *S* 22 ue^{i}ter// *P* 23 deuemus *S* 24 deuemus *S* obseruauare *V* 25 pertinet *S* ceremonias *P* cerimonias *AV* 26 ficuras *S* 28 respondemus *S* responde^{im}bus *P*

causam deus sacrificiis ueteribus repudiatis nouis delectatus sit, nihil enim corrigi adfirmant nisi quod non recte factum putetur?

Spatiosa quaestio, sed nos pro necessitate breuiter respondebimus, quod non ideo deus uideri possit mutabilis, quia haec pro temporum oportunitate mutata sint; nam et annus temporibus et uitae spatium uariatur aetatibus. nec idcirco quae ista instituit diuinae prouidentiae ratio uariatur, nec agricola si aestate aliud hieme aliud in exercendo agro iusserit, agriculturae ratio mutatur; non quod is sui uideatur esse dissimilis qui facit, sed tempus quo facit; praecipit ergo deus quae apta sint suis quibusque temporibus. sicut etiam hic de sacrificiis praecepit non causa suae delectationis sed humanae ut cetera utilitatis. et ideo uerus est dominus, quia bonorum nostrorum non indiget. sed haec ipsa sacramentorum commutatio ne noua et subito putetur adsumpta, praedicta iamdudum propheticis atque diuinis uocibus fuerat quibus dicitur: *non accipiam de domo tua uitulos neque de gregibus tuis hircos.* postremo, ut breuiter concludamus, cur diuersa sibi sacrificia deus uoluerit offerri, quia aliis sacramentis Christum praenuntiari oportuit, cum uenturus esset, aliis adnuntiari oportuit, cum uenisset.

DE NUMERIS.

XXXX. Balaam ille gentilis, quid est, quod prophetasse secundum fidem sacrae conprobatur historiae?

15 (Ps. 15, 2) 18 ib. 49, 9. 24 (Num. 24, 17)

1 nouis] non *S* 2 non *om. S* 4 brebiter *S* 6 sunt *S* 7 annos *S* 9 excendo *SA* 10 agricultore *V* his *S* 11 sed— facit *om. S* 12 que *om. SV* 13 praecipit *AV* cause *S* 14 cętera *P* uerus] bonus *S* 15 indigit *S* ne haec *A* sagramentorum *S* 16 commutatio *om. S* assum[p]ta *P* 17 predicta *S* profeticis *PA* adque *S* 18 uitulo hircus *S* 20 offeri *V* 21 sagramentis *S* 22 annuntiari *P* 23 de numerorum *S* 24 gentiles *S* 25 storiae *S*

Ut multis innotesceret modis ueritas, dum usquequaque prolata etiam per infideles adnuntiatur, et ut hoc ex gentibus prophetante signum hoc esset gentibus credituris. nam et Heliu in Iob libro de futuris haut dubie multa praedixit, et Caiphas de domino ac saluatore nostro in euangelio prophetauit.

DE DEUTERONOMIO.

XXXXI. Cum in Deuteronomio septuaginta tantum animae cum Iacob Aegyptum scribantur ingressae, quo modo postea in actibus apostolorum introisse Aegyptum quinque et septuaginta animas refertur?

XXXXII. Constat quidem eo tempore quo Iacob ingressus est Aegyptum cum Ioseph filiisque eius Ephraim et Manasse septuaginta animas tantum fuisse; ibi uero ubi septuaginta quinque animarum numerus refertur, quasi per anticipationem etiam filios nepotesque Ephraim et Manasse numerandos putauit quos postea in Aegypto natos diuinae relatio lectionis ostendit.

XXXXIII. Quid respondendum Iudaeis obicientibus testimonium illud: maledictus omnis qui pendet in ligno?

Maledictum esse hominem qui in ligno pendeat, sed noxium non innocentem. neque enim innocentiae potest esse maledictum poena peccati. et enim si Mardochaeus praeparato ligno adpensus, sententiam regiae crudelitatis explesset, num-

4 (Iob. 32, 6) 5 (Ioh. 11, 49) 8 (Deut. 10, 22) 10 (Act. 7, 14) 20 Deut. 21, 23. 23 (Esther 7, 9)

1 enotesceret *S* innotisceret [modis] ueritas *P* 2 prolatam *S* 3 profetante *S* prophetante—gentibus *om. A* credeturis *P* nam et *desunt in P lacunoso* 4 heliud *S* aut *P* et] hau *P* 5 caifas *PAV* hac *S* profetauit *P* 8 *XLI. interrog. et resp. desunt in S* 9 quo modo esse *V* 11 animae *AV* 13 cum *om. AV* effraim *V* efraim *PA* 15 anti[ci]pationem *P* 16 nepotestque *V* efraim *PAV* 17 post[e]a *P* 20 pependit *S* 21 maledictum—ligno *om. V* 22 innoxium *S* pot[est] *P* 23 poene *S* senim *S* mardocheus *PA* mardoceus *S* 24 suspensus *S* explesset] expraesit *S*

quid eum ii nunc dignum hac maledictione iudicarent? aut Macchabaei atque alii quos scriptura morte simili indignissime testatur adflictos numquid apud eos pro maledictis habentur? quapropter saluator noster a morte redempturus hominem ita crucem non refugit ut mortem. igitur in minoribus non calumnientur, cum pro patientia domini nos etiam in maioribus gloriemur. nec mirum, si dicatur patibulum subisse, quem nos etiam ad inferna descendisse fateamur, qui cum proprium ipse peccatum non habuerit, suscepit tamen mortem de peccati maledictione uenientem. atque idcirco pependit in ligno, ut nos delicto quod in ligno fuerat perditionis admissum ligno adpensus absolueret.

DE IOB.

I. In Iob qualiter accipiendum est, quod scriptura commemorat, Aurum Ophir?

Regio est Ophir in Indiam tendens itaque aurum huius indicat regionis. alii aurum Ophaz ualde pretiosum esse confirmant quod obryzon apud Latinos appellatur.

II. Quid sibi uult, quod illic auctorum saecularium consuetudine legimus Pleiadas, Oriona uel Arcturum?

Non quod his apud Hebraeos nominibus censeantur, sed ut apud nos horum siderum significantia posset esse manifestior, ita haec translator appellare uoluit, ut usus gentilitatis inuenerat. illud quoque generaliter obseruandum est, quod etiam apostoli uel apostolici uiri in epistulis suis scribentes

2 (II Mach. 7) 10 (Gal. 3, 13) 14 (Iob. 28, 15) 20 (Iob. 9, 9)

1 hii *SPAV* 2 macchabei *SP* atque] aut *V* indignissimae *S* adflictus *S* adflictos *P sed* o *ex* u *a m. 2 corr.* 3 aput *S* 4 rem[de]turus *P* 6 patienti *V* 7 glori[e]mur *P* 8 infernum *S* descendisse—proprium *om. S* 9 ipse] in se *A* haberet *S* morte *S* 10 adque *SV* 11 nos *om. S* 12 absoluerit *S* 13 *incip. (sic)* de *libro iob S* 14 *I* in—populos *p. 82 l. 2 om S* 15 ofir *PAV et uers. sequ.* 17 afaz *PAV* praetiosum *P* 18 obrizon *AV* 19 uult illud *AV* 20 ple.i.a.d.a.s *(sic) P* 21 censeatur *V* 23 husus *V* 25 uel apostolici—suis *om. V*

ad populos abutuntur interdum his testimoniis quae uidebantur diuulgata per populos.

III. In eodem libro quid est, quod de dracone illo scribitur: Omnes naues si conueniant, non sustinent corium caudae eius?

Naues ecclesias dicit quae tentationibus tribulationibusque uexatae uix antichristum in mundi fine tolerabunt. recte autem draconis illius diaboli caudam antichristum appellat a quo persecutio ueniet extrema.

DE REGUM.

I. Quid est, quod Saulem dominus postea reprobat regem quem prius in regnum legendum putauit?

Quia deus suum illud iustum incorruptumque iudicium ex aequitate depromit, non ex praescientia elegit; quempiam, cum meretur, reprobat, cum electione indignus efficitur. ceterum nequaquam conuenire sacrosanctae ueritati iustitiaeque eius uidebatur, ut peccatum offensa praecederet.

II. Quo modo accipiendum est, quod in scripturis paenitere dominus saepe memoratur, sicut etiam de Saule cum dicit: paenitet me, quod constituerim Saul regem?

Paenitentia domini dicitur rerum ab eo constitutarum mutatio quae pro rerum uicissitudine uel pro recti dispositione succedit. necesse est enim, ut diuinae dispositiones, quo manifestiores audientibus fiant, per significationes humanae mentis indicentur.

III. Legimus quod suffocabat Saul spiritus malus domini, quo modo domini, si malus?

1 (Tit. 1, 12) 4 Iob. 40, 26 11 (I. Reg. 13, 14) 12 (ib. 10, 1) 20 I. Reg. 15, 11 26 (I. Reg. 16, 23)

3 in eodem libro *om. S* 4 omnis *S* conueniat *S* 7 antechristum *S* finem *S* 8 id est *ante* illius *uncis inclusum in P, extant in AV* diabuli *PV* antechristum appellatam quo *S* 9 ex trama *S* 10 *titulus et I.* quid—erat *p. 83. l. 4 om. S* 12 quum *V* 15 mereretur *AV* 17 offensum *V* 20 saulem *V* 21 constituatarum *S* 22 dispositionis *V* 26 suffugabat *V*

Quia cuncta domino auctore prolata diuinae sunt subdita potestati; ergo et ipse diabolus, licet non qualis nunc est, sed bonus a domino quondam creatus et deo semper pro omnipotentis ditione subiectus domini erat.

IIII. Quid est, quod cum aliquanta hic dominus uindicet, non uindicat omnia?

Uindicat aliquanta, ut intellegatur humanarum rerum agere curam; non uindicat omnia, ut agnoscatur terribile cunctis adhuc futurum esse iudicium.

V. Umbram Samuelis Pythonissa quem ad modum potuit euocare?

Aut falsam tunc umbram uidentibus diabolus ostendit, aut si fuit uera, tantum ei licuisse credendum est, quantum domino permittente concessum est, nec mirum pro quibusdam reconditis arcanisque causis uel pro manifestatione probationum diabolo ista permitti, cum et saluatorem constituerit in pinna templi et Iob petierit acceperitque tentandum.

VI. Cum factum non sit, quo modo oranti Ezechiae quindecim anni quasi ad praefinitum uitae tempus adduntur?

Quia utique urguebatur Ezechias extremis non fati decreto sed dei euocatione atque iudicio, in tantum autem uitae anni prius non fuerant constituti, ut per supplicationem intellegantur adiecti.

DE PROPHETIS.

I. Quo modo accipiendum est, quod Michaeas propheta ait: ecce dominus exit de loco sancto suo et descendit et incedit super excelsa terrae.

10 (I. Reg. 28, 14) 17 (Matth. 4, 5 Iob. 1, 11) 18 (IV. Reg. 20, 6) 25 Mich. 1, 3

2 potesti [ta] *P* 4 omnipotes *syllaba sequens legi non potest P* dictione *V* 5 aliquanti *S* uidicit non uindicit *S* 7 aliqua *S* 8 et quod non *S* agnuscatur *S* terrebilis [i] *P* 10 umbram—tentandum *om. S* samulis [he] *P* pytonissa *AV* quem ammodum *P* 13 credum [den] *P* 16 diabulo *P* 19 suae uitae *S* 21 adque — autem] enim *S* 22 fuerat *S* suplicationem *S* 24 quomodo—conpunctionem *p. 87 l. 17 om. S* 24 michea *PV* 25 suo *om. AV* 26 incenetit (?) *P*

Descendere dominus dicitur, quando habere curam fragilitatis humanae euidenter indiciis dignantissimae pietatis ostenditur. sic et angeli per illam Iacob scalam ascendentes descendentesque terrenorum uisitationem non ruinam descendentium indicant angelorum. sic et excelsiores iustitia uiri descendere putantur, si quando condescendunt inferioribus sanctae caritatis instinctu.

DE ESAIA.

I. Quid intellegendum est in cantico Esaiae prophetae, cum dicit: cantabo dilecto meo canticum patruelis mei uineae suae, uinea facta est dilecto meo in cornu filio olei?

Alii hoc canticum a spiritu sancto cantari putant, alii a propheta qui aeque sancto spiritu uacuus non erat. cantat autem in planctum uineae suae, quae est domus Israhel. dilectus autem Iesus Christus est. ipsi enim dictum est: tu es filius meus dilectus, ipsum et patruelem appellat, quod ex eadem sit stirpe progenitus; haec ergo uinea ipsi plantata est in cornu, quod est in sublimitate atque uirtute, qui dilectus et filius est olei, quia unctus sit, unde et Christus uocatur, uel quia omni mundo tamquam splendidum lumen inluxerit. in hoc cantico uuam iustitiam appellat et spinas iniquitatem.

II. In Esaiae uisione cum uidit dominum sedentem super solium, qui intellectus est de eo, quod ait: Seraphin stabant super illud, sex alae uni et sex alae alteri. duabus uelabat faciem eius et duabus uelabat pedes eius et duabus uolabat et clamabat alter ad alterum

3 (Gen. 28, 12) 10 Es. 5, 1 16 Hebr. 1, 5 = Ps. 2, 7 25 Es. 6, 2—3

1 discendere *P* 2 dignantissime *P* 3 et *om.* *V* 7 instin^{c}tu *P* 11 uinea esaie *V* 14 a *om.* *AV* 22 iustitiae *V* 25 serafin *P* serafim *AV*

et dicebat: sanctus, sanctus, sanctus dominus exercituum?

In hac uisione Iohannes euangelista dominum Iesum Christum ab Esaia uisum esse testatur dicens: haec dixit Esaias, quando uidit gloriam eius, et locutus de eo. primum ergo hic quaeritur, quo modo seraphin circa domini thronum stantes pariter et uolare dicantur. bene hoc sermone mystico propheta depromit, quia deo adstare idem est quod uolare et in sublime exaltare; sedebit, qui festinat obtutibus apparere diuinis. quod uero seraphin alis suis faciem operire indicantur, hoc idcirco, quia neque hominum quisquam neque ulla creatura diuinae maiestatis lumen contemplari, ut est, potest. faciem ergo et pedes uelant, eo quod nobis et ante mundum praeterita et post mundum futura celentur. alae quoque seraphin indicant diuini ministerii uelocitatem; quae ideo singulis senae sunt, quia ea tantum in mundo quae sex diebus sunt facta conspicimus. quod uero alter ad alterum clamant et dicunt: sanctus, sanctus, sanctus dominus exercituum, unam ostendunt diuinitatem in mysterio trinitatis.

III. Quid respondemus eis qui dicunt nobis: quid fecerunt Iudaei, si credere non potuerunt? quia necesse fuit, ut sermo Esaiae prophetae impleretur dicentis: excaecauit oculos eorum et indurauit eorum cor, ut non uideant oculis et intellegant corde et conuertantur, et sanem illos. Propheta hoc praedixit, quia deus hoc futurum esse praesciuit. neque enim potest ad peccatum conpellere deus cui non potest placere peccatum. in his ergo non praedestinatio diuina intellegenda est sed praescientia. de hoc in euangelio scribitur: propterea non poterant credere, quia iterum

4 Ioh. 12, 41   22 Es. 6, 10   29 Ioh. 12, 29 squ.

3 iohannis *P*   6 serafin *PAV*   8 astare *PAV*   9 exultare *A* sedebet *PV*   optutibus *P*   10 serafin *PAV*   13 ea *V* mundum[mundumet post] futura celentur (*sic*) *P*   14 serafin *PAV*   15 mysterii *AV*   17 clamant n *erasum in P sed sequitur* dicunt   20 respondebimus *AV*   22 exoecauit *A* 24 sane[m] *P*   25 pres[a]//ciuit *P*   27 praedistinatio *AV*

dicit Esaias: excaecauit oculos eorum et indurauit cor eorum et reliqua. non poterant credere ita dicitur, sicut et nos saepe aliqua dicimur non posse, quia nolumus. et de Pharaone scribitur: in hoc ipsum excitaui te, ut ostendam in te uirtutem meam. neque enim dixit, in hoc te feci, ut talis esses, sed in hoc te elegi et suscitaui, cum iam te talem ipse fecisses; ergo et hic excaecati eorum oculi et induratum cor esse dicitur, quia iam se ipsi hac caecitate dignos effecerant. excaecat autem et indurat dominus peccatorem deserendo et non adiuuando. si cui autem sensus hic profundissimae quaestionis minus fecerit, contremiscat mecum et dicat: iudicia domini abyssus multa, quia iudicia dei semper iusta sunt sed frequenter occulta.

IIII. Quid est illud, quod scribitur: sicut sponso inposuit mihi mitram et sicut sponsam ornauit me ornamento? quo modo idem sponsus et sponsa?

A capite ad corpus transitum fecit: caput enim Christus est, corpus ecclesia, sed tamen utrumque esse constat in Christo. notanda uero et tenenda regula haec, quae in prophetis frequenter incurrit generans ignorantibus obscuritatem, cum aut de capite ad corpus aut de corpore ad caput se prophetiae ordo conuertit.

V. Caelum mihi thronus est, terra autem scabellum pedum meorum, quo modo hoc intellegi potest, cum utique deum incorporeum esse credamus?

Secundum consuetudinem elocutionis nostrae uidetur habitum designare regnantis, ut intellegatur deus uel habitare caelestia uel subiecta habere terrena.

4 Ex. 9, 16 12 Ps. 35. 7 14 Es. 61, 10 17 Eph. 5, 23 23 Es. 66, 1

3 dicimus *V* 4 faraone *PAV* 6 tales[i] esse[s] *P* 7 excecati *P* 8 ipse *V* 9 efferu[n]t *P* 11 profundissime[a] *P* contremescat *P* 15 mihi *om. AV* 23 tronus *V* 24 intellegendum est *V* 26 nostre[a] *P*

DE EZECHIELE.

I. Qua causa scribitur: in illa die magna tribulationis nemo liberabitur nisi Noe Daniel et Iob, cum utique, quando ista Ezechiel propheta dicebat, solus forsitan Daniel in corpore fuerit duobus aliis iam tunc in pace dormientibus uel carnis nexibus absolutis?

In his tribus sanctis tria hominum genera significari uidentur quae liberanda in die illa tribulationis a periculis promittuntur; in Noe enim gubernatores ecclesiae praefigurantur, in Daniele sancti continentiamque sectantes, in Iob coniugati et iustitiam diligentes.

II. Quid significat illud, quod dicitur in propheta: *auferam cor lapideum de carne uestra et dabo uobis cor carneum.*

Durum cor et inoboediens lapidei testificatione demonstrat, carnei uero significatione cor molle ostendit ac docile et quod insinuatam possit recipere conpunctionem.

DE PARALIPOMENON.

I. Quid est, quod scribitur in Paralipomenon: *quae habitabat in Hierusalem in secunda?*

In secunda, id est, parte. Ezechias enim secundum Hierusalem murum fecit filiusque eius Manasses tertium; habitabat ergo haec de qua scribitur in secunda parte ciuitatis.

II. Arcam domini in qua erant duae tabulae testamenti quo ablatam esse credendum est?

Legimus in Paralipomenon Iosiam regem Iuda, cum Hierusale faceret pascha domino, ad leuitas ita locutum esse: *ponite arcam in sanctuario templi, quod aedificauit*

3 (Ez. 14, 14) 12 Ez. 11, 19; 36, 26 19 IV. Reg. 22, 14 28 II Par. 35, 3

2 die illa *AV* 3 iste zechiel *V* 4 danihel *AV* 5 duos *V* 9 danihel *AV* 13 caneum *V* 15 demonstrat—significatione *om. AV* 16 cordis *PAV* 19 quid—ciuitatis *om. S* est *om. V* 21 id est in secunda parte *AV* in hierusalem *sed* in *erasum P* ierusalem *A* 24 arca *S* erat *S* 25 esse *om. S* 26 in hierusalem *S* 27 faceret] aceret *S* 28 arca *AV*

Salamon filius Dauid rex Israhel; nequaquam enim eam ultra portabitis. hoc loco ita intellegere quidam uolunt, quod Iosias futuram praeuidens captiuitatem arcam domini in certum tamen quo tunc loco curarit absondi.

III. Quid inter holocaustum et hostiam interest?

Quod hostiae partem sacerdotes edebant, holocaustum uero erat hostia integra atque perfecta, quia tota in oblatione sacrificii igni dabatur. hostiae quoque pacificae appellabantur, quibus uesci populus solebat.

DE PSALMORUM LIBRO.

I. Cum primus psalmus primis illis uersiculis impium peccatorem hereticumque discreuerit, quid sibi uult illa sub ipso psalmi fine conclusio in qua ait: ideo non resurgent impii in iudicio.

Psalmi huius initium de discretione meriti et finis de discretione iudicii in quo ostendit, quod homo absque dubio omnis resurgat, id est, iustus, ut iudicet, peccator ut iudicetur, impius ut puniatur. neque enim tunc iudicabitur iam iudicatus, secundum quod scriptum est: quia autem non credit, iam iudicatus est.

II. Cum passio in deum non cadat, quid est, quod saepe in scripturis ira dei et furor dicitur?

Scripturae consuetudo est, ut ira pro ultione ponatur. est enim ira secundum hominem, uindicta secundum deum et furor secundum animum patientis, non secundum iustitiam

13 Ps. 1, 5 19 Ioh. 3, 18 22 (Ps. 68, 25)

1 salomon *(sic semper)* *AV* istrahel *S* 2 potabetis *S* 3 archam *SV* 4 quod hunc locum curaret abscondit *S* curare *V* 5 quid—solebat *om.* *S* 10 *incipit in psalmo* *S* 12 heriticumque *S* 13 ipsi psalmi finem *S* ipsa *V* qu[a]ait *(corr. m. 2.)* *P* *post* resurgunt *sequuntur in* *S*: neque peccatores in consilio iustorum 15 meritis est et fines *S* meriti est et *V* de *om.* *AV* 18 iudicabitur] iudicatur *S* iudicatus est *S* 21 cum—decernit *p. 88 l. 3 om.* *S*

iudicantis. hic et illud est, quod ponitur in propheta: dominus creans mala. mala ergo sunt iuxta affectum eius qui sustinet, non iuxta aequitatem eius qui decernit.

III. Quid sibi uult illud, quod frequenter psalmorum titulis inscribitur, in finem psalmus Dauid?

Quod psalmi in finem mundi bonorum repromissionem respiciant, uel quod ea quae Iudaei obtinere se posse in principio crediderunt, nos consequamur in Christo quem uenisse confitebimur in fine.

IIII. Quo modo intellegendum est, quod scribitur: eloquia domini eloquia casta, argentum igni examinatum, probatum terrae purgatum septuplum?

Casta dicuntur eloquia domini ideo, quod nullo sint adulterata mendacio et ad uicem argenti quod examinatur igne septemplici spiritus igne mundentur.

V. Non congregabo, inquit, conuenticula eorum de sanguinibus, cum utique de sanguine magis latinum sonasset, quam ob causam de sanguinibus contra regulam latinitatis inscribitur?

In Graeco αἱμάτων legitur, id est plurali numero sanguinem significans; cuius proprietatis fidem etiam in latinum plurali numero translator expressit.

VI. Cum in psalmo scriptum sit: non dabis sanctum tuum uidere corruptionem, quo modo iterum in alio psalmo scribitur: quae utilitas in sanguine meo, dum descendo in corruptionem?

1 Es. 45, 7 5 (Ps. 4, 5, 6) 10 ib. 1', 7 16 ib. 15, 4 23 ib. 15, 10 25 ib. 29, 10

1 iudica[n]tis *P* et [i]llud*P* 2 creans// *P* iu[x]ta *P* adfectum —iuxta *om. AV* 4 titulus *AV* 5 inscriuitur *S* 6 fine *S* repromissione *SAV* 7 quae] quod *S* optinere *P* obtenera *S* se *om. AV* 8 cre[di]derunt *P* 9 confitemur *SAV* finem *SAV* 10 *V* quo—expressit *om. S* 11 igne *V* 12 probatum *om. PAV exhibent edd.* 14 igni *AV* 15 igni *AV* 16 inquid *V* 20 ematon *P* et maton *V* 22 expre[s]sit *P* · 23 psalmum *S* 24 psalmo *in margine scriptum P* 25 discendo *SPV*

Descendere in corruptionem saluator prophetae uoce pronuntiat, dum clauorum adfigentium inruptione penetratur. rursus non dedit dominus sanctum suum uidere corruptionem, quia corruptionem carnis Christus celeri resurrectione praeuenit.

VII. Quid est, quod dicit propheta de inimicis suis: adipem suum concluserunt?

Adeps concluditur impiorum, cum inpinguati sensu et incrassati iniquitate recedunt uel a iustitia uel a praeceptis dei, et idcirco dicit alio loco: egredietur ex adipe iniquitas eorum. manna uero, id est, caelestis cibus tenuis est et eorum aptus alimoniae qui subtilitate sensuum uigent.

VIII. Quid sentiendum est de hoc, quod scribitur: de absconditis tuis adimpletus est uenter eorum, saturati sunt porcina et reliquerunt quae superfuerant paruulis suis?

Supra petiit, ut Iudaei a paucis diuiderentur, id est, a iustis: quia multi uocati, pauci autem electi. nunc autem hos ipsos prius absconditis diuinae legis instructos porcina sua, id est, dogmatum postea inmunditia saturatos, dum negant Christum, eandem impietatem dicit etiam ad suos posteros transmisisse.

VIIII. Qualiter intellegendum est: dies diei eructat uerbum et nox nocti indicat scientiam?

Dies diei eructat uerbum, dum apostoli credentibus adnuntiant saluatorem. nox nocti indicat scientiam, dum Iudas Iudaeis doctrinam praui sensus infundit aut certe dies diei

5 Ps. 16, 10 9 ib. 72, 7 12 ib. 16, 14 17 Matth. 20, 16 22 Ps. 18, 3

1 discendere *PS* prophete uocem praenuntiat *S* 2 non rursus *AV* 3 corruptionis carnis *S* 4 corruptionis *S* 5 *VII* quid—propagatur *p. 91. l. 3 om. S* quo[d] *P* 8 recedunt—dicit *om. V* 11 alimone *V* 13 est *om. V* 14 pr[a]uolis *P* 16 deuiderentur *P* 18 his *A* instructus *AV* 19 sara[tu]tos *P* saturatus *V* 22 accipiendum *V* 24 eructuat *AV* 26 infu[n]dit *P*

eructat uerbum et nox nocti indicat scientiam, dum omni utique die et nocte adnuntiatione fidelium uerbum et scientia propagatur.

X. Uirga tua et baculus tuus ipsa me consolata sunt; quae hic intellegenda discretio est?

In uirga correptio declaratur, in baculo consolatio.

XI. Cum animalia non absque sensu sint, quo modo in psalmo dicitur: nolite fieri sicut equus et mulus in quibus non est intellectus?

Quia in animalibus sensus est, in hominibus intellectus.

XII. Cum de iumentis sicut de bubus cura non sit deo, quo modo psalmus ait: et iumenta saluabis, domine?

Homines appellauit rationis capaces iumenta rationis expertes; saluandos uero confirmat illos per praesentem conuersationem, hos per futuram conuersionem.

XIII. Qualiter accipiendum est, quod scribitur: remitte mihi, ut refrigerer, priusquam abeam, et amplius non ero?

Sensus hic de superioribus uersibus manifestatur. supra enim dixerat: quia aduena ego sum apud te et peregrinus sicut omnes patres mei, remitte mihi, ut refrigerer, priusquam abeam, et amplius non ero, subauditur illud, quod superius dixit, peregrinus; ceterum manifestum est, quod erit, qui se supra peregrinum appellando patriam in qua futurus sit habere declarat.

XIIII. Quid indicat illud, quod legitur in psalmo: in capite libri scriptum est de me?

4 Ps. 22, 4 8 ib. 31, 9 10 (I Cor. 9, 9) 11 Ps. 35, 7 15 ib 38, 14 19 ib. 38, 13 25 ib 39, 8

1 dum *supra lin. P* 3 progatur *V* 4 consolatae *S* 5 intellegendum *S* 7 *XI* cum—declarat *om. S* 12 homines et *AV* capaces—rationis *om. A* 14 futura^{m} *P* hos—conuersionem *om. AV* 18 superibus^{ori} *P* 19 quia—mei *om. PAV exhibent codd. det. et edd.* 21 habeam *P* amplius non ero amplịụṣ ṇọṇ ẹṛọ *P* 25 iudicat *S*

Ex persona hoc dicitur saluatoris de quo scribitur: in principio creauit deus caelum et terram, id est, in filio, aut certe illud: in principio erat uerbum et uerbum erat apud deum et deus erat uerbum.

XV. Abyssus abyssum inuocat, inquit, in uoce cataractarum tuarum; quo modo istud intellegendum est?

Non inmerito abyssus appellatur diuinarum scripturarum profundum et ideo in uoce cataractarum abyssus abyssum inuocat, cum uetus testamentum nouum adnuntiat uel nouum testamentum uetus in testimonium uocat in uocibus prophetarum.

XVI. Quid intellegendum est ex hoc, quod scribitur: pro patribus tuis nati sunt tibi filii?

Id est, quod temporum successione sint redditi pro prophetis apostoli.

XVII. Frater non redimit, redimet homo; quid de hoc loco sentiendum est?

Quod non redemerit Moses, redemerit Christus.

XVIII. Quo modo accipiendum est illud, quod Dauid clamat ad dominum dicens: tibi soli peccaui?

Soli peccatur deo, quia utique ipse solus sit absque peccato; ita iustificatus uincit etiam, dum iudicatur, id est, uel Christus in passione, uel secundum illud, quod in propheta dicit: et uenite, iudicemur, dicit dominus.

XVIIII. Uiri, inquit, sanguinum et dolosi non dimidiabunt dies suos; quid hic sentiendum est?

1 Gen. 1, 1 3 Ioh. 1, 1 5 Ps. 41, 8 12 ib. 44, 17 16 ib. 48, 8 20 ib. 50, 6 24 Es. 1, 18 25 Ps. 54, 24

3 et uerbum *supra l. S m. 2.* 5 habisus habisum *S* inquid *S* in] a *S* cataraptarum *S* 6 estut *S* 7 habissus *S* 8 cataractarum tuarum *S* 9 ue//tus *S* 10 in *ante* testimonium *om. S* inuocat *S* 13 fili *S* 14 patriarchis uel prophetis *S et edd.* 15 apostoli uel euangelistae *S et edd.* 16 redemit *(bis) SAV* quid—est *om. AV* 18 redemerit] redemit *S* moyses *S* 19 *XVIII* quo—adimplere *p. 93 l. 26 om. S* 20 peccatur *V* 22 et ita *AV* 25 dimidi^{bu}ant *P*

Non dimidiant dies suos hi qui inmatura morte rapiuntur. hac ratione etiam illud intellegere possumus: ne rapias me in dimidio dierum meorum. et aliter: non dimidiant dies suos qui ad dei satisfactionem non conferunt uel uitae suae partem.

XX. Quid interior sensus eloquitur de hoc, quod scribitur: priusquam producant spinae uestrae rhamnum?

Id est, priusquam se peccata uestra consumment.

XXI. Iustus quo modo lauat manus suas in sanguine peccatoris?

Cum tribuitur uindicta de impiis non hoc procurantibus sanctis; et post delicta atque exitum peccatorum iustorum clarius uita atque opera splendent.

XXII. Quo modo accipiendum est illud, quod in psalmo legitur: non miserearis omnibus qui operantur iniquitatem?

Non tam maledicentis animo istud dicitur quam correctionem emendationemque peccantium desiderantis, id est, ut in praesenti potius uita correpti non abutantur diuina patientia usque ad futuram poenarum acerbitatem.

XXIII. Semel locutus est deus, duo haec audiui; quid hic intellegendum est?

Semel hic non ad numerum referendum est sed ad firmitatem. quae autem sunt illa duo, quae domino adiacent? et posse omnia et uelle misereri. et aliter: semel locutus est deus, id est, in lege; nam in euangelio non alia praecipit: quia non ueni legem soluere sed adimplere?

XXIIII. Quid est, quod scribitur: transiuimus per ignem et aquam, et induxisti nos in refrigerium?

2 Ps. 101, 25 7 ib. 57, 10 9 (ib. 57, 11) 15 ib. 58, 6 21 ib. 61, 12 26 Math. 5, 17 27 Ps. 65, 12

3 meorum *om.* *V* 7 ramnum *PAV* 8 se *om.* *P* si *AV* 11 hoc// *P* 12 adque *AV* 17 maledicentes *AV* 19 potentia *V* 20 accerbitate *V* 23 quod *PAV* adiacet *PAV* 24 post se *V* 26 quia] quam *V* adimpleret *AV* 27 quid—scribitur] quid interior sensus eloquitur de hoc quod scribitur transibimus *S*

Igne et aqua persecutiones indicat atque martyrium. aliqui hic aquam baptismum intellegendum putant et ignem spiritum sanctum qui infusus peccata tamquam ignis exurat; et hinc est, quod scribitur: dominus deus uester ignis urens est.

XXV. Quid dicit illud, quod legitur: iter facite ei qui ascendit super occasum, dominus nomen est illi?

Uiam bonorum actuum praeparate illi qui supergressus est occasum morte deuicta.

XXVI. Pluuiam, inquit, uoluntariam segregabis, deus, hereditati tuae et infirmata est, tu uero perfecisti eam, animalia tua habitabunt in ea; quis huius loci sensus est?

Pluuia hic secundum litteram manna secundum anagogen mandata intellegenda sunt; quae mandata uel lex, licet infirmata uideatur transgressionibus Iudaeorum, gratia tamen euangelii ostenditur esse conpleta, in qua nunc animalia, id est, gentes habitant atque consistunt.

XXVII. Quae intellegentia est in hoc, quod legimus: si dormiatis inter medios cleros, pennae columbae deargentatae et posteriora dorsi eius in specie auri?

In hoc loco de apostolis optat propheta, ut usque ad transitum perseuerent credentes in testamentis duobus; in columba autem spiritus sanctus, in posterioribus occultior intellectus, in argento splendens historia scripturarum, in auro interior uel pretiosior sensus ostenditur.

4 Deut. 4, 24   5 Ps. 67, 5   9 ib. 67, 10   18 ib. 67, 14

1 adque *SAV*   materium *S*   3 *in margine in S post* exurat *a. m. 1. uncis inclusa leguntur:* de igne et aqua   5 dicitur *S*   6 ascindit *S*   illi] ei *S*   7 praeparat//e *P* praeparare *S*   8 occasum id est dominus iesus christus *S*   d//uita *P*   9 inquid *SPAV*   segregans *S*   10 hereditatis *AV*   et] etenim *S*   11 eam] ea *S*   13 pluuiam *S* mannam *AV*   anagogen mandata *om. S hoc loco spatium literis uacuum est*   14 uel lex *om S*   15 trangressoribus *S*   euangelio *V* 17 habitant atque consistunt *om V*   19 pinnae *S*   20 deargintate *S* speciae *S*   21 apostolos *S*   ut *om. S*   22 credentis *P*   23 sancti *S* 24 intellictus *S*   sthoria *S*   25 praetiosior *SAV*

XXVIII. Dixit dominus: ex Basan conuertam, conuertam in profundum maris, ut intinguatur pes tuus in sanguine, lingua canum tuorum ex inimicis, ab ipso; quid hic sequimur?

Basan in latino confusio sonat. ergo dominus nosmet de confusione conuertit quae est in cruce eius, in qua cruce sanguine pedem suum tinxit clamantibus Iudaeis, ut crucifigeretur, instinctu inimicorum, id est, daemonum; ab ipso autem saluatore hoc totum uenit, quia omnia haec propria uoluntate sustinuit.

XXVIIII. Quos illos accipiemus principes Zabulon uel principes Nephtalim?

Petrum apostolum uel Andream qui ex iisdem tribubus sunt uocati sicut et supra Beniamin nomine apostolum Paulum oportet intellegi.

XXX. Quid indicat, quod legitur: posuerunt signa sua, signa et non cognorunt sicut in exitu super summum.

Quod Babyllonii uictoria insolentes effecti ita exposuerint signa in dei templo, sicut constitui in tropaeum solent super fornices introitusque portarum.

XXI. Quid est, quod scribitur: deus autem rex noster ante saecula operatus est salutem in medio terrae?

Iudaeam dixit in qua Christus liberauit per crucem mundum, quam aliqui umbilicum terrae appellandum arbitrantur. et aliter: operatus est salutem in medio terrae, id est, in utero uirginali.

XXXII. Quid est, quod legimus: quia calix in manu

1 Ps. 67, 23 sq. 11 (ib. 67, 28) 16 ib. 73, 5 21 ib. 73, 12 27 ib. 74, 9

1 dixit—sustinuit *om. S* 3 tuarum *V* 5 confusione sonat ergo dominus nosmet de confusione conuertit *supr. l. P* 11 accipimus *S* 12 neptalim *PAV* neptilim *S* 13 hisdem *SPA* tribus *S* 14 nomen *S* 15 oportit *S* 16 *XXX* quid—portarum *om. S* 17 exitus *V* 18 babillonii *P* 19 tropeum *PAV* 22 secula *S* 23 iudaem *S* iudęa *P* 26 uir[gi]nali *P* 27 quod *supra lin. P*

domini uini meri plenus est mixto et inclinauit ex hoc in hoc; uerumtamen faex eius non est exinanita?

Calix domini mixtus misericordia et iudicio; inclinatur ex hoc in illud, cum de misericordia in iudicium diuina seueritate transitur; faex autem eius ideo non exinanitur, quia adhuc ultimum iudicii reseruatur.

XXXIII. Quae significantia est, quod scribitur: et reliquae cogitationes diem festum agent tibi?

Pulchre hinc ostenditur, quod deus puritate mentis uelut quadam festiuitate laetatur.

XXXIIII. Uox, inquit, tonitrui in rota; quid hic sentiendum est?

Rotam hinc ipsum dixit orbem terrae, eo quod intra eiusdem orbis rotam circumferant tonitrua mugitum.

XXXV. Quid intellegendum est de hoc, quod scribitur: et percussit inimicos suos in posteriora?

Secundum literam ulcerum illorum fit commemoratio quibus sunt allophyli in posteriora percussi; secundum interiorem uero sensum percutiuntur inimici dei in posteriora, cum domino iudicio puniuntur extremo.

XXXVI. Quem significat dicens: exterminauit eam aper de silua et singularis ferus depastus est eam?

Aprum hic Uespasianum, ut quidam dicunt, uult intellegi qui Iudaeos bello uastauit; singularem ferum Titum Uespasiani filium qui Hierusalem oppugnatione consumpsit.

XXXVII. Legimus in psalmo: Israhel, si audias me, non erit in te deus recens; quo modo istud accipiemus?

Idola uel antichristum refutandum esse pronuntiat. Christus autem deus recens non erat, licet munde per carnem nostris

7 Ps. 75, 11 11 ib. 76, 19 16 Ps. 77, 66 21 ib. 79, 14 26 ib. 80, 9

2 exaenanita *S* 3 mixtos *S* 4 diuinas *S* 7 *XXXIII* quae—homo *p. 97 l. 13 om. S* reliquiae (reliquae *A*) cogitationum *AV* 8 agentibus *AV* 11 inqnid *PV* 18 allofyli *PAV* 19 posterio *P* 23 hic *supra lin. P* 28 antechristum *P* 29 deusdeus *P*

temporibus inluxerit. nam in principio erat apud deum deus uerbum, ipse creans hominem ad similitudinem dei, quique diuersis uicibus atque temporibus Abrahae uel patribus nostris semper adparuit.

XXXVIII. Qualiter hoc accipiendum est, quod psalmus ait: deus stetit in synagoga deorum?

Id est in congregatione sanctorum; dominus autem noster sanctos suos ut regni sui ita etiam nominis sui participatione donauit. unde et ad Mosen dicit: dedi te Pharaoni in deum. conpellantur ergo nomine dei, quia appellantur et filii dei. nec mirum pro illa ineffabili diuinae benignitatis indulgentia, si uoluerit ut homo appellaretur deus, cum deus appellatus sit homo.

XXXVIIII. Quid hic sentiendum est: iustitia et pax osculatae sunt se?

Quod se lex et gratia coniunxerint per mediatorem dominum nostrum Iesum Christum, qui fecit utraque unum?

XXXX. Qualiter accipiendum est, quod legimus: diligit dominus portas Sion, super omnia tabernacula Iacob.

Quod dominus umbraculis synagogae ecclesiae munimenta praetulerit.

XXXXI. Mater Sion dicet: homo et homo factus est in ea, et ipse fundauit eam altissimus; quid hic sequimur?

Mater Sion, ut quidam uolunt, Maria significatur in qua natus est homo Christus ipsius quoque matris creator. sciendum tamen melius et secundum Hebraeum uerius dici: numquid Sion dicit homo, et homo natus est in ea, et ipse fundauit eam altissimus? et est sensus hic: quis hoc hominum

1 Ioh. 1, 1, 2 Gen. 1, 26 6 Ps. 81, 1 9 Ex. 7, 1 14 Ps. 84, 11 17 Ephes. 2, 14 18 Ps. 86, 2 22 ib. 86, 5

3 quicumque *V* 5 hoc *om.* *AV* 6 sinagoga *V* d//eorum *P* 8 participiatione (i *deletum*) *P* 9 faraoni *AV* 10 quia] qui *AV* 14 quid—est] quid hic sequitur *S* 16 gradia *S* coniuxerunt *S* 18 quod] ut *AV* 20 sinagogae *AV* munimen aptulerit *V* 22 dicit *V* 23 sequemur *AV*

nuntiare possit, sicut et illud: aut bracchium domini cui reuelatum est? ergo hoc dicit: quod nullus hominum enuntiare possit, quia saluetur Sion in homine qui natus sit in ea. ipse autem homo altissimus qui fundauit eam. et notandum, quod etiam filius altissimus appelletur.

XXXXII. Quid intellegendum est, ubi scribitur: factus sum sicut homo sine adiutorio inter mortuos liber?

Christus utique inter mortuos liber, quia absque peccato inter peccatores adparuit.

XXXXIII. Quae est terra illa obliuionis de qua dicitur: numquid cognoscentur in tenebris mirabilia tua et iustitia tua in terra obliuionis?

Rectissime apellatur obliuionis terra impiorum caro a domino derelicta. et aliter: terra obliuionis etiam in illo accipi potest quo dicitur: quoniam non est in morte qui memor sit tui; in inferno autem quis confitebitur tibi?

XXXXIIII. Quo modo iuuentus aquilae renouatur secundum illud, quod legimus: renóuabitur sicut aquilae iuuentus tua?

Aquilae dicuntur ui nimiae senectae inplumes fieri et nido relatae uicissim pullis suis ministrantibus pasci, donec deterso senii ueterno recipiant cum pennis usum uolandi. secundum anagogen autem iuuentus nostra uel baptismo uel resurrectione renouatur.

XXXXV. Abyssus, inquit, sicut pallium amictus eius; quid hic sequimur?

1 Es 53, 1 6 Ps. 87, 5—6 11 87, 13 15 ib. 6, 6 18 ib. 102, 5 25 ib. 103, 6

1 brachium *AV* 3 enuntiare *scripsi*, enumdare *P* ei nuntiare *AV et edd.* 6 quid hic *AV* scriptum est *S* factum *S* 8 utique] itaque *AV* liber *om. AV* quia] qui *SAV* $\overset{ca}{\text{pecto}}$ *P* 10 quae—tibi *om. S* 13 $\overset{i}{\text{mpiorum}}$ *P* 14 oblionis *P* 17 renouabitur *AV* 18 aquile *S* 20 uim *S* inplume *V* 22 senio *S* recipiat *S* pinnis *SP* 23 anagonen *S* anagoge *V* baptismum *S* 24 renouabitur *AV* 25 *XXXXV* abyssus—esca *p. 99 l. 21 om. S.*

Non bene plerique arbitrantur abyssum hic amictum dei appellari, cum potius amictum terrae dici ipse superiorum uersuum ordo declaret, eo quod terra ipsa abysso quasi quodam pallio circumdata uel circumfusa ueletur.

XXXXVI. Quo modo stant super montes aquae, quia scriptum est: super montes stabunt aquae?

Utique cum aut plenae aquis nubes super montes dependent, aut cum in mari undae ad montium instar excitantur.

XXXXVII. Quid sentiendum est in hoc, quod legimus: draco iste quem formasti ad inludendum eis?

Draco iste diabolus est sed ante formatus a domino, quam in nomen diaboli uoluntariae nequitiae transiret instinctu. hunc propheta Esaias a paruulis describit inludi.

XXXXVIII. Qua ratione intellegendum est, quod scribitur: ferrum pertransiuit anima eius?

Christus hic manifestissime designatur, eo quod resurgendo adfigentium clauorum dolorem cruciatumque superauerit. potest hic ferrum et tribulatio durae necessitatis intellegi, quia animam dixit; aliquando tamen anima in scripturis etiam pro praesenti uita appellatur, ut in euangelio: nonne anima plus est quam esca?

XXXXVIIII. Quid inter psalmum et canticum interest?

Quod psalmus ex psalterio appellatur, at uero canticum ex uoce profertur, et quod canticum pro scientia, pro opere uero psalmus accipitur; psalmus ergo ad actualem, id est, ad practicen, canticum uero ad contemplatiuam, id est, ad theoriam refertur.

L. Iurauit dominus nec paenitebit eum; quo modo iurat dominus?

6 Ps. 10 ib. 103, 26 15 ib. 104, 18 20 Math. 6, 25 28 Ps. 109, 4

1 dei—amictum *om. A* 7 aquae *V* 12 nomine *V* 16 manifestissim//e *P* 17 dodolorem *(prima syllaba erasa) P* 19 anima *om. V* 20 ut *om. A* 23 a$\overset{t}{\text{d}}$ *S* 24 prophetatur *S* et—accipitur *om. S* 27 appellantur *S* 28 peneteuit *S* 29 iurauit *S*

7*

Iurare domini est inmutabiliter promittere; recte igitur istud commutatio sermonis usurpat, eo quod promissio eius sacramenti optineat firmitatem.

LI. Quid indicat illud, quod scribitur: de torrente in uia bibit, propterea exaltauit caput?

Ad personam Christi ista referenda sunt, quia de torrente, id est, passione; in uia, id est, in saeculo bibit; propterea deus exaltans caput eius donauit illi nomen quod est super omne nomen.

LII. Quindecim psalmi illi quam ob causam cantico graduum praenotantur?

Quindecim quondam gradibus, sicut ostendit historia, ascendebatur in templum, atque ideo hi psalmi quindecim cantici graduum inscriptione signantur, quod nos per quosdam profectus ad sublimia spiritalium rerum prouectione perducant.

LIII. Sagittae, inquit, potentes acutae cum carbonibus desolatoriis; quae huius uersus intellegentia est?

Sagittae potentes sunt uerba domini quae caritate eius corda nostra configunt. carbones uero desolatorii sunt qui peccata desolent secundum illum carbonem Esaiae prophetae. qui ad labia eiusdem defertur, ut purget uitia quae contraxerat uel loquendo uel ob timorem tacendo.

LIIII. Quid sibi uult, quod scribitur: ecce non dormitabit neque dormiet qui custodit Israhel?

Dormire interdum in scripturis dominus dicitur, cum in nobis potius fides dormit et dormitantem infidelem relinquit

4 Ps. 109, 7 8 Phil. 2, 9 17 Ps. 119, 4 21 (Es. 6, 6) 24 ib. 120, 4

1 inmutauiliter *S* in[m]mutabiliter *(m. m. 2.) P* 2 estut *S* 4 illut *P* aliud *V* 5 bib[i]et *P* 6 persona *S* torrente in uia *S* 7 de passione *S* 8 exalta[ns]uit *P* exaltauit *AV* 10 *LII* quindecim—soluuntur *p. 101 l. 18 om. S* canticum *AV* 13 adque *A* ideo *supra lin. P om. AV* quindecem *P* 15 prouectionem *V* 24 dormitauit *AV* 25 israel *AV* 27 relinquid *V*

nescit uero ille deesse quaerentibus se, non nouit dormire uigilantibus.

LV. Legimus in psalmo de Hierusale: Cuius participatio eius in id ipsum; quid hic sequemur?

Quod diuersae partes unam construant ciuitatem, uel diuersa membra unum domini corpus efficiant.

LVI. Quid sentiendum est de eo, ubi scribitur: Forsitam pertransisset anima nostra aquam inmensam?

Pro forsitam in Graeco scriptum est ἆρα, quod latine manifestius interpretamur: putas, ut sit sensus iste: putas, pertransisset anima nostra aquam inmensam, nisi dominus fuisset in nobis?

LVII. Quid significat, quod scribitur: conuerte, domine, captiuitatem nostram sicut torrens in austro?

Exultantis animae uox est ex uitiorum uinculis in libertatem conuersionemque redeuntis, qua postulat, ut ita diuinae miserationis aspiratione ex peccatorum captiuitate soluatur, sicut constricti glacie torrentes austri tepore soluuntur.

LVIII. Qualiter intellegendum est illud: ecce hereditas domini filii, merces fructus uentris; sicut sagittae in manu potentis, ita filii excussorum?

De futuris se ibi loqui propheta significat qui post illam sessionem surgendi tempus declarat; id est, posteaquam dederit dilectis suis somnum, ostendit quae futura sit resurrectio illa sanctorum, dum dicit: ecce hereditas domini filii, merces fructus uentris. ipsa itaque domini est hereditas in filiis quam pro mercede fructus uentris indeptus est, quia saluator fructus est uentris cuius utique merces est, ut ei gentes hereditas sint quas per fidem generat in filios. sagittae

3 Ps. 121, 3   7 ib. 123, 5   13 ib. 125, 4   19 ib. 126, 3 squ.

3 hierusalem *V* ierusalem *A*   4 sequimur *AV*   7 sciendum *V* scribitur] dicitur *AV*   8 in[m]mensum *P*   9 ara *PAV*   10 interpretatur *AV*   18 glacie torrentis *V*   tempore *AV*   20 uentris] uestris *V*   27 de fructus *A*   28 uen[r]tis *P*   ei *supra lin.* *P*   29 quas] quam *AV*

autem apostoli recte appellantur qui orbem terrae quasi uolatu peragrantes doctrina sua infidelium corda penetrarunt. quos filios excussorum, id est prophetarum, optime propheta designat. nam utique cum in prophetia sua excutiuntur prophetae, quid aliud in illis nisi inuenti apostoli manifestantur? excussis itaque prophetis, quia apostoli generati sunt, recte appellantur filii excussorum.

LVIIII. Quid est, quod legimus: sicut ablactatum super matre sua, ita retribues in anima mea?

Animae nostrae ablactatio est, cum ab ignorantiae infantia ad perfectum cibum uitae consummatione sensus erigitur. igitur supra dixerat: si non humiliter sentiebam, id est, si non humilia et terrena cogitabam; sed exaltaui animam meam. hoc est: sed ad caelestia mente contendi, haec mihi fiat retributio, ut animam meam intellectus consummatio consequatur.

LX. Beatus, inquit, qui retribuet tibi, quod tu restituisti nobis; quis hic intellegendus est?

Psalmus hic et de captiuitate Iudaeorum, cum in Babyllonem ducti sunt, et de peccatoribus qui expulsi ab ecclesia confusioni traduntur intellegi potest. hic ergo secundum historiam, ut quidam opinantur, significatur Cyrus rex qui hanc restitutionem subuersa Babyllone restituit et usque ad paruulos eius illic omni internecione desaeuiit. interiore uero sensu Babylloni uicem ille restituit qui eam captiuam ducit, quae se prius habuerat peccati lege captiuam, et exordia uitiorum ad petram quae est Christus elidit.

8 Ps. 130, 2 16 ib. 136, 8

5 [in]uenti *P* 7 apellantur *V* 9 matrem suam *SAV* animam meam S 10 nostre oblectatio *S* infantiam *S* cum ab ignorantiae—erigitur *bis in S. scripta sunt.* 11 consumas *S* 12 igitur *uocabulo incipit noua interrogatio in S* id est *incipit resp. in S* 14 mente] mitti *S* 15 intellictus consumatio *S* 16 beatus—elidit *om. S* inquid *P* resribuet *P* restituit *AV* quod] restitutionem quam *AV* 17 intellectus *AV* 18 iudeorum *V* babylonem *AV* 20 confusione *V* 22 babylone *AV* 23 internicione *PAV* desaeuit *A* deseuit *V* 24 captiuum *PV* 26 qua[e] *P*

LXI. Saepe in scripturis dicitur: confiteor tibi domine; qualiter hoc intellegendum est?

Non semper paenitentiam uidetur significare confessio, nam confitebor interdum ponitur pro laudabo uel pro gratias agam uel pro glorificabo dominum.

LXII. Inperfectum meum, inquit, uiderunt oculi tui, et in libro tuo omnes scribentur; quae hic significantia est?

Oculi dei inperfectum nostrum uident, quia deus hominem etiam priusquam formetur agnoscit; et aliter: inperfectum nostrum uident oculi dei, quia cogitationes nostras etiam antequam perficiantur, introspicit. in libro autem eius scribuntur omnes, quia omnes homines non absque eius uoluntate nascuntur, uel quia omnes uoluntates nostrae apud eum plenissime describuntur. sequitur autem: die replebuntur, et nemo in eis. die, id est, Christo replebuntur ac praeter Christum nemo in eis erit, quia deo pleni ea quae dei non sunt recipere non possunt.

LXIII. Qui sunt pulli coruorum de quibus scribitur: et pullis coruorum inuocantibus eum?

Fideles filios significat de infidelibus procreatos.

LXIIII. Quid indicatur in hoc, quod legimus: ante faciem frigoris eius quis subsistit?

Tentationum per haec frigus ostenditur.

LXV. Qua ratione appellantur ancipites illi sanctorum gladii de quibus scribitur: et gladii ancipites in manibus eorum?

Gladii ancipites dicuntur, quod in iudicio corpus atque animam punire simul possunt. et aliter, quod puniant et

1 Ps. 138, 14 6 ib. 138, 16 19 ib. 146, 9 22 ib. 147, 17 26 ib. 149, 6

1 sepe *S* 3 uidentur *S* cofessionem *S* nam *om. S* 6 inperfectum—possunt *om. S* inquit *om. AV* 10 formaretur *AV* 12 in libro—omnes *om. AV* 15 $\overset{i}{\text{de}}$ *P* 21 fedeles filius (filios *correxit m. 2.*) *S* 22 quid—iudicabunt *p. 104 l. 4 om. S* 23 quiis *AV* 26 $\overset{\text{it}}{\text{ancipes}}$ *P*

supplicio praesentis poenae et metu futurae. et hinc est illud, quod in eodem psalmo canitur: domino canticum nouum, quod qui mundi purgamenta creduntur de nationibus ac regibus iudicabunt.

DE PROUERBIIS SALAMONIS.

I. Ceruus amicitiae et pullus gratiarum fabuletur tecum; quid hic sequemur?

Ceruum amicitiae accipiendum hic quidam putant Christum totius dilectionis et caritatis magistrum, pullum gratiarum spiritum sanctum, qui sit omnium gratiarum, id est charismatum, distributor. admonemur ergo ex hoc, ut semper Christ uel sancti spiritus solacia requiramus.

II. Quid est, quod scribitur: septies cadet iustus et resurgit?

In sermone utique aut in cogitatione cum labitur aut certe intra septiformis spiritus gratiam, cum delinquit. quidam propter septem dies per quos uitae humanae cursus reuoluitur septies hic dictum esse confirmant, eo quod absque peccato uitae ipsius cursus esse non possit.

DE ECCLESIASTE.

III. Quid est, quod in Ecclesiaste legimus: et florebit amygdalum et inpinguabitur locusta et dissipabitur capparis, quoniam ibit homo in domum aeternitatis suae?

Tradunt per haec humanorum membrorum fieri significantiam, nam in flore amygdali canos capillos, in inpinguatione locustae tumorem pedum, in dessipatione capparis concupiscentiae

2 Ps. 149, 1 6 Prou. 5, 19 13 Prou. 24, 16 21 Eccle. 12, 5

1 future *P* 6 de sermone ceruorum et pullorum *pro inscriptione in S* 7 sequitur *S* 10 carismatum *SAV* 11 ammonemur *P* 12 solatia *AV* 13 quid—possit *om. S* cadit *AV* 14 resurget *AV* 16 septiformes [i] *P* 22 amigdalum *PAV* dissipatur [bi] *P* 23 capparus *AV* 26 amigdali *PAV*

frigus ostendit. quae cum seni in postremae aetatis tempus acciderint, tunc necesse est in terram, id est, quasi in aeternitatis suae domum redeat. bene tamen haec aeternitatis domus etiam illa in futurum terra accipitur de qua scriptum est: placebo domino in regione uiuorum.

DE CANTICO CANTICORUM.

IIII. Quid est illud, quod de ecclesia scribitur: fusca sum et speciosa filia Hierusalem? si fusca, quo modo speciosa?

Quia ante examinationem sui ecclesia pro diuersitate in se consistentium bipertita est, in sanctis speciosa est, in peccatoribus fusca. sicut et Hierusalem modo sanctam ciuitatem scriptura conpellat modo peccatricem.

V. Nomen fratruelis quid sibi uult in canticis canticorum? Ecclesia cuius nomine illic ad saluatorem ista dicuntur fratruelem uocat Christum qui sit filius synagogae; et quia ecclesiam synagogae sororem in sanctis nostri interdum sentire uoluerunt, idcirco secundum quandam scripturae elocutionem Christus ecclesiae fratruelis appellatur et sponsus.

DE QUAESTIONIBUS DIFFICILIORIBUS NOUI TESTAMENTI.

DE EUANGELIO MATTHAEI.

I. Quam ob causam in propheta euangelistae quattuor diuersa animalium specie designantur?

Matthaeus hominis optinet formam, quia a natiuitate hominis dicens: liber generationis Iesu Christi filii Dauid,

5 Ps. 114, 9 7 Cant. 1, 4 12 (Math. 4, 5) 13 (ib. 23, 37) 14 (ib. 1, 12) 23 (Ezech. 1, 5) 26 Matth. 1, 1

6 *inscriptio deest in S* 7 ecclesias scriuitur *S* 11 consistentum uipertita *S* 13 scripturam memorat *S* 14 nomen—sponsus *om. S* fr[rat]uelis *P* 17 [c]cclesiam *P* sinagogae *V* 21 incipit de euangelio matthei *S* matthei *(sic semper) P* 22 ob causam *om. AV* 24 speciae designatur *S* 25 mateus *S* obtinet *SAV* 26 fili *SV*

filii Abraham. Marcus leonis specie praefiguratur. eo quod ut leo ingenti intulit uoce: uox clamantis in deserto: parate uiam domino. Lucas adnuntiatur in uitulo, quod a sacrificiis uel a sacerdotio sumat exordium scribens: fuit in diebus Herodis regis Iudaeae sacerdos quidam nomine Zaccharias. Iohannes aquila praenotatur, quia spiritu euolans ad superna tamquam de sublimi profert dicens: in principio erat uerbum et uerbum erat apud deum et deus erat uerbum.

II. Quo modo accipiendum est, quod dominus Iesus Christus Dauid filius dicitur, cum utique natus non sit ex Ioseph qui ex Dauid stirpe descendit?

In coniugium tunc Iudaei secundum legem de consanguinitate proximas adsumebant, nec dubitandum est, quod hac ratione etiam Maria ex eadem tribu ueniens sicut Ioseph ex Dauid stirpe descenderit, immo processerit. ideo autem per generationem Ioseph origo Mariae significatur, quia consuetudo scripturarum est uirorum potius quam feminarum seriem in generatione contexere. cuius Mariae quia cognata, sicut legitur, fuit Elizabeth quae fuisse scribitur de filiabus Aaron, manifestissimum est, quod in Christo secundum carnem ex utroque genere conuenerit regum scilicet sacerdotumque successio.

III. Euangelista Matthaeus Ioseph genitum ex Iacob dicit. et quo modo Lucas eum ex Heli fuisse commemorat?

2 Marc. 1, 3 4 Luc. 1, 5 7 Ioh. 1, 1 10 (Matth. 1, 1) 19 (Luc. 1, 36) 20 (ib. 1, 5) 23 (Matth. 1, 16) 24 (Luc. 3, 23)

1 speciae *S* 2 ut *supra lin. P* 3 domini *S* 4 sacerdotibus *AV* scribens] dicens *S* 5 quidam *om. S* 6 zacharias *AV* iohannis *P* praenutatur *S* 7 praeuolans *S* 12 discendit *P* discindit *S* 13 co[in]ng[i]um *P* coningis *S* iudeis *SV* consanguitate *A* 15 e// *P (pr. l.)* 16 discindit *S* descenderit—immo *om. AV* 17 s[i]gnificatur *P* 18 uerorum *S* 19 generationem *V* quia] quae *S* 20 elisabethque *S* elisabet *PV* elisabeth *A* 21 uteroque (e *eras.*) *P* 22 scilicit *S* 23 euangelista - possidebat *p. 110 l. 23 om. S ubi prorsus diuersa uerba exstant, quae leguntur p. 118 l. 1 squ.*

ideo quod alter secundum naturam, alter ei secundum legem pater fuerit. consuetudo namque apud Iudaeos ex lege erat, ut defuncti fratris uxorem ad suscitandum semen superstes frater acciperet. Iacob ergo atque Heli uterini fratres fuerunt, quorum superiore defuncto posterior usus est ex lege coniugio. in eorum conmemoratione Matthaeus Ioseph prosapiam per regiam originem texuit, Lucas generationem eius sacerdotali successione deduxit. pater tamen Ioseph secundum naturam haut dubie Iacob fuit.

IIII. Quare in euangelio Maria Ioseph coniux dicitur.

Consuetudo est scripturarum, ut etiam sponsas appellet uxores.

V. Quid est, quod legimus: ipse uos baptizabit spiritu sancto et igni?

Quia per spiritum sanctum uel peccata exuruntur in nobis uel sanctificatio tribuitur uel caritatis in passionibus tolerandis feruor accenditur. aut certe quia spiritu baptizati diuino iudicio examinabimur. sunt qui dicant apostolos spiritu sancto baptizatos esse, cum super eos ignis adparuerit?

VI. Qualiter accipiendum est de columbae illius corpore in qua ad saluatorem spiritus sancti patuit manifesta descensio, utrum ante iam fuerit, an ad tempus factum subito adparuerit?

Utique ad tempus ostensum. nam ut signum uisibile sancti spiritus qui erat inuisibilis monstraretur, uerum quidem corpus columbae illius per diuinam potentiam, sed in tempore factum ad horam adparuisse ac deinceps destitisse credendum est. angeli uero cum se humanis offerunt oculis, creduntur, ut quorundam opinio est, ex isto crassiore aere, id est, uicino terris ad praesens corpus adsumere. porro autem uocem

10 (Matth. 1, 20) 13 ib. 3, 11 20 (ib. 3, 16 *cf.* Luc. 3, 22)

2 iudeos *AV* 3 superstis *P* 9 hau dubie *P* 11 sponsam *A* 12 uxorem *A* 16 passio[ni]bus *P* tollerandis *V* 18 examinabitur *V* examinabuntur *A* 21 discensio *P* 26 des[ti]tisse *P* 28 grassiore *AV*

aliquam ita putantur exprimere, cum inlisus huic aeri ictus tamquam palato uerborum sonum reddet.

VII. Iustis promittitur regnum caelorum. et quo modo etiam hoc dicitur: quoniam ipsi possidebunt terram?

Quia nouum caelum et noua terra in futuro repromittitur iustis, ut tunc cum deo sicut angeli utrumque possideant.

VIII. Cum dicat saluator Tyrum et Sidonem paenitentiam agere potuisse, si in eis diuinarum adparuissent signa uirtutum, quapropter illic facta non sunt quae salutem fuissent credentibus adlatura?

Quia dominus ac saluator pro diuina dispensatione non uenerat, nisi ad oues quae perierant domus Israhel. et quid est, quod non uenerat nisi ad oues domus Israhel? quia inter reliquas usquequaque nationes specialius unum Israhel deum coluit atque, ut ita dixerim, peculiaris dei quondam populus fuit ob merita Abrahae ac patriarcharum uel Dauid, quibus Christus proprie repromissus atque ex eorum stirpe descendens inde ipsam carnem in qua terris adparuit adsumpsit. sed tamen quia uirtutes postea et in gentibus factae sunt, ita testimonium hoc intellegi potest, ut ubi dicit: non ueni illo subaudiatur, prius, ut sic et testimonii ueritas et misericordia dei in uniuersos prompta magis clareat.

VIIII. In euangelio dicit dominus et saluator noster: iugum meum lene est et onus meum leue est; et quo modo legitur in psalmo: propter uerba labiorum tuorum ego custodiui uias duras?

Equidem manifestum est, quod omnes qui uolunt in Christo pie uiuere persecutionem patiuntur, sed tamen diligentibus deum quae sunt dura in re praesentium efficiuntur leuia in spe futurorum.

3 Matth. 5, 10 5 (Apoc. 21, 1) 7 (Matth. 11, 21) 11 (ib. 15, 24) 15 (Deut. 7, 6; Gen. 22, 8) 16 (Ps. 131, 11) 18 (Rom. 1, 3 23 Matth. 11, 30 25 Ps. 16, 4 27 II Tim. 3, 12

1 aere hictus *AV* 4 quoniam *om. AV* 14 deum israel *AV* 17 propriae *V* 18 discendens *P* 19 assumsit *P* 24 lene] suaue *AV* 27 etquidem *PV* (t *eras. in P*) 29 re *om. AV*

X. Quid intellegendum est loco illo in quo scribitur: orate, ne fiat fuga uestra hieme uel sabbato?

Secundum historiam ita intellegendum est, ne fiat fuga uestra hieme, id est, ne tribulatio fugae temporis accumuletur iniuria. ne fiat fuga uestra sabbato: ne eo utique die quo habere requiem uacationemque consuestis. at uero secundum intellectum superiorem, ne fiat fuga uestra hieme uel sabbato ita accipi potest: ne uos fuga illa deprehendat aut in peccatis algentes aut bonis operibus otiosos.

XI. In eodem Matthaeo scribitur: dico autem uobis: non bibam amodo de hoc genimine uitis usque in diem illum quo illud bibam uobiscum nouum in regno patris mei; quid hic sequemur?

Regnum dei, ut docti interpretantur, ecclesia est in qua cottidie bibit sanguinem suum Christus per sanctos suos tamquam caput in membris suis.

XII. Quid causae est, quod dicitur: amodo uidebitis filium hominis sedentem ad dexteram uirtutis et uenientem in nubibus caeli? et alio loco dicitur non uisuros uenientem in nubibus caeli nisi in nouissimo tantum die plangentes omnes tribus terrae et tunc uidebunt filium hominis in nubibus caeli?

Quia in hoc primo corporis, id est, ecclesiae aduentus adnuntiatur per manifestationem claritatemque signorum, ille uero alius aduentus capitis est, id est, ipsius Christi. in illo aduentu per membra sua Christus uenit, in hoc per se ipsum.

1 Matth. 24, 20 10 ib. 26, 29 17 ib. 26, 64 21 ib. 24, 30

6 consuistis *AV* uero// *P* 8 ita] id *AV* depraehendat *P* 9 bonis (a *add. m. 2*) *P* in bonis *AV* otiosos *in ras. P* (*add. m. 2*) otiosa *AV* 12 illud] illum *AV* 14 ut] quod *AV* interpraetatur *P* 15 cotidie *V* 20 nouissimum diem *AV* 21 tribubus *A* 26 aduento *AV*

DE MARCO.

I. Quid significat in euangelio, quod dicit: qui enim habet dabitur illi, et qui non habet etiam quod habet auferetur ab illo?

Uerbi gratia, ut si fidem habens caritatem non habeat, etiam ipsa fide careat quam forte habere uidebatur; sicut Iudaei per scripturam diuinam non intellegentes Christum etiam ipsam quam se putabant tenere dei notitiam perdiderunt et filium non recipientes etiam patrem non habent.

II. Marcus euangelista tertia diei hora dominum significat esse crucifixum; et quo modo alius euangelista horam sextam qua crucifixus sit fuisse commemorat?

Quia hic illam paene horam in scriptis suis rettulit qua uere crucifixus est. at uero ille horae anterioris tempus commemorandum putauit quo de eo Iudaeis adclamantibus iudicatum est, quasi per anticipationem relationis ea hora crucifixus sit qua iussus est crucifigi. sed tamen in hac ipsa passione eius sic tenere debemus, quod ita homo ille qui adsumptus sit pro eiusdem uoluntate pertulerit, ut uerbum illud quod in principio apud patrem erat inuiolatum intemeratumque permanserit; ergo illud iniuriae obnoxium fuit quod pro humana infirmitate susceperat, illud uero incorruptum mansit quod diuina aeternitas possidebat.

DE LUCA.

I. Quid est, quod scribitur in Luca de Zaccharia sacerdote, quod esset de uice Abia?

2 Marc. 4, 25 10 (ib. 15, 25) 11 (Luc. 23, 44) 25 (Luc. 1, 5)

1 in marco *A* 3 etiam quod habet *supra lin. P* 5 habens *AV* 8 tenere] habere *AV* no^{ti}tiam *P* 13 paenae *P* in scriptis suis] inscribitur *AV* 14 aduero *P* 19 uolumtate *P* pertuleri//t *P* 20 aput *P* 21 permanseri//t *P* 23 aeternitatis *A* 24 in luca *A* *I.* quid—fuit *p. 111. l. 5 om. S* 25 zacharia *P* zac^{c}haria *AV*

Uiginti quattuor sortibus in ministerium templi distributi fuerant sacerdotes, ut ordine uicis suae quisque sacerdotali fungeretur officio; in hoc ergo ordine octauam sortem Abia habuit de qua uice Zaccharias sacerdos fuit.

II. Qui illi sunt qui in scripturis sacris nomina antequam nascerentur acceperunt?

In nouo testamento praeter saluatorem solum legimus Baptistam Iohannem, in ueteri uero quattuor sunt Isaac, Ismael Salamon uel Iosias qui ortu uideantur iuniores esse quam nomine.

III. Ad aduentum matris domini quo modo Iohannes adhuc sensu carens in utero potuit exultare materno?

Aut matris magis sensu uel gaudio a quibusdam factum existimatur, ut etiam interioribus potuerit exultare uisceribus, aut certe si hoc ad Iohannem potius referri placet, inter miracula diuina reputandum est, sicut et illud, cum uox asinae in sonum sermonis erupit.

IIII. In eodem euangelio quid sibi uult illud, quod legitur: factum est autem in sabbato secundo primo, cum transiret per sata, uellebant discipuli eius spicas, et manducabant confricantes manibus?

Quidam hoc loco diem dominicum ita appellatum existimant, eo quod uideatur secundus ab illa legali obseruatione sabbati et primus sit euangelicae gratiae celebritate. si cui autem hoc minus facere uidetur, quod diem ipsum magis sabbati fuisse contendat, quia scriptum sit de eo: quid facitis, quod

1 I Par. 24, 5 8 (Luc. 1, 31) 9 ib. 13) (Gen. 16, 11) (II Reg. 12, 25) 12 (Luc. 1, 44) 17 Num. 22, 28 20 Luc. 6, 1 27 ib. 6, 2

2 in ordine *AV* 4 zacharia *AV* 6 sanctis *S* 7 acciperint *PAV* 8 legimus solum *S* 9 isac *P* 10 ismahel *SAV* 12 ad *om. S* ad aduentum *P* uentum *AV* 13 poterit *S* 15 potuerit] faterit *S* 16 si—potius *om. S* 17 miracula *om. S* cum *om. S* 19 *IV* in—noscendum est *p. 113 l. 29 om. S* uul *P* 20 sabatto *V* 23 quidam// *P* loco diem *supra lin. P* 24 obseruationis *V* 26 ipsam *AV*

non licet in sabbatis? potest forsitam et ipse nihilo minus dies sabbati ita ex hoc intellegi, ut nunc obseruatione nostra secundus sit qui primus quondam fuerit obseruatione Iudaica. rectissime enim dies primus dies dominicus deputatur.

V. Quo modo uisionem illam in qua dominus adsumptis tribus discipulis glorificatus est Lucas post octo, alii uero euangelistae post sex dies subsecutam esse commemorant?

Lucas qui habito domini apud discipulos sermone post octo dies scribit uisionem hanc discipulis ostensam et eum diem quo dominus locutus est conprehendit et eum quo Iesus glorificatus adparuit. hi uero qui sex dies indicandos putauerunt mediis tantum atque integris diebus adnumeratis quasi semiplenum primum illum diem postremumque tacuerunt.

VI. Rursus in eodem dicit: erunt enim ex hoc quinque in domo una diuisi, tres in duo et duo in tres. diuidentur pater in filium et filius in patrem suum, mater in filiam et filia in matrem, socrus in nurum suam et nurus in socrum suam. quid est, quod cum superius quinque uideatur posuisse personas, sex in subsequentibus cum personarum significatione subiecit?

Mater et socrus eadem intellegi potest quae per filiam et nurum duobus sit conpellata nominibus ac perinde et in subsequenti quinque uideri potest numerus personarum.

VII. In parabola Lazari et diuitis aliquantae quaestiones incurrunt. aut quo modo diues in tormentis sit ante iudicium aut quo modo digitum Lazari dicat? numquid corpora apud inferos sunt? aut ut ipse aquam desideret, numquid sitim corporis sentiebat?

5 (Luc. 9, 28 Matth. 17, 1 Marc. 9, 1) 14 Luc. 12, 52—53 24 (ib. 16, 23—24) 26 ib. 16, 24

1 nihilhominus *AV* 5 ussumptis *P* 8 discipulus *V* 10 conpraehendit *P* 18 norum *P* n$\overset{u}{o}$rum *V* 19 cum *om. V* uide//tur *V* 25 diuis// *P* 26 digitos *V* aput *P*

Haec omnia secundum eos affectus loquitur quos aliquando pro necessitate corporis gesserat. ceterum ille ante iudicium tormentorum sensus quasi pro loco custodiae etiam ante iudicium non est absque tormentis. in hoc quoque, quod apud infernum Abraham uidet haec subesse, a quibusdam ratio putatur, quod omnes etiam sancti ante aduentum domini nostri Iesu Christi ad inferna, licet in refrigerii locum, descendisse dicuntur. alii opinantur locum illum in quo Abraham erat ab illis inferni locis in superioribus constitutum, propter quod dicat dominus de illo diuite: eleuans oculos suos cum esset in tormentis, uidit Abraham de longe, sinumque ipsius Abrahae designari illius regionis quietem.

VIII. Quo modo istud accipiendum est, quod legimus: regnum dei intra uos est?

In unoquoque pro bonorum malorumque actuum discrepantia aut deus regnat aut diabolus, quia necesse est, ut cuius uoluntatem opere procurat, eius imperio uideatur esse subiectus. itaque si iusti sunt quidam, deus in his regnare dicendus est, diabolus, si iniusti. potest et fides regnum dei dici, qua itur ad regnum, qua utique iustus uiuit et per quam Christus habitat in cordibus sanctorum suorum.

IX. Quo modo in Luca latroni saluator dicit: hodie mecum eris in paradiso, cum utique die illo secundum hominem corpore in terra anima apud inferos fuerit?

Potest forte hic pro paradiso accipi ille adtributae quietis locus, ubi Abraham esse cum Lazaro in euangelio saluator ostendit, aut certe ita intellegendum est, quod hanc promissionem dominus secundum effectum diuinae potestatis inpleuerit, quia ubique deum esse noscendum est.

10 Luc. 16, 23 13 ib. 17, 21 20 Hab. 2, 4 Ephes. 3, 17 22 Luc. 23, 43 26 (ib. 16, 22)

1 affectos *A* loquitur *om. AV* 7 discendisse *PV* 10 dicit *AV* 13 regnum *om. P* 17 uoluntate *AV* curat *AV* 22 hodiae *S* 23 paradisum *A* diae *S* 25 forte *om. S* ille—locus *om. S* 26 cum eleazaro esse saluator ostendit *S* 27 quad *S* 29 nuscendum *S* *praeterea sequuntur III aliae int. et resp. in S quae leguntur p.* 121 sq.

DE IOHANNE.

I. Quadraginta et sex anni adfirmantibus Iudaeis secundum euangelium Iohannis in aedificatione templi quo modo ostenduntur inpleti?

Salamonem quidem septem tantum annis domum domini aedificasse satis constat scripturae ex hoc dicente: aedificauitque eam annis septem. quadraginta sex uero anni in templi restauratione ponuntur quae habita est in diebus Hesdrae post subuersionem Hierosolymae captiuitatemque Iudaeorum. porro ipsa reparatio exaedificandi templi diu tracta est uicinis in circuitu nationibus opus adsidua infestatione prohibentibus.

II. Quo modo saluator adsumptum hominem duxit in caelum aut quo modo caelum promittitur sanctis, cum dicat: nemo ascendit in caelum, nisi qui descendit de caelo, filius hominis qui est in caelo, aut quo modo in caelo erat, cum adhuc esset in terra?

Secundum carnem in terra erat, secundum deitatem caelo non deerat. ideo et ipse ascendit qui descendit, quia licet adsumpserit hominem, tamen homo et deus, hoc est Christus, una persona est, et utique cum ille sit caput, sancti autem membra sint, necesse est ut sequantur membra quo caput praecessit, ut sit in caelo Christi corporis plenitudo.

III. Qualiter illud accipiendum est, quod scribitur: non enim ad mensuram deus dat spiritum?

Hoc quidam de filio proprie intellegendum esse confirmant,

2 (Ioh. 2, 20) 6 III Reg. 6, 38 14 Ioh. 3, 13 24 ib. 3, 34

1 in iohanne *A* incipit secundum iohann[e] *S* 2 quadraginta—prohibentibus *om.* *S* 7 quadraginta et sex *AV* 9 hesdre *AV* hierusolymae *P* hierosolimae *V* 10 exaedificand[i] *P* 11 assidua *P* 14 dicit *S* 15 discendit *PV* discindit *S* 17 essit *S* est *P* 18 de caelo *S* caelum *V* 19 derat[e] *P* ascindit *S* et descendit *V* discendit *P* discindet *S* 20 atsumserit[s] *P* 22 menbra *V* sunt *AV* sequatur *S* sequamur *V* membra *om.* *V* 23 corpus *S* 24 qualiter—doceret *p. 115 l. 24 om.* *S* 26 propri//e *P*

quia homines dum alii aliis plus minusue capiant, utque ad mensuram spiritum accipere uidentur, iuxta illud apostoli: habentes autem donationes secundum gratiam quae data est nobis, differentes siue prophetiam secundum mensuram fidei, et cetera. Christo uero unigenito suo qui etiam dat non est spiritus ad mensuram datus, quia in eo est omnis plenitudo diuinitatis.

IIII. Saluator dicit: uos ascendite ad diem hunc, ego non ascendo ad diem festum istum; et quo modo postea scribitur de eo: ut autem ascenderunt fratres eius, tunc et ipse ascendit ad diem festum?

Ueritas mendacium loqui non potest, atque idcirco non aliud a Iesu factum est, quam quod se pronuntiauerat esse facturum. scenopegia enim solemnitas Iudaeorum non unum diem sed plures dies solemnitate conplectitur sicut et paschae festiuitas. ergo quia dixerat, non ascendo ad diem festum hunc, utique ad diem festum ipsum, sicut praedixerat, non ascendit, nam et sequitur in euangelio: haec cum dixisset, ipse, hoc est saluator, mansit in Galilaea, ut intellegamus in ea quidem solemnitate, sed non eundem diem fuisse de quo postea scribitur: ut autem ascenderunt fratres eius, tunc et ipse ascendit ad diem festum. potest et figurate intellegi hic dies festus ad quem saluator se non ascensurum esse professus est, ut in se mutandam festiuitatem doceret.

V. Qualiter sentiendum est de loco illo in quo de Iesu Christo saluatore nostro scribitur: nemo misit in eum manus, quia nondum uenerat hora eius.

Hora haec non secundum mathematicos intellegenda est, sed

3 Rom. 12, 6 7 (Col. 2, 9) 8 Ioh. 7, 8 10 ib. 7, 10 26 ib. 7, 30

4 nobis nobis *(alterum eras.)* *P* nobis *om.* *V* 6 etiam [dat utique] non est *P* *(sic)* 9 ascendam *V* 13 aliter *A* 14 s[c]enopegia *P* enim *om.* *A* 16 hunc—festum *om.* *AV* 19 gallilea *PAV* ut *supra lin.* *P* 20 solemnitatem *P* 23 a[d]quem *P* 25 de] in *AV* 26 christo *om.* *AV* eo *A* 28 haec] eius *AV* mathimaticus *S*

potius hora illa qua ipse crucifigi, qua ipse pati uellet; et ideo nondum uenerat hora eius, quia nondum uniuersa perfecerat, quia nondum cuncta propositae operationis inpleuerat propter quae homines terramque uisitauerat.

VI. Quo modo intellegendum est, quod saluator dicit: *cum loquitur mendacium, ex propriis loquitur, quia mendax est et pater eius?*

Supra dixerat dominus ad Iudaeos: *si deus pater uester esset, diligeretis utique me,* et postea: *uos ex diabolo patre estis et desideria patris uestri uultis facere. ille homicida erat ab initio et in ueritate non stetit, quia non est ueritas in eo.* cum loquitur mendacium, hic subaudiendum est unusquisque uestrum, ex propriis loquitur, quia mendax est et pater eius, id est diabolus. sunt qui ita disputant: cum loquitur mendacium, id est diabolus, de propriis loquitur, quia mendax est et pater eius, hoc est mendacii ipsius pater est, quia ab ipso uidetur ortum esse mendacium, ut, sicut deus filium ueritatem genuit, ita et diabolus filium genuerit falsitatem.

VII. Quo modo accipiendum est illud, quod dicitur: *Abraham pater uester exultauit, ut uideret diem meum, et uidit et gauisus est?*

Prophetae uidentes appellabantur, ideo quod sancti spiritus munere ea quae ceteris erant clausa quasi conscii futurorum uidebant, inter quos et Abraham Christum uidit in spiritu.

VIII. Dicitur in euangelio: *scimus quia peccatores deus non exaudit;* et quo modo alio loco saluator dicit: *omnis qui petit accipit?*

5 Ioh. 8, 44   8 ib. 8, 42   9 ib. 8, 44   21 ib. 8, 56   26 ib. 9, 31   28 Matth. 7, 8

1 crucifigitur *S*   qua] quia *SA*   uellit *P*   2 perficerat *S*   3 nodum *S*   5 quo modo—falsitatem *om. S*   9 diligeritis *A*   10 diabulo *P*   16 diabulus *PV*   20 accepiendum *S*   21 [ue]//ster *P*   uiderit *P*   22 gauissus *V*   23 appellaban//tur *P*   ideo *om. S*   26 dicitur—signis *p. 117 l. 7 om. S*   28 omnes *P*   petit et *V*

Sunt qui ex hoc ita sentiunt: ille, inquiunt, qui dixit peccatores non exaudiri caecus fuerat et plenam adhuc quasi infusus collyrio uidere non poterat ueritatem; certum est autem diuinae misericordiae aurem patere pulsantibus. potest et hac ratione intellegi, quo modo deus non exaudiat peccatores, ut etiam, si exaudiantur ad inpetrandam propriam salutem, non exaudiantur in signis.

VIIII. Dominus et saluator, quid est, quod in euangelio Iohannis dicit: *in iudicium ego in hunc mundum ueni, ut qui non uident uideant et qui uident caeci fiant?*

Non minima quaestio, sed nos breuiter pro necessitate, quid hic doctorum opinio habeat, proferimus. uenit, ut qui non uident, uideant, et qui uident caeci fiant, id est, ut hi qui se non uidere confitentur et medicum quaerunt uideant; ii uero qui se putant uidere et medicum non requirunt in sua caecitate permaneant. itaque in hoc iudicium uenisse se dixit, quo discerneret causam credentium et incredulorum. ergo ut qui non uident uideant, potest intellegi de gentilibus qui uisuri erant per fidem; et qui uident caeci fiant, accipi de Iudaeis potest qui caecabantur per propriam infidelitatem.

X. Quo modo saluator loquitur: *pater maior me est,* et alio loco dicit: *ego et pater unum sumus?*

Dominus Iesus ita uerus homo ut uerus deus, de patre deo deus, de matre homine homo, illud secundum hominem, hoc secundum deum locutus creditur; iuxta quam rationem diuinitatis atque humanitatis etiam in reliquis quae aut aequalitatem cum patre aut humilitatem eius sonant facile intellectus patebit.

---

9 Ioh. 9, 39   21 ib. 14, 28   22 ib. 10, 30

3 colliria *AV*   poterant *V*   5 rationi *V*   exaudiet *V*   9 iudici[u]m *S* iudic[i]um *P*   10 qui non *S* (*sed* non *erasum*)   ceci *S*   11 non est *AV*   12 proferemus *SAV*   ueni *AV*   ut—uideant] ueniunt qui non uidentur uedeant et qui// uident caeci *S*   13 hii *SAV*   14 querunt *S*   quaerunt—medicum *om. A*   16 uenissem *S*   17 causa *S*   18 potes[t] *P*   qui *ante* uisuri *om. S*   19 accipi de] accepite *S*   22 et *ante* alio *om. S*   23 uero deo *V*   25 atque humanitatis *om. S*   26 in *om. SAV*   aequalitate *S*

Quo modo obtulerunt magi munera, sicut legimus: aperientes, inquit, thesauros suos obtulerunt aurum, thus et murram. et responso diuino admoniti in somnis, ne redirent ad Herodem, per aliam uiam reuersi sunt?

Tunc scilicet magi praesagio sancti spiritus Christo munera offerebant, aurum scilicet quasi regi, thus autem quasi deo siue quia passionem simulatione demonstrabat; murra autem sepulturae signum praetendebat. magi autem ipsi typus credentium erant; Herodes autem diaboli significabat figuram. quod autem magis dictum est, ne reuerterentur ad Herodem, hoc est, ut ii qui ex gentibus ad Christum ueniunt rursus ad diabolum non reuertantur.

INCIPIT DE EUANGELIO MARCI.

Uox clamantis in deserto: parate uiam domini, omnis uallis inplebitur, et omnes montes et colles humiliabuntur, et erunt praua in directa.

Uallem quod dicit mundum istum demonstrat repletum Christi doctrina; montes autem et colles humiliati, perfidia scilicet diaboli et idolorum cultura quae in aduentu Christi humiliata sunt atque depressa; quod autem dicit: erunt praua in directa, hoc est gentilium prauitas, qui nunc recta itinera Christi ingrediuntur.

Cibus autem Iohannis erat locustae et mel siluestre; quae huius est interpretatio?

Locustas quas dicit populorum multitudinis demonstrat

1 Matth. 2, 11—12 15 Marc. 1, 3 24 ib. 1, 6

1 quomodo—tua sunt *p. 123 l. 4 non leguntur nisi in S* optulerunt *(et 2)* sicu *(sic)* 2 inquid 3 murra 4 ab 6 praesagio //// *(sic)* 8 simulationem, *Pitra in textu scripsit:* siue inmolationem, *in adnot. crit. proposuit:* similatione 9 typus *Pitra,* tipsus, 10 ficuram 16 ualles inpleuitur omnis 17 humiliauitur 20 scilicit que aduento 21 adque depraessa 22 itenera 23 egrediuntur, ingrediuntur *scripsit Pitra* 24 lucustae 25 interpraetatio 26 lucustas multitudines

figuram qui ad Iohannem ueniebant; mel autem fructum dulcedinis declarat utique eorum quorum credulitate et fide Iohannes saturabatur.

Et cum ieiunasset, inquit, Iesus, et postea esurisset, sicut euangelica lectio testatur dicens: dixit ad eum is, qui tentat: si filius dei es, dic ut lapides isti panes fiant. Iesus autem dixit ei: non in pane uiuit homo, sed in omni uerbo dei. tunc adsumpsit eum, inquit, diabolus statuit eum supra pinnam templi dicitque illi: si filius dei es, mitte te deorsum, ut excipiant te angeli, ne offendas ad lapidem pedem tuum.

Secundum historiam facta sunt haec quidem; sed secundum allegoriam sentiendum est...... cum dicat euangelista; arbor autem bona crux est quae fructus uitae credentibus adtulit.

Omnis qui audit uerba mea et facit ea, similis est uiro sapienti qui aedificauit domum suam super petram: et descendit pluuia, aduenerunt flumina et inruerunt in domum illam, et non cecidit; fundata enim erat supra petram, et cetera quae sequuntur; quis sensus est?

Petra scilicet Christus, domum autem quam dicit habitaculum corporis nostri est; in hac igitur petra, hoc est in Christo, domum nostram aedificemus, et cum flumina et uenti uenerint, hoc est impetus persecutionis et procella, inpulsi non cadamus; arena autem non aliter quam heresis intellegitur, super hanc igitur arenam, id est super heresem, quique domum suam

4 Matth. 4, 2—6 16 ib. 7, 24—25

1 figuram *Pitra*, figura, 2 dulcedinis *Pitra*, dulci his, 3 iohann^{e}//// *(sic)* 4 *haec sequuntur praecedentia sine interuallo et sine inscriptione* 4 inquid esurissit 6 his temptat 9 inquid pinna 13 historia 14 *nonnulla excidisse iam Pitra cognouit, sed in cod. nulla exstat lacuna* 16 *uerba sequuntur sine interuallo* 17 uero 18 discindit 20 petra 21 secuntur qui 22 scilicit 24 uenerit 25 impitus 26 intellecuntur 27 harenam

aedificauerit, corpus uidelicet et fidem suam negauerit, stultus erit, mox enim aduenient flumina quae sunt impetus persecutionis, et illico cadet.

Ecce ego mitto uos sicut oues in medio luporum; estote itaque prudentes sicut serpentes et simplices sicut columbae.

Lupi persecutores sunt, oues autem christiani sunt qui tempore persecutionis a lupis coluntur. sed estote, inquit, arguti sicut serpentes. serpens in necessitate mortis suae dicitur caput suum custodire, corpus autem suum morti tradere. ita et nos caput nostrum, hoc est Christus, celemus confitendo, corpus autem nostrum lupis tradamus. columba uero ecclesia est cuius filii, quotiens ab hominibus occiduntur, exultant.

Reddite, inquit, quae dei sunt deo et quae Caesaris Caesari.

Iubemur in persecutione reddere quae Caesaris sunt Caesari, hoc est corpus, in quo habet potestatem, et reddere quae sunt dei deo, spiritum scilicet fidei.

Tunc, inquit, assimilabitur regnum caelorum decem uirginibus quae accipientes lampadas suas exierunt obuiam sponso et sponsae; quinque autem ex illis fatuae erant et quinque sapientes; fatuae autem acceptis lampadibus suis non adsumpserunt oleum secum in uasis suis cum lampadibus suis, et cetera.

Ex decem uirginibus quas dicit quinque nomina dicimus: spes, fides, caritas, castitas et eleemosyna. uasa autem habitationes earum sunt, hoc est homines in quibus habitant;

4 Matth. 10, 16 14 ib. 22, 21 19 ib. 25, 1—3

1 edificauerit uedilicit necauerit 3 elico 4 ^{me}dio (*sic m. 2*) 5 ^{e}stote (*sic m. 2*) prudentis 6 columbe 7 persecutures 8 stote (*sic*) inquid 10 morte 11 confitendum *Pitra* confitendo 14 inquid 15 cesaris 17 habit *falso Pitra scribit:* tradere 18 fidem 19 inquid asimilabitur 21 obiam 22 erat sapientis 23 non *omissum* 26 ex] et 27 elimosina 28 habitationis

oleo uero plena, hoc est spiritali gratia. lampades uero uigilantia spiritus sunt. obuiam euntes sponso, hoc est Christo. stultae autem sunt, istis contrariae: una quae quod uidisset et sperat, alia infidelitas, tertia sine caritate, quarta autem carnalitas, quinta infructuosa. harum uero lampades extinguuntur, quia oleum non habent, id est spiritalem gratiam.

INCIPIT SECUNDUM LUCAM.

Nascetur, inquit, tibi filius, et uocabis nomen eius Iohannes, et multi super natiuitate eius gaudebunt; uinum et siceram non bibet.

Uinum quod Iohannes bibere prohibetur luxuria intellegitur, sicera autem dactuli succus est qui non aliud quam carnis dulcedinem habere intellegitur; proinde hoc genus procul spiritales effugat.

Suscipiens, inquit, dominus Iesus ait: homo quidam descendebat ab Hierusalem in Hiericho et incidit in latrones qui despoliauerunt eum et plagis inpositis relinquentes illum abierunt. quidam autem sacerdos descendebat uiam illam, et cum uidisset illum, praeteriit, similiter et leuites, cum uidisset illum, transgressus est. Samaritanus uero iter faciebat; ueniens et uidens eum miseritus est illi, et cetera.

Hierusalem uisio pacis interpretatur, Hiericho autem saeculum est; homo autem qui descendebat ab Hierusalem in Hiericho Adam est. qui proiectus est a facie dei in saeculo et incidens in latrones, id est in diabolo qui eum despoliauit

8 Luc. 1, 13—15 15 ib. 10, 30—33

1 oleum plenas spiritalem gratiam uigelantia 2 obiam 3 uidissit 4 infedelitas 5 horum extinguntur 6 oleum] obum 8 nascitur inquid uocauis 10 bibit 11 iohannis 12 ex dactulis *Pitra* sucus 13 dulcidinem procol 14 ispiritalis 15 suscepiens inquid 16 discendebat 17 dispoliauerunt 18 habierunt 19 sacerdus 20 uidissit praeterit isimiliter 21 uidissit 22 misertus 24 interpraetatur 25 discendebat 26 hierico faciae 27 dispoliauit

et plagas illi infixit, hoc est, quod indumentum inmortalitatis illi abstulit et peccata mortis iniecit. sacerdotem autem et leuitam Mosen et Aaron intellegimus qui Adam uulnera, hoc est gentium peccata, non curauerunt. Samaritanum enim Iesum dicit; ipse enim plagas eius curauit, hoc est, uulnera nostra sanauit; uinum et oleum infundendo, id est sanguinis sui et chrismatis sacramentum; et ad stabulum perduxit, hoc est ad ecclesiam, stabularii autem sunt episcopi. quod autem dixit: reuertens reddam tibi, itaque in aduentum suum mercedem sacerdotibus daturum.

Ait Iesus: homo quidam habuit duos filios. et ait iunior: pater, da mihi portionem substantiae meae. et diuisit illis bona. et post paucos dies congregatis omnibus iunior filius profectus est in regionem longinquam et ibi dissipauit substantiam suam uiuendo luxuriose, et cetera.

Filios dicit duos, gentium et Iudaeorum inducit parabolam. sed alius interior intellectus est, nam duo filii Adam et Christus intelleguntur; partem autem patrimonii paradisus est quem Adam acceperat, quam per luxuriam perdidit et per inoboedientiam. inquit: abiit in longinquam regionem, id est in saeculo proiectus; et cum porcis cibum sumebat utique cum gentibus. quod autem recordatus ad patrem reuertitur, hoc est, quod gentes quae Adam figuram habebant cognouerunt auctorem suum. stola autem qua indutus est uita scilicet quam diabolus ei ademerat per Christum reddita est. et anulum, inquit, in manu eius, hoc est fidem quam perdiderat; calciamenta uero uestigia munita demonstrat quae

11 Luc. 15, 11—13 22 (ib. 15, 16) 27 (ib. 15, 22)

1 mortalitatis 3 moisen 6 infundendum 7 chrismam sagramentum 9 *pro* itaque *Pitra in adnot. crit. proposuit:* ita se ait 11 hab//// (uit *superscr.*) *(sic)* 14 omnebus filios 18 alios 20 perdedit et *omissum est* 21 inobedientiam inquid ābiit *(sic)* 24 ficuram 25 stola *(sic)* qua *(sic)* uita *(sic)* 26 scilicit 27 inquid fidemqū *(sic)*

laqueos diaboli non timeant, sicut apostolus ait: calciati pedes in praeparatione euangelii, uitulum occisum: Christi passio est qui pro Adam, hoc est gentibus, passus est, cui pater dicit: tu semper mecum es, et omnia mea tua sunt.

DE APOSTOLO AD ROMANOS.

Quae intellegentia est capituli illius quod apostolus proponit dicens: si autem iniquitas nostra iustitiam dei commendat, quid dicimus? numquid iniquus deus est qui infert iram? secundum hominem dico. absit. alioqui quo modo iudicabit deus mundum? si enim ueritas dei in meo mendacio abundauit in gloriam ipsius, quid adhuc ego tamquam peccator iudicor et non blasphemamur et sicut aiunt nos quidam dicere: faciamus mala, ut ueniant bona quorum damnatio iusta est?

Obscurissimus atque perplexus in apostolo locus et multis ad excutiendum proferendumque sensum uerbis indigens, nobis tamen pro festinatione sermonis artandus. dixerat supra: est autem deus uerax, omnis autem homo mendax, sicut scriptum est: ut iustificeris in sermonibus tuis et uincas, cum iudicaris. tum etiam adicit: si autem iniquitas nostra iustitiam dei commendat, quid dicimus? hic de testimoniis quae supra posuerat nascentem euentilat quaestionem et adiungit: numquid iniquus deus qui infert iram, id est uindictam? secundum hominem dico, hoc est secundum humanam elocutionem, quod quasi iniquum deum appellauerat, uel quod iram eius dixerat, cum passio in deum non cadat. absit: hoc est, absit ita credi, ut iniquum deum esse dicamus, qui, si haec ita sunt, iram inferat delinquenti. alioqui quo

1 Ephes. 6, 15 4 Luc. 15, 31 7 Rom. 3, 5—8 17 ib. 3, 4

1 lapsos laqueos *Pitra* 5 *titulus uix legi potest in P solae epistulae ad Hebraeos et Iohannis exstant in S, ceterae omissae sunt.* 6 intellectus patebit *AV* 8 dicemus *AV* 9 alioquin *AV* 10 iudicauit *V* 11 habundabit *V* 12 blasfemamur *P* 18 omnes *P* 20 tunc *V* 22 euentelat (i *supra* e) *P* 25 appellauerant *A* 26 cum] con *V* 27 alioquin *AV*

modo iudicabit deus mundum, nisi summa aequitate atque iustitia? deinde sequitur: si enim ueritas dei in meo mendacio abundauit in gloriam ipsius. et hoc ita proponit, ut refellentis sit, non adprobantis, quia si ueritas dei mendacio hominis indiguit, nec peccator tamquam peccator iudicabitur, et quae blasphemant in apostolos uera uidebuntur. ergo quid est, quod dicit? et si ex conparatione iniustitiae iustitia clarescat, non ideo tamen homo iniustus esse debet, ut deus iustus adpareat. damnatio eorum iusta est qui nos haec adfirmant dicere. quid dicere? faciamns mala, ut ueniant bona. putabantur autem apostoli istud dicere apud eos qui male interpretabantur dictum apostolicum, illud utique: ubi abundauit peccatum, superabundauit gratia.

II. Quid illud est, quod legimus: at quid enim Christus, cum adhuc infirmi essemus, secundum tempus pro impiis mortuus est? uix enim pro iusto quis moritur. nam pro bono forsitam quis audeat mori?

Hoc est, quod uult intellegi: ille pro impiis mortuus est, cum uix quisquam reperiatur mori uelle pro iusto. nam pro bono, id est Christo, forsitam aliquis mori audeat, hic etiam de se uerecunde indicans, quod pro Christo mori possit. et aliter: uix enim pro iusto quis moritur. in ueteri lege in qua est pro mandatorum seueritate iustitia uix pauci martyres sunt reperti, in nouo autem instrumento in quo est pro pietate praeceptorum bonitas innumerabiles martyres extiterunt.

III. Apostolus dicit de deo patre: sed pro omnibus nobis tradidit illum, id est filium; quid in hoc significat?

12 Rom. 5, 20 14 ib. 5, 6—7 26 ib. 8, 32

1 aequitatem *P* (m *eras.*) 3 abunda[u]bit *(corr. m. 2.) P* abundabit *AV* proponitur *AV* ut *om. A* 4 a[p]dprobant[i]es *P* (*corr. m. 2.*) 5 tamquam peccator *om. A* 6 blasphemabant *AV* quid est] quidem *A* 8 ut *om. AV* 9 a[f]dfirmant (*corr. m. 2.*) *P* 10 quid dicere *om. AV* puta[a]bntur *P* 11 apostolus *A* aput *P* 13 superabundabit *V* 19 repperiatur *P* (*primum* p *del. m. 2.*) repperiatur *A* 21 se *supra lin. P* 22 uetere *V* 24 no[uo] *P* 25 p//ietate *P*

Tradidit, traditioni adquieuit. in sacris namque libris facere interdum deus dicitur in quibus faciendis uidetur praestare patientiam. alia quippe sunt quae fieri deus uult, alia quae fieri sinit. uult ergo fieri quae facto apparet esse meliora. at uero deteriora permittit, ut libertas humani constet arbitrii in qua arbitrii libertate bonorum malorumue sectatoribus diuino iudicio exhibeatur retributio iusta meritorum.

IIII. In hac eadem epistula quid intellegendum est de hoc, quod legimus: quis accusabit electos dei? deus qui iustificat. quis est qui condemnet? Christus Iesus qui mortuus est, immo qui resurrexit, qui est ad dexteram dei, qui etiam interpellat pro nobis.

Haec in quibus sibi ipse respondit quasi εἰρωνικῶς legenda. et est sensus iste: nisi forte electos suos aut deus qui iustificat aut Christus qui pro his est mortuus condemnabit; minime utique qui etiam interpellat pro nobis. hoc est ergo, quod dicit: nemo condemnabit electos.

V. Quid sentiendum est loco hoc in quo apostolus loquitur: optabam enim ego ipse anathema esse a Christo pro fratribus meis qui sunt cognati mei secundum carnem, et reliqua?

Anathema interdum, ut et hic, occisionem interfectionemque significat. ergo hic apostolus perire optat in carne, ut alii saluentur in spiritu. et aliter: ita hic apostolus uim nimiae caritatis expressit exoptans, si fieri possit, a Christo anathema esse pro fratribus, sicut et Moses qui cum pro populo suo deum peteret ait: et nunc, domine, si quidem dimittes illis peccata illorum, dimitte; sin autem, dele me de libro tuo quem scripsisti.

9 Rom. 8, 33—34 19 ib. 9, 3 27 Ex. 32, 31 sq.

5 a[r]bitrii *P* 7 exhibeat *V* 12 deteram *P* 13 respondi[e]t (*corr. m. 2.*) *P* hironicos *P* hironicus *AV* 14 aut *om. AV* 16 mi//nime *P* 17 condemnet *V* ellectos *P* 18 est illud *AV* 19 opta[b]bam (*corr. m. 2.*) *P* ana[h]tema *P* 22 occasionem *AV* 24 ita *om. P* 25 si] se *V* 27 praeteret *V* 28 eorum *V*

VI. Idem loquitur de deo: ergo cui uult miseretur, et quem uult indurat; quid hic sequimur?

Induratur cor a deo, dum criminum poena differtur.

VII. Rursum ipse adfirmat dicens: quod quaerebat Israhel non est consecutus; electio autem consecuta est, ceteri uero excaecati sunt; quis huius rei sensus est?

Non quia ullum deus uolenten adspicere caecitate percutiat, quia omnes, sicut scribitur, uult saluos fieri, sed illos qui se ipsi excaecauerant pro retributione malitiae dicitur tradidisse, dum deserit. tradere enim domini est derelinquere.

VIII. Qualiter accipiendum est illud, quod scribitur: si esurit inimicus tuus, ciba illum, si sitit, potum da illi, hoc enim faciens carbones ignis congeris super caput eius?

Hoc est, ignem conpunctionis congeris, cum bona pro malis reddis. et aliter: non quod hoc animo inimicus pasci debeat, ut carbones ignis supra caput eius, dum pascitur, congerantur, sed quod inimicus ille cum bona pro malis recipit, si nulla malitiae suae paenitentia commouetur, ipse sibi potius carbones ignis supra caput suum congregat.

VIIII. Cum potestas non sit nisi a deo, sicut apostolus dicit, cur non omnes bene ac pie eam administrantes reperiuntur?

Quia et uitam hanc omnes aequaliter a deo capiunt nec tamen omnes aequaliter uiuunt.

1 Rom. 9, 18 4 ib. 11, 7 9 (I Tim. 2, 4) 12 Rom. 12, 20 22 (ib. 13, 1)

1 uul^{t} *P* 3 domino *A* coram domino *V* 4 rursus *AV* 6 cęteri *P* 8 quia] qui *P* 9 scribitur] scriptura dicit *AV* saluom *P* (*sed* m *eras.*) 11 trad^{e}ire (*corr. m. 2.*) *P* domini *om. AV* 12 illud accipiendum *AV* 13 esurierit *V* 14 ignis *om A* 16 conpunctionem *AV* 17 reddes *A* 18 super *AV* pascetur *V* 19 quod *om. P* 20 sine ulla *V* 21 carbon^{e}is (*corr. m 2*) *P* congr^{g}eat *P* congerat *AV* 23 repperiuntur (*prius* p *del. m. 2.*) *P* repperiuntur *A* repperiantur *V*

I AD CORINTHIOS.

I. Omne, inquit, peccatum quodcumque fecerit homo extra corpus est; qui autem fornicatur in corpus suum peccat; quid hic sentiendum est?

Quod cetera peccata per corpus extrinsecus admittantur, fornicatio sola in corporis passionibus administretur.

II. Qualiter locus ille accipiendus est in quo scribitur: numquid domos non habetis ad manducandum et bibendum? aut ecclesiam dei contemnitis et confunditis eos qui non habent?

Apud Corinthios quondam, sicut aliqui adserunt, praua inualuerat consuetudo ecclesias passim dehonestare conuiuiis in quibus uescebantur ante dominicam oblationem, quam post cenam noctibus offerebant, cumque diuites ebrii ad eucharistiam uenirent, uexabantur inopes fame. mos uero iste, ut referunt, de gentium adhuc superstitione ueniebat. unde etiam quibusdam locis per Aegypti rura uel Syriae die sabbati nocte post cenam dicitur ad ecclesiam conueniri.

III. Cuius modi prophetia est de qua scribitur: si autem omnes prophetent, intret autem quis infidelis uel idiota, conuincitur ab omnibus, diiudicatur ab omnibus, occulta enim cordis eius manifesta fiunt?

Prophetiae genus duplex est, doctrinae unum, aliud diuinationis. sed diuinatio praeteritis temporibus magis uiguit, doctrina praesentibus. occulta autem cordis eius manifesta fiunt, dum ecclesia prophetante, id est moraliter disserente, conscientia conpungitur audientis.

2 I Cor. 6, 18 8 ib. 11, 22 19 ib. 14, 24—25

2 inquid[t] P *(corr. m. 2.)* 5 cętera *PAV* admitatur[t] P 8 numqui[d] P domus *AV* manducan(ducan)dum P (*syllabae inclusae sunt erasae*) 11 quodam[n] P 12 inualuerat] deseruerant *A* adseruerant *V* denestare[ho] conuis[ui] P 15 uenerunt *AV* ist[e] P 16 gentili[i] V 21 deiudicatur P 22 enim *om. AV* fient *AV* 26 funt[i] P dum in *AV* deserente P

IIII. Quid est, quod scribitur traditurus filius regnum deo patri?

Traditurus quidem sed tamen non ita traditurus, ut careat. traditio autem regni nostra prouectio est, tunc cum esse ex integro filii meruerimus in patris regno.

V. Quid sibi uult illud, quod scribitur: omnes quidem resurgemus, sed non omnes inmutabimur?

Id est, non omnes in gloriam inmutabimur, quia resurrectio et incorruptio communis est omnium, inmutatio autem ad gloriam proprie iustorum.

II AD CORINTHIOS.

I. Apostolus dicit: obsecramus pro Christo, reconciliamini deo, eum qui non nouerat peccatum pro nobis peccatum fecit, ut nos efficeremur iustitia dei in ipso; quid hic sequemur?

Reconciliemini, inquit, deo qui Christum fecit hostiam pro peccato. peccatum uero appellari ipsam hostiam, si in ueteri testamento requiris, inuenies. potest istud et ita intellegi factum hostiam pro peccato Christum, quia filium suum misit in similitudine carnis peccati.

II. Datus est, inquit, mihi stimulus carnis meae angelus satanae qui me colaphizet; quo modo istud accipiendum est?

Dicunt quidam apostolum saepe dolore capitis esse uexatum. melius autem puto ita accipi ut colaphizatus in illis passionibus intellegatur quas enumerauit ipse dicens: ter uirgis caesus sum, semel lapidatus sum, et cetera. stimulum

1 (I. Cor. 15, 24) 6 ib. 15, 51 12 II Cor. 5, 20—21 21 ib. 12, 7 26 ib. 11, 25

1 traditurus—patri *om. AV* 6 si[cr]bitur *P* 8 mutabimur *AV* 11 *numerum (II) om. P* 14 efficeremus *V* 16 inquid *A (corr. m. 2.)* inquid *V* 18 requires *V* 20 similitudinem *V* 21 inquid[t] *(corr. m. 2.) A* inquid *V* 22 colafizet *AV* 27 lapidatus sum ter naufragium feci et cetera *AV*

ergo carnis appellat tribulationem carnis et angelum satanae illum quo quasi inmissore tanta illa pateretur.

AD EPHESIOS.

Quo modo intellegendum est hoc, quod apostolus scribit, quod proposuerit dominus in dispensationem plenitudinis temporum instaurare omnia in Christo, quae in caelis et quae in terra sunt in ipso?

Uere mirum est, quid nunc reparetur in caelo. reparatur ergo secundum opinionem quorundam illa quae cum principe suo cecidit angelorum portio per augmentum societatemque sanctorum de quibus scribitur: sed sunt sicut angeli in caelo. reparantur quoque omnia in terra, cum etiam in locum deficientium Iudaeorum admittuntur credentes ex gentibus. et aliter: instaurantur quae sunt in terra, dum nos per mediatoris nostri sanguinem reconciliationemque reparamur. reparantur caelestia, cum de salute nostra gaudium nascitur angelorum.

II. Quid est, quod apostolus loquitur de deo patre: ex quo omnis paternitas in caelis et in terra nominatur?

Quia cum ille nobis pater primus et uerus sit, ab illius nomine deriuatur, quando alii patres appellantur.

III. Quo modo apostolus dicit: honora patrem et matrem, quod est mandatum primum, cum in mandatis, ut quidam ordinant, quarto sit loco.

Aliqui de hoc ita disserunt dicentes: tria illa mandata quae superiora sunt omnia ad deum pertinent, septem sequentia ad hominem; et tria illa ad deum pertinentia in una legis tabula tenebantur, in alia uero tabula praecepta illa erant quae ad hominem pertinebant. hoc itaque mandatum in

5 Ephes. 1, 9—10   11 Matth. 22, 30   18 Ephes. 3, 15   23 ib. 6, 2

1 et *om.* *V*   3 efesios *P*   5 quod] quo modo *V*   dns (n *del. m. 2.*) *P*   6 instrare [au] *P*   8 quod *V*   repartur *V*   13 credentis *V*   15 reparamur *om.* *AV*   29 praecepta *om.* *AV*

septem mandatis quae ad proximum pertinent primum est. alii uero qui hoc mandatum non quarto sed quinto loco, quod et nos probamus, esse confirmant, ita de hoc disputant: decalogum ipsum totum, quia in illa prima lege conscriptum est, recte primum mandatum appellari, quod utique primum faciat ordo, postea aliorum in lege consequens praeceptorum. item ex hoc aliter: honora patrem et matrem, quod est mandatum primum, et subiungit in promissione. in qua promissione? ut bene sit tibi, et sis longaeuus super terram. igitur in mandatis hoc est primum mandatum, quod habeat hanc quam supra diximus promissionem.

AD THESSALONICENSES.

I. Quid sibi uult illud, quod scribitur: spiritum nolite extinguere?

Extinguere, id est fugare per opera iniquitatis. Dauid: spiritum sanctum tuum ne auferas a me.

II. Sequitur paulo post in eodem: ut integer spiritus uester et anima et corpus sine querela in aduentum domini nostri Iesu Christi seruetur; quid hic intellegendum est?

Spiritum hic dicit illum utique sanctum, de quo supra dixerat: spiritum nolite extinguere. qui quidem cum in substantia sua non possit extingui, extinguitur nobis, cum aufertur a nobis. donum namque eius uel gratia in hominibus sicut eorum uirtutibus accenditur, ita eorum uitiis extinguitur. alii adserunt spiritum hic accipiendum esse animae ipsius intellectum atque sapientiam, de quo alio loco idem apostolus

9 Ex. 20, 12 14 I Thess. 5, 19 17 Ps. 50, 13 18 I Thess. 5, 23

3 bamus *V* 4 in *om. AV* 10 longe^{a}uus *P* 13 *inscriptio inuenitur solum in cod. Par. 2182, in ceteris deest.* 14 illud *om. AV* 15 extinguere *om. AV* 17 aferas *P* 18 ut] et *AV* 19 querella *AV* 27 a^{d}serunt *P*

dicit: et ipse spiritus testimonium reddit spiritui nostro, quod sumus filii dei. hoc est, quod ille spiritus sanctus huic intellectuali spiritui nostro testimonium reddat, quod sumus filii dei. alio quoque loco apostolus loquitur: psallam spiritu, psallam et mente, hic spiritum pro uoce ponens et uoce dicit pariter et mente psallendum.

AD COLOSSENSES.

I. Quid intellegendum est in capitulo illo in quo ad Colossenses scribitur: si mortui estis cum Christo ab elementis mundi, quid adhuc tamquam uiuentes in mundo decernitis: nec tetigeris neque gustaueris neque contrectaueris, quae sunt omnia in interitu ipso usu, secundum praecepta et doctrinas hominum, quae sunt rationem quidem habentia sapientiae in superstitione et humilitate, et ad non parcendum corpori, non in honore aliquo ad saturitatem carnis.

Perstringamus, ut possumus, locum summis obscuritatibus inuolutum. disputat contra eos qui ex Iudaeis Christiani propriis contendebant ceremoniis inhaerere. et iam supra dixerat de inprobabili eorum obseruantia in cibo aut in potu, et neomeniae eorum et sabbata umbram futurorum praetulissent. post haec rursum in consequentibus dicit: si mortui estis cum Christo ab elementis mundi, quid adhuc tamquam uiuentes in mundo decernitis? hoc est diiudicatis, quid diiudicatis? dicendo utique. ne tetigeris neque gustaueris neque contrectaueris quae sunt omnia in interitu ipso usu (quia omnia, inquit, illa quae neque contingenda neque gustanda creditis ipso usu suo, dum adsumuntur, intereunt), secundum prae-

1 Rom. 8, 16 5 I Cor. 14, 15 9 Col. 2, 20—23 21 (ib. 2, 16)

4 ^{lo}quitur *P* 5 spallam *V* 7 colosenses *(sic semper)* *AV* 11 tetigeritis *AV* gustaueritis *AV* 12 contrectaucritis *AV* 19 caeremoniis (a *del. m. 2.*) *P* caerimoniis *AV* 26 neque contrectaueris *om.* *PAV*

cepta et doctrinas hominum: quae sunt rationem quidem habentia sapientiae in superstitione et humilitate et ad non parcendum corpori. doctrinas hominum dicit, quia praecepta ipsa carnaliter intellegant praecipientes in lege prohibita non manducari, sed hoc, sicut ipse subiungit, in superstitione et in humilitate superuacua et in corporis adflictione, cui utique corpori non parcatur uel per eius modi abstinentiam uel per circumcisionem. sequitur autem: non in honore aliquo ad saturitatem carnis; ergo hoc est quod uult intellegi: omnes illae obseruationes licet obseruantiam aliquam sapientiae praeferre uideantur, quia putentur legem praeceptorum tenere, tamen in superstitione sunt, non in aliquo honore dei, quia sunt ad explendam uoluntatem obseruantia carnis.

I AD TIMOTHEUM.

Quae singularum rerum est accipienda discretio in his quas apostolus profert dicens: obsecro igitur primo omnium fieri obsecrationes, orationes, postulationes, gratiarum actiones?

Obsecrationes fiunt pro peccatis praeteritis uel praesentibus, orationes pro adipiscendis quae speramus, postulationes cum pro aliis interuenimus, gratiarum actiones, cum ea quae poscimus inpetramus, uel certe cum pro inmensis dei beneficiis gratias laudesque rependimus.

II. Locus ille quo modo accipiendus est in quo scribitur: quorundam hominum peccata manifesta sunt praecendentia ad iudicium, quosdam autem et subsequuntur?

17 I Tim. 2, 1 26 ib. 5, 24

3 non parcendo *AV* 7 cui *om. P* 8 per *omissum est in P* 10 obseruationes] rationem *A* 11 uideantur figuram *V* 14 carnalis *AV* 15 *numerum (I) om. PAV* 18 obseruationes *V* 23 i[m]npetramus *P* (m *m. 2.*) certe *om. AV* 24 grati[a]s *P*

Supra dixerat aduersus presbyterum accusationem non recipiendam nisi sub duobus et tribus testibus, et paulo post addidit: quorundam hominum peccata manifesta sunt praecedentia ad iudicium, utique dum omnibus nota sunt, quosdam autem et subsequuntur, utique dum postea in iudicio conprobantur. quod si istud aliqui in iudicio dei magis accipiendum putant, potest ita intellegi: praecedere ad iudicium illa peccata quae ante hic unusquisque commiserit, subsequi uero illa, quibus nos quidem causas dedimus, sed iam post transitum nostrum consummata intelleguntur. ergo subsequuntur nos in iudicium huius modi peccata, si uerbi gratia cui inopiae nos causas adtulimus, fame post obitum nostrum atque egestate consumptus sit.

II AD TIMOTHEUM.

Alexander aerarius multa, inquit, mala mihi ostendit, reddet ei dominus secundum opera eius. et item: percutiet te dominus, paries dealbate; quo modo haec intellegenda sunt?

Percutiet te, inquit, non percutiat, et rursum reddet, non reddat; unde fit, ut non tam maledicentis animo dicta esse uideantur quam iudicium dei atque uindictam denuntiantis. item aliter: et si per administrationem prophetiae immoto animo maledicat propheta, ut illud: obscurentur oculi eorum, dicit, quid eorum meritis debeatur. quia omnis praeuaricatio et inoboedientia accipit iustam operis atque mercedis retributionem.

1 (ib. 5, 19) 15 II Tim. 4, 14 17 Act. 23, 3 23 Ps. 68, 24 24 Hebr. 2, 2

1 presbiterium *V* 3 postea adicit *AV* 5 autem *om. AV* supsequuntur *P* subsecuntur *V* 6 quo[d]si *P* 8 emiserit *A* miserit *V* 12 attulimus *P* 13 consumtus *P* 14 *numerum (II) om. AV* 15 inqui[t]d *(corr. m. 2.) P* inquid *V* 19 inquid *V* 22 administra[tio]nem *P*

AD HEBRAEOS.

Quid in hoc sequimur, quod apostolus dicit: fide Iacob moriens singulos filiorum Ioseph benedixit et adorauit fastigium uirgae eius?

Sceptri significatio est accipienda per uirgam et per hoc regni potestatisque fastigium in quo Christus intellegitur adoratus, qui uidelicet futurus erat regni Hebraeorum caput.

DE ACTIBUS APOSTOLORUM.

I. Quid indicat illud, quod legimus: sabbati habens iter?

Id est mille passus; sabbato autem usque ad montem Oliueti ire Iudaeis licitum erat, uel certe sicubi fuissent, tanto spatio deambulandi licentiam praesumebant.

II. Spiritus sanctus quo modo ante ascensionem a saluatore secundum euangelistam Iohannem apostolis insufflatur, cum secundum actus apostolorum post decimum ascensionis diem in apostolos missus sit?

Multae sancti spiritus gratiarum donationes sunt secundum illud, quod apostolus dicit: alii quidem datur per spiritum sermo sapientiae, alii sermo scientiae secundum eundem spiritum, alii gratia sanitatum in uno spiritu, et cetera. igitur ante ascensionem gratiam sancti spiritus acceperunt qua possint peccata dimittere et baptizare et credentibus spiritum adoptionis infundere; secundum quod et tunc, cum eis a saluatore spiritus insufflaretur, dictum fuerat: quorum remiseritis peccata remittentur eis et quorum retinueritis retenta erunt. at uero post ascensionem multo maiorem sancti spiritus gratiam perceperunt in operatione uirtutum et gratia

2 ib. 11, 21 9 Act. 1, 12 14 (Ioh. 20, 22) 15 (Act. 2, 4) 18 I Cor. 12, 8—9 25 Ioh. 20, 23

1 hebreos *AV* 4 ad//orauit *P* 10 id—passus *pertinent ad interrogationem AV* 11 oliuiti *P* 16 est *AV* 22 dimitere *P* 24 insiflaretur *V* 26 remittuntur *AV* retenueris *P* 28 perciperunt *P* gratias *V*

sanitatum et diuersarum perceptione linguarum iuxta illud, quod eisdem eodem die promissum fuerat, ut baptizarentur spiritu sancto et induerentur uirtute qua euangelium Christi uniuersis possint gentibus praedicare. in hac ergo perceptione sancti spiritus secundum dominicae gratiae distributionem apostolorum demonstratur profectus, non compugnantium diuersitas scripturarum. et aliter, quare bis datus sit spiritus sanctus, egregie quidam doctor exposuit dicens de eo, quem primum hic saluator per se ipsum dedit et de caelis postea misit, ut significaretur dilectio proximi et dilectio dei, quae in cordibus sanctorum per spiritum sanctum diffunditur qui datus est eis.

III. Ad euangelizandum dei uerbum qui apostoli quibus sese orbis partibus intulerunt?

Quantum narrat historia, Bartholomaeus in Indos, Thomas tetendit in Parthos, Matthaeus Aethiopes, Andreas Scythas praedicatione molliuit, Iohannes Asiam diuino sermone correxit, Petrus Cappadociam atque Galatiam, Bithyniam pariter et Pontum prouinciasque confines, dum Iudaeis praedicans cirumit, postremo Romam inlustraturus accessit. Paulus ab Hierusalem usque Illyricum cum euangelio repleuisset, tam innumeras ac dispares nationes praeceptis tamquam armis uictor edomuit.

IIII. Cum in actibus apostolorum primum legatur: uiri autem qui comitabantur cum eo, hoc est cum apostolo, stabant stupentes, audientes quidam uocem, neminem autem uidentes, quo modo postea apostolus dicit: et qui mecum erant lumen quidem uiderunt, uo-

2 (Act. 1, 5) 11 (Rom 5, 5) 21 (Rom. 15, 19) 24 Act. 9, 7 28 ib. 22, 9

2 eisde *PV* 13 qui—edomuit *inueniuntur in S* quia apostoli sese orbis partibus intulerunt *P* 15 bartholomeus *PAV* 16 scithias *S* scytas *AV* 17 moliuit *S* 18 bytyniam *AV* beithaniam *S* pa[ri]ter *P* 19 confinis *P* 20 circuit *SV* 21 illiricum *S* cum *om. S supra lin. P* repliuis//sit *S* 22 in[nu]meras *P* despares *P*

cem autem non audierunt eius qui loquebatur mecum?

Superius ubi audisse uocem referuntur a deo, non uocem sed inconditum sonum uocis acceperunt, ut eos postea dicat uocem non audisse, id est, expressam uerborum significantiam qua possint intellegere, quod sonabat. ac perinde idcirco diuersa uice et audisse et non audisse referuntur, quia quantum ad sonum pertinet, audierunt, quantum ad uerba, non audierunt.

V. Quare prius communis cibus uocabatur qui putaretur inmundus?

Quod contra interdictum tunc dei in commune ceteris pateret hominibus qui in ciborum discretione legis obseruantiam non tenebant per quam Iudaei partem dei se esse iactabant. purificatus est autem etiam domino dicente ad Petrum: quae deus purificauit ne tu commune dixeris.

VI. Quid illud est, quod in actibus apostolorum duodecim illi qui Iohannis baptismo baptizati fuerant baptizantur a Paulo?

Hoc idcirco, quia non in nomine trinitatis baptizati erant. baptismum enim Iohannis licet in eum qui uenturus est baptizaret, tamen proprie Iohannis baptismus dicebatur; unde et ab hereticis uenientes non baptizantur a nobis, si baptizatos constat in nomine trinitatis, nisi inpositio tantum manus ad fidem rectam conuersis adhibetur, ut per hanc sancti spiritus suscipiatur infusio.

10 (ib. 10, 15) 16 ib. 10, 15 19 (ib. 19, 3—5)

3 adeo *AV* 4 acciperunt *P* 5 expraessa *V* 13 pa//teret *P* 14 iudae^{i} *P* 15 domino *om. V* 16 petro *V* 18 quid—infusio *leguntur in S* d^{o}udecim *P* duodicim *S* 19 iterum baptizati *S* qui iohannis *om. V* 21 eo *S* 22 baptismus^{um} *V* 22 erat *S* 23 propriae *S* dicitur *S* 24 haereticis *S* uenientis *S* 26 hoc *S*

DE EPISTULA IACOBI.

Quo modo dicitur: deus intentator malorum est et ipse neminem tentat, cum nihilo minus scriptum sit: tentat uos dominus deus uester?

Tentatio domini probatio appellatur; neque enim ille quemquam tentat in passionibus, sed a concupiscentiis nostris illa tentatio est, cum humiliati deicimur. a domino est tentatio, cum probati glorificamur, et ideo dominus intentator malorum est.

DE EPISTULA IOHANNIS.

I. Quo modo perfecta caritas foras mittit timorem, cum rursum scribatur: timor domini castus permanet in saeculum saeculi?

Quisquis deum diligit, utique absque deo esse formidat. hic est timor dei qui permanet in saeculum saeculi, igitur timor hic de perfecta domini caritate descendit; ac uero alius timor ille de temporariis rebus nascitur quarum saepe amissionem ueremur. hunc timorem foras mittit diuinae perfectio caritatis.

II. Item Iohannes in epistula sua ponit: tria sunt quae testimonium perhibent, aqua, sanguis et spiritus; quid in hoc indicatur?

Simile huic loco etiam illud mihi uidetur, quod ipse in euangelio suo de passione Christi loquitur dicens: unus militum lancea latus eius aperuit et continuo exiit sanguis et aqua; et qui uidit testimonium perhibuit. et in eodem ipse de Iesu supra dixerat: inclinato capite tradidit spiritum. quidam ergo ex hoc ita

2 Iac. 1, 13 4 Deut. 13, 3 11 (I Ioh. 4, 18) 12 Ps. 18, 10 20 I Ioh. 5, 8 24 Ioh. 19, 34—35 27 ib. 19, 30

1 *inscriptio legi nequit in P, ‚de epistolis apostolorum' AV* 2 intemtator *(semper) PAV* 16 discendit *V* 20 item—super se *exhibentur in S* ponit dicit *S* 22 dicatur *S* 23 ipse—suo *om. S* 25 lancia *S* 26 exit *S* 27 eudem ipso *S*

disputant: aqua baptismum, sanguis uidetur indicare martyrium, spiritus uero ipse est qui per martyrium transit ad dominum. plures tamen hic ipsam interpretatione mystica intellegunt trinitatem, eo quod perfecta ipsa perhibeat testimonium Christo: aqua patrem indicans, quia ipse de se dicit: me dereliquerunt fontem aquae uiuae, sanguine Christum demonstrans, utique per passionis cruorem, spiritu uero sanctum spiritum manifestans. haec autem tria de Christo testimonium ita perhibent ipso in euangelio loquente: ego sum qui testimonium perhibeo de me, et testimonium perhibuit de me qui misit me pater. et item: cum autem uenerit paraclitus quem ego mittam uobis, spiritum ueritatis, qui a patre procedit ille testimonium perhibet de me. perhibet ergo testimonium pater, cum dicit: hic est filius meus dilectus, filius, cum dicit: ego et pater unum sumus, spiritus sanctus, cum de eo dicitur: et uidit spiritum dei descendentem sicut columbam uenientem super se.

III. Quid est, quod rursum in epistula sua profert esse pro quo non debeat orari peccatum usque ad mortem?

Utique usque ad mortem peccat ille peccator qui in huius temporariae uitae cursu paenitentiam non agit. hac ratione illud quoque oportet intellegi: qui autem blasphemauerit in spiritum sanctum non remittitur ei neque hic neque in futurum. blasphemat enim qui diuinis promissis

6 Hier. 2, 13 10 Ioh. 8, 18 12 Ioh. 15, 26 15 Matth. 3, 17 16 Ioh. 10, 30 17 Matth. 3, 16 20 (I Ioh. 5, 16) 24 Matth. 12, 32

1 martirium *S* 2 spiritus—martirium *om. S* martirium *AV* transiit *S* 3 interpraetationem *PAV* 4 praefecta *S* 5 patrem] petra *P* dicens *S* 6 derelinquerunt *S* 11 me misit *S* 12 item] iterum *S* 14 perhibebet *(priore loco) S* 16 filius filius *V* 18 discendentem *SP* et uenientem *S* 19 se] eum *S* 20 *EXPL. EUCHERII LIBRI TRES (rubro colore) S* 21 ad *om. P* 22 utique—mortem *om. AV* 25 remittetur *AV* 26 blasfemat *(ut supra) P*

spirituique sancto minime credens in quo est remissio peccatorum reconciliari deo in hac uita per satisfactionis opera detrectat.

IIII. Quid significat, quod in eodem legimus mundum in maligno esse positum?

Non quod a deo mundus in maligno sit positus, sed quod uitia hominum in mundo uiuentium sint maligna; hoc modo etiam illud patebit, quod scriptum est: quia dies mali sunt.

DE APOCALYPSI.

I. Qui sunt illi septem spiritus dei qui in apocalypsi commemorantur?

Hi sunt quos et propheta Esaias enumerat: spiritus sapientiae et intellectus, spiritus consilii et uirtutis, spiritus scientiae et ueritatis, spiritus timoris dei, in quibus tamen spiritalia opera significant. omnia autem illa operatur unus atque idem spiritus.

Et quidem haec de opinionibus doctissimorum uirorum exigenti tibi a me prolata sunt. si quis tamen in praedictarum quaestionum disputationibus adtulerit quae magis probentur reprehendens pertinaciam, quae in plerisque esse solet, non abnuo me secuturum esse meliora.

4 (I Ioh. 5, 19) 8 Ephes. 5, 16 11 (Apoc. 1, 4) 13 Es. 11, 2 17 I Cor. 12, 11

2 satisfactionem *AV* 3 de//trectat *P* 10 apocalipsi *A* 16 opera spiritalia *AV* 19 *II* et *(num. eras.) P* 21 quaestionum (a *delet.*) *P* 22 repraehendens *P* 23 ab uno *V* sequuturum *V* *EXPLICIT DE QUAESTIONIBUS LIBER PRIMUS INCIPIT LIBER SECUNDUS (rubro colore) P* '*Explicit de quaestionibus. incipit liber secundus*' *AV*

LIBER SECUNDUS.

PRAEFATIO AD SALONIUM.

Quoniam, fili carissime, superiore libro propositionibus tuis se rettulit iam crebra responsio, et uereor, ne adsiduae interrogationes, ut fit plerumque, legenti generent ex satietate fastidium, meo nunc nomine ea quae spoponderam opus uariaturus adnectam singula quaeque, ut ordine ipso magis clareant, per species suas diuidens ac titulis suis subdens. et primo ueniam ad Hebraeorum nominum interpretationem e quibus certa quaeque et celebriora breuitatis causa ponam.

DE NOMINIBUS HEBRAICIS.

Adonai in Latinum significat dominus. Sabaoth exercituum siue uirtutum aut, ut aliqui uolunt, omnipotens. Iesus saluator. Nazareus sanctus. Messias unctus, id est Christus. Michael, qui sicut deus. Gabriel fortitudo dei. Raphael medicina dei. Adam homo siue terrigena. Eua uita siue calamitas; miror, unde apud Hebraeos interpretatio huius nominis tam diuersa sit, nisi forte ideo, quod eadem et edendo homini uitam adtulerit et transgrediendo calamitatem, aut quod mulier aliis interdum uita, aliis est calamitas. Abel luctus uel miserabilis. Cain possessio uel lamentatio. Enoch dedicatio. Matthusala mortuus est et misit. Noe requies. Sem

2 *inscriptio decst in SPGAV* 3 propositionis *S* 4 interrogationis *S* 5 satietati *P* anxietate *S* 9 interpraetationem *S* 10 e *om. S* 11 hebreicis *G* hebreorum *A* hebreis *V* de hebraeorum nominum significationibus *S* 12 dicitur *G* exercit^{u}m *S* 15 micael *S* raphael —dei *om. PA* rafahel *SGV* 16 medicina] nuntius *S* terregina *PA* terrigina *S* 17 aput *S* interpraetatio *PGS* 19 uita *S* 22 mattusala *PG* mathusalam *SA* matusala *V* emisit *V*

nominatus. Cham calidus. Japheth latitudo. Lot declinans siue uinctus. Melchisedec rex iustus. Abram pater excelsus. Abraam pater uidens populum uel pater multarum, id est gentium. Sarri princeps mea. Sarra princeps; notandum quod utrisque nominibus, id est Abraae uel Sarrae, tantum *a* litteram dominus addiderit quae tamen apud Hebraeos per *e* legitur. Agar aduena uel conuersa. Ismael auditio dei. Isaac risus, non tamen, ut quidam putant, ideo sic appellatus, quia Sarra riserit, sed quod Abraam qui tunc utique prior risisse indicatur. Rebecca patientia siue quae multum acceperit. Iacob supplantator. Israhel uir uidens deum, sed melius princeps cum deo. Lia laboriosa. Rachel ouis uel uidens deum. Ruben uidens filius siue uidens in medio. Symeon audienti tristitias. Leui adpositus siue additus. Iuda confitens siue glorificans. Zabulon habitaculum pulchritudinis. Isachar est merces. Dan iudicium aut iudicans. Gad tentatio. Aser latitudo siue beatus. Neptali conuersantes. Beniamin filius dexterae. Ephraim frugifer siue ubertas uel Augentius Latine. Manasse oblitus. Esau roboreus siue aceruus lapidum. Cedar tenebrae uel maeror. Iob magus uel dolens. Amalec populus lambens siue restinguens. Moses adsumptio uel liniens. Aaron mons fortitudinis. Pharao denudans eum siue dissipator eius; sed Pharao nomen est non hominis sed dignitatis, sicut et apud nos Augusti appellantur reges, cum propriis nominibus

1 iafeth *PSGAV* loth *SGAV* 2 uin(c)tus *P* uictus *S* unctus *AV* melchisidec *P* melchisedech *S* abraam *V* 4 sari *A* sara *S* sa(r)rai *V* princens *S* princens//excelsa *S* princeps mea *AV* notandum—legitur *om. S* 6 ellegitur *P* (*sed* el *eras.*) 7 ismahel *AV* smahel *S* auditio—isaac *om. AV* 10 mult(or)um *S* (*corr. m. 2.*) accip(e)irit (*corr. m. 2.*) *S* acciperit *AV* 11 subplantator *S* sed—uidens deum *om. S* 13 simeon *SGAV* 14 audiens *S* (*corr. m. 2.*) 15 glorificat *S* zabolon *S* 16 mercis *PSV* merces *A* temtatio *PAV* gath *S* 17 neptalim *G* 18 efraim *PSAV* augentibus *AV* 19 mannasse *S* chedar tenebre meror *S* 20 amelec *P* 21 reslingens *P* siue restinguens *om. S* (*sunt in marg.*) le(i)niens *S* 22 farao *PAV* dispensator *V* 23 sed—hominis *om. S* 24 aput *S*

censeantur. Pharao tamen ille submersus in mare rubrum proprio uocabulo Cenchres uocitatus est. Iosue saluator. Athoniel tempus eius deus uel responsio dei. Aod gloriosus. Semegar nomen adueniens siue ibi colonus. Barac fulgurans. Delbora apis uel loquax. Gedeon tentatio iniquitatis eorum. Abimelec pater meus rex. Thola uermiculus uel coccinum. Iair inluminans. Iepte aperiens uel apertus. Esebon cogitatio siue cingulum maeroris. Achialon uiuens deo uel uidens deum. Abdo seruus eius. Samson sol eorum uel solis fortitudo. Dalila paupercula uel situla. Heli deus meus. Samuel nomen eius deus. Saul expetitus siue petitio. Iessai insulae holocaustum uel sacrificium. Dauid desiderabilis siue fortis manu. Ionatham columbae donum uel domini donum. Abessalon pater pacis. Salamon pacificus, idem est ecclesiastes, id est contionator, idem et Idia, id est dilectus domini. Roboam latitudo populi. Abia pater dominus. Asa tollens siue sustollens. Iosaphat domini iudicium. Ioram quis est excelsus. Achazias adprehendens dominum. Athalia tempus domini. Ioas sperans siue temporalis. Amasias populum tollens. Ozias fortitudo domini. Azarias auxilium domini. Isatha est perfectus. Adhaz adprehendens. Ezechias fortitudo domini. Manasses obliuiosus uel quid oblitus est. Amon fidelis uel nutritius. Iosias, ubi est incensum uel domini salus. Ioachaz

1 tunc pharao *S* (tunc *in ras.*) 2 cingr^{i}//s *(sic)* *S* cincheres *A* cinchres *V* iosuae *V* 3 athonihel *AV* asth//onihel *S* dei *om. S* 4 semigar *S* ibi et *S* (et *addit. m. 2.*) barach *G* sibi fulgurans *S* 5 ap^{i}es *(corr. m. 2.)* *PSAV* 6 uermicolus *P* 7 zair *S* //epthe *S* 8 cingulum] uinculum *S* 9 sam//son *S* sampson *A* uel *om. S* 10 samuhel *S* samu^{e}l *P* 11 iesse *S* 13 ionathan *SA* 14 pacis p̣ạc̣ịf̣ịc̣ụṣ *(deleuit m. 2.)* *S* salomom *SAV* ecclesiastis *S* 15 ididia *P* *(sed prima syllaba est erasa)* ididia *(altera syllaba erasa)* *V* 17 sostolens *S* iosafath *S* 18 achodias *S* adpraehendens *PSV* deum *S* 20 isathai *V* isatha *SGA* 21 ahac *S* achaz *A* acoz *G* adpraehendens *PS* 22 qui *S* quia *A* 23 nutrius *P* nutricius *S* *folia sunt in P permutata et sequentia leguntur fol. 28ª post expositionem ‚de idolis'*

robustus. Ioachim cuius est praeparatio. Eliacim dei resurrectio. Iechonias praeparatio dei. Sedecias iustus domini. Ieroboam diiudicans populum uel diiudicans supernos. Nabe latratus. Baasa pinguedo. Haelam saeculi uel orbis. Zamrim psalmus uel canticum meum. Omri crispans meus. Achab frater patris. Iezabel fluens sanguinem uel ubi est sterquilinium. Ochozias adprehendens dominum. Ioram qui est excelsus, sed melius sublimabitur. Iehu ipse uel est. Joatha robustus. Zaccharia memor domini. Sella umbra eius uel petitio. Manahem consolans. Facias aperiens. Helias domini dei. Heliseus dei mei salus. Osee saluator. Iohel incipiente deo siue est deus. Amos potens uel fortis aut populum deuellens. Abdia seruus domini. Iona columba uel dolens. Micha quis iste. Naum germen siue consolatio. Habacuc amplexans. Sophonias abscondens eam. Aggeus festus siue solemnis. Zaccharia memor domini. Malachias angelus meus. Esaia solus domini. Hieremia excelsus domini. Hiezechiel fortitudo domini. Daniel iudicium dei. Iudith laudans aut Iudaea. Ioseph auctus. Maria inluminata siue stella maris, sed sermone Syro domina. Simon pone maerorem uel oboediens. Petrus agnoscens. Bariona filius columbae, Syrum pariter et Hebraeum. Cephas Petrus, Syrum est. Paulus mirabilis. Saulus tentatio respicientis uel securitas. Andreas uirilis, Graecum est. Iacobus supplantator. Iohannes

1 rubustus *P* ioachas *V* zoachas *S* eliaci *V* heliachim *G* 2 sedechias *V* iustus deus *S* 3 hieroboam *S* uel iudicans *S* naue *S* 4 bausa *V* saeculum *S* urbis *GV* zamrim *P* zamri *SGAV* 6 zezabel *S* 7 Ochozias—sublimabitur *ex praecedentibus sunt repetita;* ochozias adpraehendens *desunt in S* 8 melior sublimator *S* 9 rubustus *P* 10 consulans *P* faci[a]es *P* faceas *VG* //aci//as[tha] *S* 12 fort//is *P* 13 abdias *S* 14 micheas *SG* michea *AV* consulatio *P* 15 ambacum *S* soffonias *S* 16 Zaccharia memoria domini *sunt repetita e superioribus, sed desunt in S* 17 isaia *PGAV* esaias *S* 18 hiezeicchel *S* danihel *S* 19 iudaea *om. A* ioses *PAV* 20 stilla *PS* maeroremue *S* 22 sirum *S* pater hebraeorum *A* cefas *PGAV* chefas *S* sirum *S* 23 respicientis *om S* respicientes *V* 24 subplantator *SG*

domini gratia. Philippus os lampadarum. Bartholomaeus filius suspendentis aquas. Thomas abyssus uel geminus, unde et Dydimus Graece dicitur. Matthaeus donatus, idem appellatus est Leui. Lebbeus corculus, id est a corde, ipse est et Thaddeus, ipse est et Iuda Iacobi. Chananaeus possidens siue possessio; ita autem dictus Simon a uico Chana, ipse est et zelotes. Iscarioth memoriale domini uel memoria mortis; hoc uero nomine appellatus est Iudas a uico in quo natus est. Marcus excelsus mandato. Lucas ipse consurgens siue ipse leuans. Stephanus norma uestra, Graeco autem sermone coronatus. Pontius declinans consilium. Pilatus os malleatoris. Barabbas filius magistri eorum, absque dubio Iudaeorum magistri qui est diabolus. Eden in Genesi delicias. Iudaea confessio. Hierosolyma uisio pacis. Sion specula, et recte, nam haec ciuitas Dauid in monte constructa est. Babyllon confusio siue translatio. Aethiopia tenebrae. Aegyptus tribulatio siue tenebrae. Tyrus angustia. Romani sublimes uel tonantes. ʽΡΩΜΗ uirtus, Graecum est. Sinai mensura siue mandatum siue tentatio uel amphora mea. Gehenna uallis gratuita; quidam aestimant appellatam hanc a ualle Gehennon quae est iuxta murum Hierusales. Hebraei transitores. Sadducaei iustificati. Pharisaei diuisi. Galilaei uolubiles. Samaritae custodes, eo quod a Babylloniis illic ad custodiam conlocati sint Iudaeorum.

1 bartholomeus *PSGAV* 2 habissus grece *S* 3 didimus *SA* didymus *V* matheus *S* 4 leuui *P* 5 thadeus *V* taddeus *S* thaddeus ipse est et *om. A* est et *om. S* 5 chaneus *P* chananeus *AV* cananeus *S* 6 symon *V* 7 zelotis *P* iscariot *G* scariothes memoria domini uel memoriale *S* scarioth *AV* 9 excelso *S* 10 stefanus *PSA* 13 diabulus *P* iudea confessio *om. AV* 14 hierusolima *S* hierosolima *V* 15 constructa] constituta *S* babilon *S* 16 confessio *P* hethiopia *S* aegiptus *S* 17 siue tenebrae *om. AV* tirus *S* 18 roma//[e] *S* grecum *S* sina[i] mensuram *S* 19 temtatio *P* 19 anphora *V* ge//[h]enna *S* ballis *S* 20 a *om. A* uelle *V* 21 hierusalem *SGAV* sadducei *et* gallilei *PSGAV* 22 farisaei *V* samarita//[e] *S* 23 babilonis[i] *S*

Cum in ceteris tum et in hoc abundanter liquet, scriptura omnis sacra quam uere diuina sit ac plena mysteriis, quando ita congruant rebus nomina effectibusque respondeant. sicut Dauid qui exprimitur in Latinum fortis manu utique fortissimus omnibus fere bellis extitit, Salamon pacificus utique in pace regnum administrauit, Daniel iudicium dei utique in presbyterorum iudicio sententiam diuinae disceptationis exhibuit. unde quid mirum, si ii futura prophetauerint quorum etiam nomina, sicut res edocet, prophetiam sonant? sed iam de uariis uocabulis interpretationem ponamus.

DE UARIIS UOCABULIS.

Alleluia in Latinum sonat laudate dominum; ia enim unum est de decem nominibus dei quae apud Hebraeos habentur. Amen uere siue fideliter. Diapsalma semper, id est, quod illa quibus hoc adnectitur sempiterna esse confirmet a deo, non conmutationem metri significat, ut quidam existimant, uel spiritus prophetici refectionem. sunt etiam qui diapsalma et ideo scribi putent, ut ex hoc siue personarum siue sensuum intellegatur esse conuersio. Osanna saluifica siue saluum fac. Osia enim saluifica interpretatur, anna interiectio est deprecantis, ergo integre dicitur Osianna; sed dum corripitur aut corrumpitur, sonat Osanna; est autem sensus: saluum fac, ut subaudiatur uel populum Israhel uel totum mundum.

1 habundanter *P* 2 sagra *S* uera *S* 4 qui *om. AV* expremitur *S* 5 omnium *S* existit *PA* salomo *VG* 6 administrabit *S* danihel iudicium dicium dei *S* 7 presbiterorum *S* exceptationis *S* 8 hii *S* 9 edocit *S* 10 uocabolis *S* interpraetationem *S* 11 *inscriptio deest in AV* uocabolis *S* 12 laudate siue glorificate *S* 13 decim *AV* aput hebreus *S* 14 filiter *P* semper] sempiterna *S* 15 haec *S* sempaeterna confirmit *S* adeo *P* 16 commutationem *S* 17 propheteci *S* quia *P* diapalma *S* (s *superscr.*) 18 potent *S (corr. m. 2.)* (a *superscr.*) 20 siue saluum fac populum tuum hoc iam enim interpretatur anna *S* interpraetatur *P* depracgantis *S* 21 osinenan *S* 22 sensus o domine *S* 23 uel *pr. l. om. S* israhel *S*

Rhama excelsa, in euangelio: uox in rhama audita est, id est in excelsis. est tamen et ciuitas quae Rhama appellatur. Racha uanus aut inanis. Rabbi magister meus, Syrum est. Abba pater, et hoc Syrum est. Man quid? Manna quid est hoc? Anathema perditio. Maranatha dominus noster uenit, Syrum est. Anathema autem Maranatha, sicut quidam dicunt, perditio in aduentum domini. Mammona diuitiae. Theraphim figurae uel imagines melius quam incendia. Seraphim uel Seraphin ardentes uel incendentes iuxta illud: qui facit angelos suos spiritus et ministros suos ignem urentem. ergo Seraphin uirtutes in caelis esse confirmant quae deum laudent et in ministeria diuersa mittantur. Cherubin scientiae multitudo, ceterum Cherubin ipsum in sancta sanctorum duo tantum significantur animalia; aliis uero locis, ubi hoc nomen legitur, aut picturam aliquam indicat aut uarietatem.

DE EXPOSITIONE DIUERSARUM RERUM.

Mandragora in Genesi genus pomi simillimum paruo peponi specie uel odore. Mazuroth in Iob ΖΩΙΔΙΟΣ quae duodecim signa mathematici adserunt. Fath KLIMA, id est plaga ut meridiana uel occidentalis. Rhamnus in psalterio non rubus est, sed spinarum genus sentibus permolestum. Rhomphea gladium in Latino sonat, nam ubi in Genesi dicitur gladius flammeus atque uersatilis, in Graeco rhomphea

1 Matth. 2, 18   9 Ps. 103, 4

1 rama *(semper)* *S*   2 r[h]ama *P* rama *A*   3 sirum *S*   4 et hoc *om.* *S*   5 marunatha in domini aduentum sirum est *S*   7 therafim *PAV*   theraphin—incendia *om.* *S*   8 serafin—m *PSAV*   uel serafin *et* uel incendentes *om.* *S*   9 illud psalmi dictum *S*   11 in] ad *A*   13 chaerubin *V*   14 ali[s]i *P*   15 indicant *S*   17 exposione *S*   19 peponis speciae *S*   mazuroth *P* maioroth *S* mazoroth *AV*   ξωίδιος *scripsi* ΖΩΔΙCIC P ΖΩΔΑΙΟCC *S* ΖΩΝΟΣ *G* ζαωσις *A* ζωαισις *V*   20 duodicim *S*   KLIMA *PAV* ΚΑΙΑΑΑ *(sic)* *S* ΚΑΙΜ *G*   21 ramnus spinarum genus in psalterio *S*   23 latinum *S*   24 greco *S*

ponitur. Framea hastae longissimae sunt quibus etiam nunc Armorici utentes hoc nomen tribuunt; quidam ita etiam gladios significari putant. Capparis in Salamone frutecti genus in Oriente simile lentisco. Palathae in Regnorum massae quae de recentibus ficis conpingi solent; Palathae Graecum est. Debelaim in Osea propheta Palathas dicunt. Dabir in Regnorum oraculum quod erat factum in medio in interiore parte templi in quo et arca domini erat, hoc appellabatur sancta sanctorum. Byssus genus serici grossioris pariter et fortioris. Phoenicium in Esaia coccinum. Luteres in Regnorum conchae uel canthari aquarii; sed et cantharus Graecum nomen est. Latomi in Regnorum lapidum caesores, et hoc Graecum est. Greagrae in Paralipomenon fuscinae ad carnes de caldariis proferendas, Graecum est. Sambucae in musicis genus symphoniarum. Nablum quod Graece appellatur psalterium quodque a psallendo dictum est, ad similitudinem est citharae barbaricae in modum deltae litterae. Tympanum quod extenta pelle uel corio efficitur. Cinari, ut quidam putant, acitabula quae percussa in modulos concitantur. Thyina ligna. de his Salamon gradus fecit in domo domini, incognita ligna etiam peritioribus Iudaeorum. Sethim in pentateucho spinarum in heremo genus est e quibus lignum inputribile. Sabeth uirgulti apud Hebraeos nomen est, in Genesi: ecce,

23 Gen. 22, 13

1 ponitur] dicitur *S* astae *S* 2 ita *om. S* 3 kapparis *S* capparus *AV* 4 palata[h]e *P* palatae *SAV* palathae massae fici in regnorum *S* 6 debela[i]m *P* osee *SGV* osae *A* palata *SGA* palatus *V* dauir *S* 8 archa *S* 9 bissus *S* 10 *post* fortioris *legitur in GAV:* sunt quidam, qui et genus lini esse byssum putent (quidam *et* byssum *om. AV* putant *G*) foenicium *PGAV* fenicium *S* isaia *P* 11 concae *et* cantari *SGAV* 12 latomi—caesores *om. S* cetores *V* 14 proferendas] producendas *S* prophestendas *V* 15 symfoniarum *P* simphoniarum *GAV* simphoniarum in uisione danihelis *S* 16 quoque *S* psallendum *A* 17 timpanum *SA* 19 acetabula *G* caenari—acetabula percusso in modolo concitantur *S* theina *S* 20 domo] templo *S* 21 pertioribus *S* setthim *S* sectim *AV* in pentateucho *om. S*. 22 herimo *P* 23 uirgultae *AV* aput *P* hebreos *PS*

inquit, aries post tergum eius tenebatur in uirgulto Sabeth. Lebetae aenei minores in usum coquendi parati in Paralipomenon: pacificas uero hostias coxerunt in lebetis et caccabis et ollis. Cophinus corbis. Hydria uas aquarium. Condi in Genesi poculum uel scyphum. Lecythum in Regnorum ampulla olearia. Lenticula in libro Regnorum uasculum ex aere habens oleum quo unguebantur in regnum. Parapsis acitabulum maius; aliqui et catinum ita appellari putant. Epistylia in Regnorum quae super capitella columnarum ponuntur, Graecum est. Maechonoth in Regnorum fulturae quas bases appellamus. Topazion lapis pretiosus in quo, sicut aliqui adfirmant, omnium lapidum colores refulgent. Corbana gazophylacium, Corbona autem interpretatur oblatio. Chasma in Luca hiatus, Graecum est. Erisybe in propheta aerugo, id est rubigo messium, Graecum est. Zizania lolium. Sicera succus ex dactulis et omnis praeter uinum liquor qui ad bibendum aut pomis aut quolibet genere conficitur sicera nuncupatur. Nardum pisticum nardum fidele, id est sine inpostura, Graecum est. Nardum spicatum, ab eo quod species ipsa nardi in modum spicae sit quae infusa conficitur. Alabastrum genus marmoris pretiosi ex quo euangelici illius unguenti uasculum erat. Stadium in euangelio spatii certa dimensio; octo stadia mille passus efficiunt.

3 II Par. 35, 13

1 tenebatur cornibus *S* 2 sabith *S* leuetac *S* labetes *AV* 3 pa//gificas (h *supra*) *P* paceficas *S* 4 et *ante* caccabis *om. S* cofinus *PAV* copinus *(sic) G* coffinus *S* corues *S* 5 ydria *PAVG* hidria *S* condy *P* condes *S* scyfum *PGAV* sciphum *S* 6 lecytum *PGAV* lecitum *S* olearea *S* 7 aere factum *S* unguebatur *S* 8 regno *S* 9 epistelia *S* 10 mechoroth *S* 11 thopadion *S (sic semper)* 12 praetiosas *S* pr//etiosus *P* 13 gazofylacium *PGAV* gazofilacium *G* corbana *(altero loco) P* 14 interpraetatur *P* casma *S* hyatus *V* 15 erisybae *V* erisebe *S* erisibe *G* erugo *PGAV* rubico *S* 16 dactolis *P* dactulis *AV* dactilis *G* tactulis *S* 17 binum *S* ex pomis aut ex *S* 19 inpustura *S* 20 spice (a *supra*) *P* 21 conficetur (i *supra*) *P* conspicitur *V* 22 ungenti *P*

Haec nomina quae subsequuntur in Exodo uel in Regnorum libris his reperiuntur locis quae arcae uel tabernaculi aut templi domini relationem continent. quorum nominum uocabula haec quae obscuriora sunt in translatione ueteri habentur; haec uero quae lucidiora apparent nouae translationis textu continentur.

Uetus ergo translatio habet speroteres, noua ferulas. calamiscos calamos. troiscos uel cariscos quasi in nucis modum deformatos. anconiscos incastraturas. aspidicas uncinos. fimbrias catenulas. scytalas uectes. lapidibus acrotomis dedolatis. degraphidem celaturam. petalis lamminis. perimetrum lineam. spiras capitella columnarum uel sicut puto facturam earum. aelam porticum, sed melius interpretatur ante fores siue uestibulum, ergo aelam Hebraeum est. cetera quae superius sunt Graeca sunt maxime. item in Ezechielis extrema parte in uisione ciuitatis in ueteri translatione habet pastophoria, in noua gazophylacia, id est cellulas paruas. thee thalamos. aileu frontem. aelaumoth uestibulum. polyandriun multitudines. spithames palmus. gissus definitio. manaa sacrificium. in Regum cenotaphia simulacra quae Graece ΜΟΡΦΩΜΑΤΑ. sed haec hactenus. nunc etiam illud accipe, ut quaedam nomina prius scriptura appellauerit et ut nunc uocentur.

1 exhodo *P* 2 his—locis *om. S* repperiuntur *P* uel] aut *S* tauernaculi *S* uel *S* 3 relatione *S* 4 ^{h}abent *P* 5 no^{a}ue *P* 7 habit *S* nouas ferolas *AV* noua uero *S* 8 cariascos quasi *S* 9 deformatas *AV* deformatur *G* anconiscos incastraturas ***leguntur post*** uncinos *in S* aspedicos *AV* 10 uestes *AV* archotomis id est *S* 11 caelaturam *G* patulis *S* parimetum *S* 13 eorum *PAV* helam *S* elam *G* interpraetatur *P* 14 foris *S* 15 maximae *S* graecum est *S* hezechielis *P* 17 pastoforia *PSGAV* gazofilacia *PSAV* gazofylacia *G* 18 thae *V* thalamus *S* elaumoth *SG* polyandrion *AVS* 19 multitudinis *S* palmos *S* gessus defenitio *S* 20 regnum *AV* cenotafia *PGAV* cinothafia *S* 21 mortomata *S* actenus *S* 22 accepe *S* ut *supra lin. P*

DE GENTIBUS.

Gomor in Genesi Galatae, id est Galli qui a candore corporis primum Galatae appellati sunt, e quibus populi quondam in Orientis longinqua migrantes primum Gallograeci, nunc antiquo Gallorum nomine Galatae uocantur. Magog Scythae, quidam Gog et Magog Gothos putant. Tubal Hiberi qui et Hispani.

Thiras Thraces. Thogorma Phryges. Madai Medi. Iauan Iones qui et Graeci, unde et mare Ionum. Cetthii Citii, id est Cyprii apud quos et urbs Cittium uocitatur. Dodanim Rhodii, ex his Graecorum nationibus extitere qui a Tauro monte usque ad occidentalem Oceanum maritimam oram occupauerunt. hae omnes gentes de Iaphet stirpe descendunt.

Chus Aethiopia. Mesraim Aegyptus. Chasloim qui postea Philistini nunc Palaestini, idem tamen et Allophyli, idem et alienigenae appellati sunt: horum ciuitas Ascalon. Saba Arabia, Saba uocitatur et regio in qua nunc Sabaei. Euila Getuli. Labain nunc Libyes, quondam Futhei appellabantur. Tharsis siue Carchedon Carthago est, quidam Tharsos Cilicas arbitrantur, quia et ciuitas Tharsus illic sita est. Africa appellata ab uno ex posteris Abrahae de Cetthura qui uocatus est Afer. Ismahelitae uocati ab Ismahelo filio Abrahae, idem et

2 gomer *SV* ad candorem *S* 3 primo galli nunc graeci antiquo gallorum nominae gallatae uocantur *S* 6 scithae *S* quidam *om. S* thobal *S* 7 spani *S* 8 th^{r}aces *P* traces *S* fryges *PG* friges *AV* phriges *S* madii *S* medii *S* iaban *S* iauan *V* iuuan *A* 9 //onum *P* ionam *S* ionium *AV (uox deest in G)* cethii *P* caetthaei *V* cetthei *A* cethi *G* cetthei cetii id est obrii aput quos *S* 10 orbs *S* dodanim] audanum *S* *ex eraso* nationibus *scripsit P* nationes 11 thauro *S* 13 iafeth *PG* iapeth *SAV* discendunt *S* 14 maestraim egiptus *S* 15 filistini *PAV* philistim nunc *S* palestini *PGSAV* allofyli *PA* allofili *V* allophili *SG* 16 aschalon *S* 17 sabei *SAV* gettuli *AV* 18 libes *S* lybies *G* libies *AV* fotei *S* tharso *S* 19 charchedon *AV* charthago *PAV* celicas S 20 illic tharso *S* tharsos *GAV* appellata et *AV* 21 hac de *S* de—abrahae *om. AV* cettura *P* cetthura *S* 22 apher *AV* hismahelo *P* ismahelo *S*

Saraceni a Sarra, idem et Agareni ab Agar. Nabethei a Nabeth filio Ismahelis appellati qui ab Euphrate ad mare Rubrum porriguntur. Chananei appellati de Chanaam filio Cham, horum terram Iudaei expulsis incolis possiderunt; hi de origine Cham ueniunt. Assur Assyrii ab Assure filio Sem, hi urbem Ninum ex nomine Nini regis condiderunt quae nunc Niniue uocatur. Syros appellatos quidam adserunt ab Assurim filio Abrahae ex Cetthura. Us quae et Auxitidis regio circa Coelensyriam ita ab Us Sem pronepote appellata. Aelamitae Persae ab Aelam filio Sem. Hebraei cognominati sunt ab Heber qui pronepos fuit Sem. Chasdei nunc Chaldaei uocantur et Chasdei a Caseh filio Nachor fratris Abrahae. hi omnes de Sem posteritate procedunt.

DE LOCIS.

Iebus ipsa est Hierusalem, ipsa est et Salem in qua regnauit Melchisedec. haec nunc ab Aelio Hadriano uocatur Aelia. Babel in Genesi nunc Babyllon uocatur, in hoc loco cum turrem quondam homines aedificare aduersum caelum adgressi essent, dispersi sunt inmissa diuinitus confusione linguarum. Acchar nunc Nisibi appellatur. Reblatha nunc Antiochia uocatur; eadem est et Epiphania. Sichem haec est et Sicima, haec et nunc Neapolis ciuitas Samaritanorum. Olibama in propheta ciuitas in qua Edom principes habi-

1 sarracini *S* aggereni *S* 2 filias *V* smahelis *S* eufraten *S* 3 cananei *P* chanam *S* 4 iudei *PAV* iudet *S* hi *om. AV* hi omnes *S* 5 origene *P* oregene *S* assir *S* assirii *S* assurae *V* assur *S* hii 6 orbem *S* 7 nineue *S* uoca//tur *P* assurim *P* asurim *AV* assur *G* assirio *S* 8 chetthura *PS* cettura *GAV* auxitidi *S* 10 helam *(sic semper) S* 11 pronepus *PG* pronepost *S* caldei *P* chaldei *AV* 12 caseh *PV* casech *A* casee *S* casei *G* abbae *S* hii *PS* 15 iebus] zieb *S* 16 melchisedech *S* 17 babilon *S* uogatur *S* in hunc locum *S* 18 quendam *S* aedificarent *S* 19 egressi *S* diuinitas *S* 20 lingarum *P* acchar *PAV* accar *S* reblata *SAV* 21 antiocia *PGA* anthiocia *S* anthiacio *V* sychem *PGV* sichem *SA* 22 neapollis *S* 23 ciuitas—habitauerunt] in qua duo principes habitauerunt *S*

tauerunt. Arihel in Esaia, hanc esse quidam putant Ariopolim ab idolo Martis Arihel quod illic situm est. interpretatur autem Arihel leonem dei Hierusalem figuraliter significans. Ararat Armenia in cuius montibus post diluuium arca consedit, adeo ut illic aliqua eius indicia nunc usque permaneant. Arbe quae Arbos in nostris codicibus corrupte legitur, in qua tres patriarchae sepulti sunt Abraham, Isac et Iacob et praeter Adam ipse; haec est etiam Hebron in qua Dauid regnauit. Lod ipsa est Lydda, ipsa est Diospolis. Decapolis in euangelio regio est habens ciuitates decem. Accaron urbs Palaestinae, sunt alii qui aestimant Accaron esse turrem Stratonis et postea hanc appellatam fuisse Caesaream. Antilibanus loca appellantur quae supra Libanum montem orientalem plagam respiciunt. Effrata ciuitatis Bethleem regio est. Eufrates uero fluuius de paradiso. Mesopotamia idcirco dicitur, quod Tigride et Eufrate fluminibus ambiatur. Emmaus in euangelio nomen quondam castelli, nunc ciuitas quae Nicopolis dicitur. Caluariae locus ob hanc causam dictus, quod de consuetudine in eodem loco damnati capite truncabantur. Ariopagus curiae apud Athenienses nomen est quae a Marte nomen accepit.

DE FLUMINIBUS UEL AQUIS.

Geon fluuius Aethiopiae de paradiso emergens quem Nilum usitato nomine appellant. Phison fluuius Indiae idem quoque a paradiso fluens, hunc alii Gangen uocant. Iordanes ideo

1 areopolim *PGAV* ariopolim *S* 2 interpraetatur *PSG* 3 ariel *P* leonum *S* ficuraliter *S* 4 ararath *S* dilubium *S* 5 permanet *S* 6 arbae *S* arbon *S* cudicibus corruptae *S* 7 isaac *S* 8 praeter *PG* praeterea *S* pater *AV* chebron *SAV* 9 libda *S* diespolis *V* 10 ciuitatis *S* 11 accharon *S* palestinae *PSG* palistinae *V* 13 antelibanos *S* super *S* 14 effrata] eufrata ciuitates *S* bethler legio *S* 15 eufratae *S* eufrata *AV* paradysus *AV* mesuptamia *S* 16 eufratae *S* eufrates *AV* 17 quoddam *S* 19 consuitudine *S* eudem *S* damnaticii *S* trucabantur *S* 20 aput athenenses *S* 23 paradyso *AV* 24 fison *P* indie *P* 25 iordanis *AVS*

dictus, quod duo fontes in unum confluant quorum alter dicitur Ior, alter Dan appellatur. Mare Galileae idem est et mare Tiberiadis, idem et stagnum Gennesar, idem et lacus Cineret. Mare Salinarum, hoc uocatur et mare mortuum uel Asphalti, id est bituminis, ab Hiericho haut longe abest. Bethsaida piscina in Hierusalem in quam aegri deferebantur, ideo et probatica, id est pecualis, appellatur, quod hostias in ea quondam sacerdotes lauabant.

DE MENSIBUS.

Nisan in libro Esther mensis quem dicunt Martium quique in scripturis appellatur mensis primus. Elul in Macchabaeorum libro Augustus qui apud nos mensis sextus uocatur. Caseleu in Zaccharia propheta Nouember qui et nonus. Tebeth in libro Esther December qui et decimus. Sabath in Zaccharia propheta Januarius qui apud nos undecimus. Adar in libro Esther Februarius qui apud nos duodecimus. quod si etiam reliqua Hebraea mensuum uocabula quae in canone non repperi scire uoles, Iar uocatur mensis secundus, Siuan tertius, Thamus quartus, Tisri septimus, Maresuan octauus.

DE SOLEMNITATIBUS.

Annus iubilaeus annus quinquagensimus qui erat annus remissionis quo in Israhel unusquisque rei suae uenditor ad

2 dicitur *om.* *SG* appellantur *S* gallileae *S* 3 gennesar *SP* genesar *SGAV* 4 cineret] ge//nereth *G* genesareth *edd.* 5 asfalthi *PGAV* asfalti *S* uituminis *S* hierico *V* haud *AV* aut *S* 6 qua *S* 7 prouatica *S* 8 labant *S* 10 [he]ester (*corr. m. 2.*) *S* hester *G* 11 aelul *S* macchabeorvm *PAV* in libro maccaueorum *S* 12 aput *S* 13 cas[e]//leu *S* 14 hester *S* decemus *S* 15 undecemus *S* 16 hester *SG* 17 hebrea *S* horum XII mensum uocabula hebreorum est *V et 19 S* canonem *S* 18 non *om.* *S* repperis *S* uolueris *S* iar] zar *S* tar *V* secundus qui est aprilis *S* 19 tertius hoc est maius *S* thamnus quartus qui est iunius *S* septimus id est september *S* octabus, qui uocatur october *S* 20 solempnitatibus *G* 21 quinquagesimus *AV* 22 uinditor *P* uenditur *G* uinditur *S*

ius eius etiam absque pretio reuertebatur. Pascha transcensus, Hebraeum est, non Graecum. transcensus uero idcirco dictus est, quod Hebraei ab Aegypto in terram repromissionis transcenderint; certe pascha nostrum est, quod saluator ab infernis resurgens caelorum regna transcenderit. Phase itidem pascha est transcensus uel transitus. sunt qui magis transcensum uel transitum ex hoc appellatum adfirmant, quod eadem nocte dominus per Aegyptum transierit, cum Aegyptiorum primogenita cuncta percussit. Pentecostes quinquagensima, Graecum est. huius quinquagensimae figuram annus iubilaeus gessit quae nunc iterum futurae repromissionis aeternam requiem praefigurat. scenopegia, cum tabernacula a Iudaeis figuntur ob memoriam tabernaculorum; ΣΚΗΝΗ enim Graece tabernaculum dicitur. haec Iudaeorum solemnitas Septembri mense celebratur. Incaenia nouae aedificationis obseruatio uel dedicatio; caenon namque in Graecam linguam nouum significat; ergo in hac solemnitate Iudaei Octobri mense dedicationis templi colebant diem. Epiphania Graecum est, quod significat apparitio uel ostensio, siue quod eadem die dominus et saluator noster in baptismo suo populis fuerit ostensus siue quod stella magis siue quod primo signo domini aqua in uinum uersa tunc apparuerit. Neomenia hoc est quod apud nos kalendae. sed quia apud Hebraeos secundum lunae

9 (Ex. 13, 15)

1 praetium *S* 2 hebreum *S* est *om. AV* nam non *S* dicitur *AV* 3 aegiptu *S* transcenderent *S* 4 certe—transcenderit *om. S* 5 fase *PGAV* phasae *S* idem pascam *S* 7 adpellari *S* noctem *S* 8 aegiptum *S* transirit *S* 9 pentecosthes *S* quinquag[e]insima (*corr. m. 2.*) *P* 10 [u]iobeleus *P* iuueleus *S* 11 aeternam requiem] aeternitatem *A* 12 scenophegia *S* tauernacula *(bis) S* iudaei *S* 13 scene *PAV* scaenae *S* σκηνῆ *G* 14 mens *(sic) P* september// //mensis *S* mensi *V* 15 incenia *PSAV* encenia *G* uel dedicatio *om. S* 16 cenon *PSAV* caenon *G* καινον *S* 17 octobris mensis *S* 18 e[i]pphania *P* epifania *SAV* significati[n ur] *S* (*corr. m 2.*) appario[ti] *P* 21 stilla *S* stella—quod ***supra lin.*** *P* domini *om. S* 22 uino conuersa *S* neominia *PA* neumenia *S* 23 calendae *S*

cursum menses supputantur et MHNH Graece luna appellatur, idcirco Neomenia noua luna accipi potest. Parasceue praeparatio, Graecum est, Parasceue enim sexta sabbati appellatur; hinc uero praeparatio dicitur, quod a Iudaeis eadem die quae in sabbatum sunt necessaria praeparentur. Sabbata requies, Hebraeum est; idcirco autem requies, quod in eadem die dominus ab opere perfectis omnibus absolutisque requieuerit.

DE IDOLIS.

Idola simulacra, Graecum est. Belphegor quod interpretatur simulacrum ignominiae, idolum est. Mob, hunc Latini Priapum appellant. Beel, quod interpretatur uetustas, idolum est Babyllonium; fuit uero hic idem Belus pater Nini regis Assyriorum. Adramelech idolum Assyriorum, quod etiam Samaritae coluerunt. Astarten, quod in Latinum sonat facturam superfluam, idolum Sydoniorum dicunt. Beelzebub interpretatur uir muscarum. Diabolus deorsum fluens, Graece uero criminator dicitur. Satana in Latinum sonat aduersarius siue transgressor. Syrenae in Esaia daemones aut dracones magni, cristati pariter ac uolantes, ut a quibusdam putatur.

Ululae in Esaia ab omni translatione nomine ipso Hebraeo Ihihim appellantur, septuaginta tantum interpretes pro his onocentauros in translatione posuerunt; sunt qui ululas putent aues esse nocturnas ab ululatu uocis quem efferunt, quas uulgo cauannos dicunt. Lamina in Esaia genus monstri,

1 mensis *S* menen *S* 2 neominia *P* neumenia *S* parascebe *S* 3 sabati *S* 4 hic *P* ad *S* 5 diem *S* sint *AV* necessaria in usum *S* 7 diae *S* 10 simulachra *S* graecum est *om. S* belfegor *P* interpraetatur *S* 11 simulachrum *S* ignominiae *om. S* 12 bel *S* interpraetatur *S* 13 babyllonium *PV* babilonium *S* babylonium *A* 14 Adramelec *V* 15 colunt *S* 16 sidoniorum *PSGAV* belzebul *S* 17 interpraetatur *PS* diabulus *P* 18 autem criminatur *S* 19 sirene *PSG* siraenae *AV* //saia *P* 20 christati *S* ac *om. S* euolantes *S* 22 ihihim] in hierusalem *S* septuagenta *S* 24 abes se putant esse *S* ululato *S* quam offerunt quam uulgo *S*

ut quidam adfirmant. Pilosi in Esaia daemonum genera; nonnulli hos etiam doctissimorum incubones uel satyros aut quosdam siluestres homines intellegendos putauerunt.

DE UESTIBUS.

Ephod uestis sacerdotalis quae superindumentum uel superumerale appellatur; est autem uelut in caracallae modum sed sine cucullo; cuius uestimenti duo sunt genera, unum lineum et simplex quod sacerdotes habebant, aliud diuersis coloribus et de auro gemmisque contextum quo soli pontifices utebantur. Poderes sacerdotalis linea corpori penitus adstricta eademque talaris, unde et poderes appellata; haec et subucula dicitur. Logium quod et rationale pannus exiguus ex auro gemmis coloribusque uariis qui superumerali contra pectus pontificis adnectebatur.

Cidaris pilleus sacerdotalis ex bysso, hunc Graeci et nostri tiaram, quidam etiam mitram uocant. Petalum aurea lammina in fronte pontificis quae dei nomen illud ineffabile tetragrammatum id est quattuor litteris Hebraicis gerebat inscriptum. Penula in apostolo, Latinum est; est autem quasi lacerna descendentibus clauis. Diplois in Regnorum sagum chlamys ἈΠΟ ΤΟΥ ΔΙΠΛΟΥΣΘΑΙ ab eo quod duplicetur et omne indumentum quo dupliciter ambimur diplois appellari potest. Baadim in Danihele uestes lineae quibus feminalia, ut arbitror, significantur. Bat enim apud Hebraeos linum dicitur, unde et in quibusdam locis legitur Ephod Bat, hoc est Ephod lineum, non autem Ephod Barut, ut quidam cor-

1 potant uel affirmant *S* pelosi *S* nonnulli *P* nonnullos *S* 2 satiros *S* 3 intellegendum *S* 5 epohd *S* epodh *V* epoth *A* superumeralem *S* 6 caracalae *V* 7 cocullo *PAV* uestis *S* 9 quod *S* 11 talares *S* ponderes *PS (sed* n *in utroque cod. eras)* puderes *V* 13 quae *S* 15 chidaris *S* bisso *S* 16 tiarum *S* metram *S* 17 thedragrammaton *S* 18 hebreis *S* 20 discindentibus *S* discentibus *PAV* sagus *S* 21 διπλουστε *AV* ΑΙΠΛΟΣΤΕΝΕ *S literae graecae in ceteris codd. legi nequeunt.* 23 bathim *S* batdim *GAV* 24 bathenim *S* badenim *AV* 25 bath *S* 26 epodh *S* corruptae *S*

rupte legunt. Melotes in Regnorum pellis simplex qua monachi Aegyptii etiam nunc utuntur ex uno latere dependens. Theristrum in Genesi apud Arabes genus pallii muliebris. Periscellidae in Esaia, ut quidam dicunt, apud feminas crurum ornamenta.

DE AUIBUS UEL UOLATILIBUS.

Pelicanus auis parua quae solitudine delectatur; est et aliud pelicanorum genus in Nilo paene cygnis simile, nisi quod paulo maiores sunt, quidam ita et onocrotalos uocant. Nycticorax noctua, multi bubonem esse contendunt; sunt etiam qui adserunt esse orientalem auem quae nocturnus coruus appelletur. Ibis in Pentateucho auis Aegyptia obscenitate oris inmunda quo aluum purgare consueuit. Erodius in psalmo ardea a quibusdam putatur. Larus in Pentateucho gauiam significat. Coenomyia non musca canina, ut quidam putant, in psalmo accipienda est, sed musca omnimoda et ideo non per *y* Graecam litteram, sed per diphtongon *oe* scribi debet. Sciniphes culicum genus est aculeis permolestum.

DE BESTIIS UEL REPENTIBUS.

Rinoceron fera terribilis gemina in naribus gestans cornua. Monoceron in psalmo unicornis appellatur. Tragelaphus in Deuteronomio platoceros, id est cornibus latis. Erinacei

1 melotis *A* *GV* quam *S* 2 aetiam *S* 3 theristrum *S* genus *(in marg.)* *P* pallei *S* 4 esaiam *S* ut quidam *om.* *S* 6 habibus uolantibus *S* 7 pelecanus *SG* sollitudinem *S* 8 pelecanorum *S* cignis *S* cigni *V* 9 onocrhotallos *S* 10 n^{e}icticorax *S* esse *om.* *P* 11 nocturnu *(sic)* *P* 12 appellatur *S* hibis *S* pentatheuco *S* pentatheoco *AV* 15 coenomia *SGA* caenomia *V* non *om.* *S* 16 salmo *P* accipiendam esse *S* 17 diptongon *S* dyphtongon *V* dipthogon *A* ioe *S* oi *P* 18 scnifes *P* scinifes *A* is *V* schinifes *S* scinifex *G* 20 rhinoceron *AV* rinocheron *S* 21 monocheron *S* unicornex *S* tragelafus *PSGAV* 22 deutheronomio *S* platocernus *S* platocerus *AV* plato//// *P* id est—latis *om.* *P* ^{eri}nacei *P* herinacei *GAV* erinachii *S*

ΧΟΙΡΟΓΡΥΛΛΟΙ nuncupantur, prope magnitudinem mediocrium cuniculorum de cauernis petrarum procedentes gregatim in heremo quae est contra mare Mortuum depascuntur. Ericii qui ἘΧΙΝΟΙ dicuntur ita spinoso defenduntur tegmine, ut ne contingi quidem possint. Bruchus in psalmo lucustae quae nondum uolant. Eruca quam uulgo doluam uocant.

DE PONDERIBUS.

Talentum est pondo LXII semis quod faciunt LXXX librae Atticae. mina est libra una et semuncia. talentum minas habet LX. mna Graece, Latine mina dicitur. dragma habet scriptula tria; didragma dragmae duae, unde miror quo modo in libro Hebraicarum quaestionum semuncia scribitur. stater est nummus habens, ut quidam adfirmant, unciam unam, id est aureos sex, ut alii putant tres; in euangelio enim pro duobus didragmis stater datur. secel qui in Latina lingua corrupte siclus dicitur, ut in quaestionibus supradictis indicatur, unciae pondus habet, ut alibi scriptum repperi, scriptula decem, quod et ipse arbitror. nam siclus ipse uel secel de propinquitate ponderis quasi sicilicus sonat. obolus est scriptulum dimidium, quod facit siliquas tres in Ezechiele; siclus autem XX obolos habet.

1 ΧΕΙΡΓΡΥΛΛΙΟΙ *P* ΧΟΙΡΙΡΥΝΙΟΕ *G* ΧΟΙΡΟΜΜΙΟΙ *S* χοριρυμιοι *AV* mediogrium *S* 3 herimo *P* mortuo *S* 4 qui et *S* ΕΧΟΙΝΟΙ *S* echinoi *AV* [te]gmine *P* (*corr. m. 2.*) 5 contigit *AV* brucus *PSAV* locustae *AV* lugustae *S* 6 erucha *S* quem *S* 8 saxagenta semis *S* quod faciunt libras LXXX *S* 9 adticae librae *S* 10 sexagenta *S* mna] m//na *PS* dra//gma *S* 11 scribtula trea *V* tria id est seliquas XVIII, LXVII dragmae efficiunt libram. draugma denarium significat, octo denarii, id est dragmae, efficiunt uncias. sex oboli faciunt draugma una *S* draugmae *S* 12 scribitur, didraugma habet scripolos sex *V* stather *S* 14 alii] nonnulli *S* duorum *PS* 15 datur nomisma denarius est, qui decem inputatur nummis *S* corruptae *S* 16 ut *om.* *S* 17 nam ut *S* scripola *S* scripula *V* 18 siclos *S* 19 sonat, habet autem uel uiginti obulos *S* scribulum *S* scripulum *AV* 20 siquas *P* 21 obol[o]us (*corr. m. 2.*) *P* obulus *S* habet, quod si ad eam rationem ueniamus, quam ipsi aestimant ponderationem sicli unciae esse

DE MENSURIS.

Corus est modi XXX. Batus amphora una, id est modi tres. Cadus Graeca amphora est, habet urnas tres. Oephi siue Oepha modii tres. Oephi idem mensurae habet in aridis, quod in liquidis Batus. Metreta una, ut quidam dicunt, habet sextarios centum, mensura autem Graece ΜΕΤΡΟΝ dicitur, unde et metreta appellatur; notandum uero quod mensura Hebraeum nomen est. Artabae in Esaia Aegyptiorum mensurae quae tres faciunt modios X. Sata idem sunt quod Oephi, id est modii tres. Gomor mensura est Attica habens ut quidam opinantur conices tres, id est sextarios XII; alii Gomor dicunt paulo minus a sextariis quinque, quod etiam ipse sequor, eo quod sit decima pars Oephi Gomor. Nebel quidam putant modios tres. sextarius est liquidae speciei. Cotyla hemina est in Ezechiele: D e c e m, inquit, c o t y l a e s u n t g o m o r.

DE GRAECIS NOMINIBUS.

Accipe nunc eorum nominum significationes quae Ecclesiae ore celebrata in sermonem nostrum uertuntur ex Graeco.

Theos deus, theos autem, ut quorundam opinio habet, ᾿ΑΠΟ ΤΟΥ ΘΕΑΣΕΣΘΑΙ a spectando, id est omnia prospiciendo. Omousion unius substantiae. Omooeusion similis substantiae.

15 Ez. 45, 14

pondus quod in libris canonicis non repperis ergo obulus habet seliquas septem et partem quintam selique *S* (ueniam usquam *Pitra*) 2 chorus *SAV* anfora *PS* 3 cadus. baeth in paralipomenon tria sata capit. satum uero mensura est *S* anfara *P* oephin *S* 4 ofe *S* modii *P* modii habet] tres. idem mensura est habet *S* 6 se^{t}//arios *S* sextaria *AV* metron *PSAV (sic)* 7 appellantur *S* 10 modii *P* modios *S* fac^{i}unt *P* attiga *S* 11 opinatur *S* sestarios duodicem *S* 12 sistarus *S* quo *S* 14 sistarios *S* 15 cothela//mina est in ezechiel *S* cotylaemina *AV* decim *S* coth^{i}elae (*corr. m. 2.*) *S* gomer *A* 18 accepe *S* significationem *S* qua 20 theus *(bis) S* habit *S* 21 ΑΠΟ ΤΟΥ ΘΕΑCECTE *P* ΑΠΟ ΤΟΥ ΘΕΑΣΕΣΘΕ *S* *ultima uox in AV legi nequit* 22 homeusion *S* omousion *PGAV* id est unius *S* homo eusion *S* omoeusios *PGAV*

Christus unctus. Spiritus paraclitus spiritus consolator siue aduocatus. Hagios sanctus. angelus nuntius. thronus sedis uel solium. apostolus missus, ideo quod a domino ad euangelizandum missi sunt licet a doctoribus Hebraeum putetur. propheta praedictor. martyres testes. episcopus superinspector, et ideo propheta ait: speculatorem te posui domus Israhel. presbyter senior. diaconus minister. clerus sors. ecclesia euocatio uel collectio. catholica uniuersalis ἈΠΟ ΤΟΥ ΚΑΘ' ὉΛΟΝ, quod est secundum totum. synagoga conuentus uel congregatio. ethnicus gentilis. hypocrita simulator. heresis secta. monachus solitarius. heremus desertum. paroecia adiacens domus, id est dei. dioecesis gubernatio, et hoc non secundum proprietatem aut potestatem uerbi sed secundum effectum. laicus popularis ἈΠΟ ΤΟΥ ΛΑΟΥ. catechumenus instructus siue audiens. neophytus nouella plantatio. baptisterium tinctorium. chrisma unctio. eucharistia gratia. holocaustum totum conbustum, hoc ideo, quia integra hostia igni tradita consumebatur. symbolus conlatio aut pactum uel conplacitum quod sit homini cum deo. hymnus carmen in laudem dei. antiphona uox reciproca. Pentateuchus quinque uolumina, id est Mosi libri quinque, unde apostolus quinque uerbis ait uelle se in ecclesia loqui. Exodus exitus uel egressus, id est populi Israhel. Deutero-

6 Ez. 3, 17 *et* 33, 7 22 (I Cor. 14, 19)

1 paracletus *S* consulator *P* 2 agios *et* nuntius *permut. sunt in AV* agios *PSGAV* 4 hebreum *S* 5 praedicatur *S* martires *S* episcupus *S* 6 et—israhel *om. S* 7 praosbiter *S* 8 cleros *AV* lectio *V* 9 *literae graecae in omnibus codd. sunt bene scriptae* 10 sinagoga *S* hibocrita simolator *S* 11 haeresis *AV* herimus *PAV* 12 parychya *S* paroechia *AV* dyocisis guu·rnacio *S* diocesis *AV* 14 *graecae litterae bene scriptae sunt in P, desunt in S* 15 cathecuminus *SAV* siue audiens *om. S* neofytus *PSGAV* 18 simbolus *S* 19 conplacetum *S* 20 himnus *S* antifona *PGAV, deest cum glossa in S* 21 pentatheucus *SGAV* moisi unde apostolus ait *V* uerbis se in ecclesia uelle loqui *S* apostolus ait *AV* 23 exhodus *P* ͤgressus *SP* istrahel *S* deuteronomiu *P* deutheronomium *S*

nomium secunda lex in quo est euangelicae legis praefiguratio. Paralipomenon praetermissorum uel reliquorum, id est, quod hic historiae contingantur quae in Regum libris praetermissae sunt. euangelium bona adnuntiatio siue bonum nuntium. Apocalypsis reuelatio. gazophylacium diuitiarum custodem, conpositum de lingua Persica et Graeca. synodus comitatus uel coetus. canon regula. teuchos uolumen, unde pentateuchus. apocrypha recondita uel occulta. hexapla sexsimplicia. apologia excusatio, unde apologeticus appellatur. anagoge superior sensus. tropologia moralis intellegentia. parabola similitudo.

Habes opusculum, mi fili carissime, in omne fere scripturarum corpus quasi quoddam intellegentiae seminarium, quod in duobus uoluminibus non parum, ut arbitror, instructionis ad edocendum te ex rebus uariis necessariisque congessi.

2 reliquorum regni quae in regum libris praetermissa sunt *S* 3 praetermissa *P* 4 euangelio *S* siue nuntium *om SGAV* 5 apocalipsis *S* gazofilacium *SG* 6 synhodus *PAV* 7 teuchos—appellatur *om. S* pentatheucos *A* pentatheoco *V* 8 apocryfa *PAV* exapla *PGAV* sexiplicia *AV* 9 anagogen *S* 10 tropolegea *S* parabula *P* 11 similitudo allegoria *AV* 12 habes—congessi *om. S* 13 quondam *V* 15 que congessi *in ras. m. 2 P sed eadem uerba, ut pro certo dici potest, erant antea erasa. EXPLIC. INSTRUCTIO. LIBRI II (sic rubro colore) P* Explicit instructionum liber *III (sic) AV*

III.

S. Eucherii Lugdunensis

Passio Agaunensium Martyrum.

P = codex Paris.
D = codex Sangallensis N. 563 s. IX

PASSIO AGAUNENSIUM MARTYRUM.

I. Sanctorum passionem martyrum qui Agaunum glorioso sanguine inlustrant pro honore gestorum stilo explicamus, ea utique fide qua ad nos martyrii ordo peruenit. nam per succedentium relationem rei gestae memoriam nondum intercepit obliuio, etsi pro martyribus singulis loca singula quae eos possident uel singulae urbes insignes habentur, nec inmerito, quia pro deo summo pretiosas sancti animas refundunt. quanta excolendus est reuerentia sacer ille Agaunensium locus in quo tot pro Christo martyrum milia ferro caesa referuntur? nunc iam ipsam beatissimae passionis causam loquamur.

II. Sub Maximiano qui Romanae reipublicae cum Diocletiano collega imperium tenuit per diuersas fere prouincias laniati aut interfecti martyrum populi. idem namque Maximianus sicut auaritia, libidine, crudelitate, ceterisque uitiis obsessus furebat, ita etiam exsecrandis gentilium ritibus deditus et erga deum caeli profanus impietatem suam ad extinguendum Christianitatis nomen armauerat. si qui tunc dei ueri cultum profiteri audebant, sparsis usquequaque militum turmis uel ad supplicia uel ad necem rapiebantur, ac uelut uagatione barbaris gentibus data prorsus in religionem arma conmouerat. erat eodem tempore in exercitu legio

1 Agauensium *P* Incipit passio sci Mauricii cum sociis suis qui passi sunt sub maximiano impr. decima ce. octbr. *D* 2 Agaun.] illum locum *D* 3 stilo] illius *D* 4 martirii *P* 5 suadentium relacionem *D* intercipit *D* 7 i^{m}nmerito (m. *m. 2.*) *P* 9 qua//ta *P* Agaunensium *om. D* 11 beatissime (*corr. m. 2.*) *P* *post* loquamur *spatium uacuum sequitur in P* 13 fere *om. D* 15 auaricia *D* c^{e}//terisque *P* ceterisque *D* 16 obses^{sus} *P* 21 ua//gatione *P* gentibus *om. D* 22 co^{m}nmouerat *P* (m *m. 2.*)

militum, qui Thebaei appellabantur. legio autem uocabatur quae tunc sex milia ac sexcentos uiros in armis habebat. hi in auxilium Maximiano ab Orientis partibus acciti uenerant, uiri in rebus bellicis strenui et uirtute nobiles, sed nobiliores fide; erga imperatorem fortitudine, erga Christum deuotione certabant. euangelici praecepti etiam sub armis non inmemores reddebant quae dei erant deo, et quae Caesaris Caesari restituebant. itaque cum et hi sicut ceteri militum ad pertrahendam Christianorum multitudinem destinarentur, soli crudelitatis ministerium detrectare ausi sunt atque huius modi praeceptis se obtemperaturos negant. Maximianus non longe aberat; nam se circa Octodorum itinere fessus tenebat, ubi cum ei per nuntios delatum esset legionem hanc aduersum mandata regia rebellem in Agaunensibus angustiis substitisse, in furorem instinctu indignationis exarsit. sed mihi priusquam reliqua conmemorem, situs loci eius relationi inserendus uidetur.

III. Agaunus sexaginta ferme milibus a Genauensi urbe abest, quattuordecim uero milibus distat a capite Lemanni lacus quem influit Rhodanus. locus ipse iam inter Alpina iuga in ualle situs est ad quem pergentibus difficili transitu asperum atque artum iter panditur. infestus namque Rhodanus saxosi montis radicibus uix peruium uiantibus aggerem reliquit. euictis transmissisque angustiarum faucibus subito nec exiguus inter montium rupes campus aperitur. in hoc legio sancta consederat. igitur, sicut supra diximus, cognito Maximianus Thebaeorum responso praecipiti ira feruidus ob

1 thebei *D* 3 acci///i [net] *D* 5 christum] deum *D* 8 restitue [bant] *P* 10 detraectare *P* detractari *D* 11 ob[p]temperaturos *P* (p *m. 2.*) 13 dilatum *D* 14 Agaunensibus] his *D* substitisse// *D* 15 in furore et instinctu// *D* prius mihi quam *D* 16 con[m]memorem *P* (m *m. 2.*) 18 Agaunus] locus ille agen//uense *D* 19 limani *P* lin//[a]anni[c]laus *D* 20 qui influit rodanum *D* 22 a[t]dque *P* (*corr. m. 2.*) art.] arduum *D* 25 nec *om. D* hoc loco *D* (loco *suprascripsit m. 2.*) 27 thebeorum *D* pra[e]ecipiti *P* (*m. 2.*) ferire *D*

neglecta imperia decimum quemque ex eadem legione gladio feriri iubet, quo facilius ceteri regiis praeceptis territi metu cederent, redintegratisque mandatis edicit ut reliqui in persecutionem Christianorum cogantur. ubi uero ad Thebaeos denuntiatio iterata peruenit cognitumque ab eis est iniungi sibi rursum exsecutiones profanas, uociferatio passim ac tumultus in castris exoritur adfirmantium numquam se ulli in haec tam sacrilega ministeria cessuros, idolorum se profana semper detestatos, Christianis se inbutos, sacrae et diuinae religionis cultu institutos unum se aeternitatis deum colere; extrema experiri satius esse quam aduersum Christianam fidem uenire. his deinde conpertis Maximianus omni belua cruentior rursus ad ingenii sui saeuitiam redit atque imperat, ut iterum decimus eorum morti detur et ceteri nihilo minus ad haec quae spernerent conpellerentur. quibus iussis denuo in castra perlatis segregatus atque percussus est qui decimus sorte obuenerat; reliqua uero se militum multitudo mutuo sermone instigabat, ut in tam praeclaro opere persisteret.

IV. Incitamentum tamen maximum fidei in illo tempore penes sanctum Mauricium fuit primicerium tunc, sicut traditur, legionis eius qui cum Exuperio, ut in exercitu appellant, campi doctore et Candido senatore militum accendebat exhortando singulos et monendo fideliumque conmilitonum etiam

2 iubet (*sed deleuit m. 2.*) *P* quod *D* ceteri *om. D* 3 persecutione cristianorum *D* 4 thebeos *D* 5 que *om. D* 6 exęcrationes *D* 7 adfirmantium *P* (f *m. 2.*) *om. D* 9 inbutos *P* (m. *m. 2.*) 10 cultibus *D* 11 experire sacius *D* 12 conpertis *P* (m. *m. 2.*) 13 rursum *D* (s. *m. 2.*) ingenii sui *eras. in D in quo legitur supra lineam* priorem adque *P* (t. *m. 2.*) 15 conpellerentur *P* (m. *m. 2.*) 17 militum *om. D* 18 persisteret *P* (*corr. m. 2.*) 20 paenis *P* (*corr. m. 2.*) pen. sanctum Maur.] mauricii *D* 21 eius *P* (dem *add. m. 2.*) exuperio (*corr. m. 2.*) experio *D* 22 campe ductore (*corr. m. 2.*) *P* campi doctore *D* accedebat exortandos *D* 23 fidelium *D* conmiletonum *P* (m. *m. 2.*) commilitones *D*

martyrum exempla ingerens; pro sacramento Christi, pro diuinis legibus, si ita necessitas ferret, omnibus et moriendum suadebat sequendosque admonebat socios illos et contubernales suos qui iam in caelum praecesserant; flagrabat enim iam tunc in beatissimis uiris martyrii gloriosus ardor. his itaque primoribus suis atque auctoribus animati Maximiano insania adhuc aestuanti mandata mittunt, sicut pia, ita et fortia quae feruntur fuisse in hunc modum:

Milites sumus, imperator, tui, sed tamen serui, quod libere confitemur, dei. tibi militiam debemus, illi innocentiam. a te stipendium laboris accepimus, ab illo uitae exordium sumpsimus. sequi imperatorem in hoc nequaquam possumus, ut auctorem negemus deum, utique auctorem nostrum, deum auctorem uelis nolis tuum. si non in tam funesta conpellimur, ut hunc offendamus, tibi, ut fecimus hactenus, adhuc parebimus; sin aliter, illi parebimus potius quam tibi. offerimus nostras in quemlibet hostem manus, quas sanguine innocentium cruentare nefas ducimus. dexterae istae pugnare aduersum impios atque inimicos sciunt, laniare pios et ciues nesciunt. meminimus nos pro ciuibus potius quam aduersum ciues arma sumpsisse. pugnauimus semper pro iustitia, pro pietate, pro innocentium salute; haec fuerunt hactenus nobis pretia periculorum. pugnauimus pro fide. quam quo pacto conseruabimus tibi, si hanc deo nostro non exhibemus? iurauimus primum in sacramenta diuina; iurauimus deinde in

1 pro] et *D* 3 illos *erasum in D* 4 in *om. D* c[u]ęlom *D* 5 martyribns *D* ar[dor] *P* odor *D* 6 ad[t]que *P* (*corr. m. 2.*) 7 [in]insania *D* [i]estuantem *D* 8 hoc modo *D* 9 liberi *D* 13 dominum *D* 14 con[m]pellimur *P* (m *m. 2.*) 15 fecimus cepimus *D* actenus *P* [h]actenus *D* (h *m. 2.*) 17 quas] quia *D* sanguinem *D* 18 duc[i]emus *D* iste [cum]pugnare *D* (cum *supra lin. a m. 2.*) 19 ad[t]que *P* (*corr. m. 2.*) sci[mus]//// *D* 20 aduers[u]os *D* 22 innocentia *D* actenus *P* [h]actenus *D* (h *m. 2.*) 24 conseruauimus *P* si *supra lin. P* (*m. 2.*) exibemus *D*

sacramenta regia, nihil nobis de secundis credas necesse est, si prima perrumpimus. Christianos ad poenam per nos requiri iubes. iam tibi ex hoc alii requirendi non sunt, habes hic nos confitentes deum patrem auctorem omnium et filium eius Iesum Christum deum credimus. uidimus laborum periculorumque nostrorum socios nobis quoque eorum sanguine aspersis trucidari ferro et tamen sanctissimorum conmilitonum mortes et fratrum funera non fleuimus, non doluimus, sed potius laudauimus et gaudio prosecuti sumus, quia digni habiti essent pati pro domino deo eorum. et nunc non nos uel haec ultima uitae necessitas in rebellionem coegit, non nos aduersum te, imperator, armauit ipsa saltim quae fortissima est in periculis desperatio. tenemus ecce arma et non resistimus, quia mori quam occidere satis malumus et innocentes interire quam noxii uiuere praeoptamus. si quid in nos ultra statueris, si quid adhuc iusseris, si quid admoueris, ignes, tormenta, ferrum, subire parati sumus. Christianos nos fatemur, persequi Christianos non possumus.

V. Cum haec talia Maximianus audisset obstinatosque in fide Christi cerneret animos uirorum desperans gloriosam eorum constantiam posse reuocari una sententia interfici omnes decreuit et rem confici circumfusis militum agminibus iubet. qui cum missi ad beatissimam legionem uenissent, stringunt in sanctos impium ferrum mori non recusantes uitae amore. caedebantur itaque passim gladiis non reclamantes saltim aut repugnantes, sed depositis armis ceruices persecutoribus praebentes et iugulum percussoribus uel intectum corpus offerentes. non uel ipsa suorum multitudine, non

1 credere *D* 2 prerumpimus *D* requirere *D* 5 *post* credimus *leguntur supra lin. in P* (*m. 2.*) et spiritum sanctum laborem *D* 7 aspersos trucidare *D* conmilitonum (m *supra lin.*) *P* (m. *m. 2.*) 8 dolemus *D* 9 laudamus *D* 13 disperatio *D* 14 mallumus *P* (*primum* l *del. m. 2.*) maluimus (*sic*) *D* 15 peroptamus *D* in *om. D* 17 ignem *D* christiani fatemur *D* 20 animas *D* 21 reuocare *D* 23 uenisent *D* 24 sanctis *D* 26 saltim (e *supra lin.*) *P* (*corr. m. 2.*) aut] non *D* 26 percussoribus *D* 28 uel] in *D*

armorum munitione elati sunt, ut ferro conarentur adserere iustitiae causam, sed hoc solum reminiscentes se illum confiteri qui nec reclamando ad occissionem ductus est et tamquam agnus non aperuit os suum, ipsi quoque tamquam grex dominicus ouium laniari se tamquam ab inruentibus lupis passi sunt. operta est terra illic procumbentibus in mortem corporibus piorum, fluxerunt pretiosi sanguinis riui. quae umquam rabies absque bello tantam humanorum corporum stragem dedit? quae feritas ex sententia sua tot simul perire uel reos iussit? ne iusti punirentur, multitudo non obtinuit cum inultum esse soleat, quod multitudo delinquit. hac igitur crudelitate inmanissimi tyranni confectus est ille sanctorum populus qui contempsit rem praesentium ob spem futurorum. sic interfecta est illa plane angelica legio quae, ut credimus, cum illis angelorum legionibus iam conlaudat semper in caelis dominum deum Sabaoth.

VI. Uictor autem martyr nec legionis eiusdem fuit neque miles, sed emeritae iam militiae ueteranus. hic cum iter agens subito incidisset in hos qui passim epulabantur laeti martyrum spoliis atque ab his ad conuescendum inuitatus prolatam ab exultantibus per ordinem causam cognouisset, ac detestatus conuiuas detestatusque conuiuium refugiebat requirentibusque ne et ipse forsitam Christianus esset, Christianum se et semper futurum esse respondit ac statim ab inruentibus interfectus est ceterisque martyribus in eodem loco sicut morte ita etiam honore coniunctus est. haec nobis tantum de numero illo martyrum conperta sunt nomina: id

6 lupis—procumbentibus *om.* *D* 7 fluxeruntque *D* 10 perire] ferire *D* 11 o[p]btinuit *P* (p *m. 2.*) 12 i[m]nmanissimi *P* (m. *m. 2.*) 14 plena *D* 15 conlaud[a]et *D* 16 semper *om.* *D* 17 uicto[r] *P* 18 [e]meritae *P* 19 aepulabantur *P* (a *del. m. 2.*) 20 a[t]dque (t. *m. 2.*) *PD* 22 conuiuum *D* 23 queque (*sic*) *P* (*altera syllaba deleta*) 24 futurum *D* hac si *D* 25 est *om.* *D* eodem] hoc *D* 27 co[m]nperta *P* (m *m. 2.*)

est beatissimorum Maurici, Exuperi, Candidi atque Uictoris, cetera uero nobis quidem incognita, sed in libro uitae scripta sunt. ex hac eadem legione fuisse dicuntur etiam illi martyres Ursus et Uictor quos Salodoro passos fama confirmat. Salodorum uero castrum est supra Arulam flumen neque longe a Rheno positum.

VII. Operae pretium est etiam illud indicare qui deinde Maximianum trucem tyrannum exitus consecutus est. cum dispositis insidiis genero suo Constantino tunc regnum tenenti mortem moliretur, deprehenso dolo eius apud Massiliam captus nec multo post strangulatus teterrimoque hoc supplicio adfectus impiam uitam digna morte finiuit. ad uero beatissimorum Agaunensium martyrum corpora post multos passionis annos sancto Theodoro eiusdem loci episcopo reuelata traduntur in quorum honorem cum exstrueretur basilica quae uastae nunc adiuncta rupi uno tantum latere adclinis iacet, quid miraculi tunc apparuerit, nequaquam tacendum putaui. accidit, ut inter reliquos artifices, qui inuitati conuenisse ad illud opus uidebantur, quidam adesset faber quem adhuc gentilem esse constaret. hic cum dominico die quo ceteri ad exspectanda diei illius festa discesserant in fabrica solus substitisset, in illo secreto se subito clara luce manifestantibus sanctis hic idem faber rapitur atque ad poenam uel ad supplicia distenditur et uisibiliter turbam martyrum

1 beatissimorum id est *D* mauricii exsuperii *D* exuperi[s] *P* (s. *m. 2.*) ad[t]que *P* (t *m. 2.*) 4 salodor[o]// *P* sal[o]od[o]uro *D* passus *D* 6 reno *D* 7 illu[d]t *P* (*corr. m. 2.*) 8 maximianum cruciatus tyrannum et exitus consecutus sit *D* 9 generi *D* tenente D 10 depraehenso (a *del. m. 2.*) 12 ad[f]fectus *P* (f. *m. 2.*) at *D* 13 Agaunensium *om. D* 14 theodore loci illius episcopi *D* 15 extrueretur *D* 16 ad[t]clinis *P* 17 iacebat *D post* iacebat *legimus in D:* sed nunc erga a praeclaro meritis ambrosio illius loci abbate denuo edifica[ta] (*m. 2.*) biclinis esse dinoscitur apparuerit[u] *D* (*edd. m. 2.*) 19 illud] hoc *D* 21 illius] eius *V* 22 sese *D* 23 ad[t]que *P* (*corr. m. 2.*) poenam *P* (o *del. m. 2.*)

cernens uerberatus etiam et increpatus, quod uel die dominico ecclesiae solus deesset uel illud fabricae opus sanctum suscipere gentilis auderet. quod adeo misericorditer a sanctis factum constitit, ut faber ille consternatus et territus salutare sibi nomen poposcerit statimque Christianus effectus sit.

VIII. Neque illud in sanctorum miraculis praetermittam, quod perinde clarum atque omnibus notum est. mater familias Quinti egregii atque honorati uiri cum ita paralysi fuisset obstricta, ut ei etiam pedum usus negaretur, a uiro suo, ut Agaunum per multum itineris spatium deferretur, poposcit. quo cum peruenisset sanctorum martyrum basilicae famulantium manibus inlata pedibus ad diuersorium rediit, ac sanitati de praemortuis restituta membris nunc miraculum suum ipsa circumfert. haec duo tantum mira passioni sanctorum inferenda credidi. ceterum satis multa sunt quae uel in purgatione daemonum uel in reliqus curationibus quotidie illic per sanctos suos domini uirtus operatur.

1 et *om. D* 3 auderet//////// *P in quo desunt* quod adeo 5 poposcer[e]it *D* (*corr. m. 2.*) est *D* 7 ad[t]que *P* (*corr. m. 2.*) 8 egregii] egreditur *D* paralisi *D* 10 Agaunum] illic *D* 11 ad martirum basilicam *D* 12 inuersorium *D* 13 nunc *om. D* 14 circumtulit *D* 15 cetera satis credita sunt *D* *EXPL. PASSIO QUAE OBSERUATUR DIE DECIMO* [KL] //// *(sic) OCTOBRI P* *In D post* operatur *leguntur:* neque enim hoc omittendum est quod per longum temporis tractum beati innocentii martyris membra rodanus reuelauit. iugi enim eluuii uicinum in se cespitem tangens religiosa quadam soli perniciȩ ad sepulturam martyris famulatrix peruenit. prolatas namque reliquias leuiter lambens non id longe [h] as (*m. 2.*) inde terre protulit aut in gurgitus sui procella d[i]emergit (*m. 1.*), sed ob gloriosam deuotionem intra ambitum basilicae ceteris martyribus sepulturȩ precipit sociari. cuius translationem animȩ scae recordationis domi//ciano genuense et grato agustane urbis uel protasiorum tum temporis illius loci eps. celebratam recolentes cotidiana deuotione et laudibus frequentamus. per dnm. nostrum ihm xpm cui est honor et gloria laus et perpetua potestas in saecula saeculorum amen. hc. (*sic*) amen. *EXPLICIT PASS. SCOR. MARTYR. MAURICII CU SOCIIS SUIS SEX MILIA QUINTENTOR OCTUAGINTA QUINQUE. DO GRATIAS.*

DOMINO SANCTO ET BEATISSIMO IN CHRISTO SALUIO EPISCOPO EUCHERIUS.

Misi ad beatitudinem tuam scriptam nostrorum martyrum passionem. uerebar namque ne per incuriam tam gloriosi gesta martyrii ab hominum memoria tempus aboleret. porro ab idoneis auctoribus rei ipsius ueritatem quaesiui, ab his utique qui adfirmabant se ab episcopo Genauensi sancto Isaac hunc quem praetuli passionis ordinem cognouisse, qui credo rursum haec retro a beatissimo episcopo Theodoro uiro temporis anterioris acceperit. itaque cum alii ex diuersis locis atque prouinciis in honorem officiumque sanctorum auri atque argenti diuersarumque rerum munera offerant, nos scripta haec nostra uobis suffragantibus dignanter offerimus exposcens pro his intercessionem omnium delictorum atque in posterum iuge praesidium patronorum semper meorum. Mementote uos quoque nostri in conspectu domini, sanctorum semper officiis inhaerentes, domine sancte et merito beatissime frater.

1 domino—frater *om. D* 3 scri$\overset{p}{b}$tam (*corr. m. 2.*) *P* 7 isac *P* 11 *et* 12 ad$\overset{t}{q}$ue *P* 13 dignantur *P* dignanter *edd.* 16 mementote—frater *om. P sed addita a man. s. XIV.*

IIII.

S. Eucherii Lugdunensis

De Laude Heremi.

E = Cod. Paris. 2182 s. XIII
F = Cod. Paris. 2883 s. XIII
H = Cod. Paris. 2990 s. XIII
R = Cod. Vat. Reg. 708 s. XII

DE LAUDE HEREMI

AD HILARIUM LIRINENSEM PRESBYTERUM EPISTULA.

DOMINO SANCTO ET MERITIS BEATISSIMO ET IN CHRISTO GLORIOSISSIMO HILARIO EUCHERIUS.

1. Magno tu quidem animo egressus dudum de domo tua et de cognatione tua usque in mare magnum recedentia penetraueras, maiore tamen uirtute heremi repetita est a te heremus quam petita. siquidem cum hanc primum hospes ingressus es, habuisti ducem et uelut itineris tui praeuium quem deinde militiae caelestis magistrum, eumque tunc secutus et parentes relinquens parentem tamen sequebaris. nunc uero cum eundem ascitum ad pontificale fastigium prosequendum putaueris, ad familiare secretum heremi te amor rettulit. ergo nunc es nobilior et maior exemplo. prius enim cum desertum peteres, comitatus etiam fratrem uidebaris, nam cum desertum repeteres, etiam fratrem reliquisti. at qualem illum quantumque? quanto tibi semper dilectionis cultu obseruatum? quam singulari tibi adfectione deuinctum? et cuius caritati praeferre nihil posses nisi forte solam heremi caritatem. quam

1 Incipit epistola beati eucherii lugdunensis archi epi *(sic)* ad scm hylarium arelatensem epm de laude heremi *E* Incipit epistola beati epi lugdunensis ad sanctum hilarium laerinensem monachum de laude eremi *H* Incipit libellus, sci eucherii lugdunensis archi epi de laude heremi *R* Incipit epla beati eucherii lugdunensis epi *F* 4 domino *om. E* 5 hylario *ER* 6 dudum *om. EF* 7 de *om. H* recedentia eremi secreta *H* 8 heremi *om. H* a—petita *om. EF* 9 quum *H* egressus *R* 10 uelut] tamquam *FH* 11 parentem *EF* 14 ret///ulit *E* 16 etiam *om. H* nam] nunc *H* 17 repetieris *H* fratrem] patrem *H* 20 nichil *(sic semper) ER*

cum illi iusto praeponis examine, adprobasti diligere te non illum parum, sed hanc amplius aliquid. ostendisti etiam ille in te secreti amor quam magnus esset, cui etiam maximus cederet. qui quidem heremi amor, quid in te nisi dei amor appellandus est? seruasti ergo caritatis ordinem lege praescriptum primo deum tuum exin proximum diligendo.

2. Quem tamen ego sola profectus tui contemplatione ut animo conicio nec aduersatum itineri consilioque tuo existimo, sed inusitato inter deuinctas sibi personas modo dimittere te ille, ut puto, non minus uoluit quam tu discedere. diligit enim et ille te multum uicissim, in amore tamen tuo commodum tuum consulit, cumque adfluentissima eius et summa in te sit caritas, fastigium tamen illius tendit usque ad utilitatem.

3. Et tu licet omnem iamdudum censum in Christi pauperes Christo diues effuderis, tum et praeferas licet annis iuuenem moribus senem, sis etiam ingenio clarus, clarus eloquio, nihil in te tamen primore loco magis suspexerim dilexerimque, quam quod solitudinis sedem sic concupisti. unde quia me respondere copiosius spatiosissimis ac facundissimis litteris tuis saepe postulas, sufferas paulisper necesse est, cum sis sapiens, insipientiam meam, dum recolo multimodam domini gratiam erga hanc ipsam heremum dilectam tuam.

Heremum ergo recte incircumscriptum dei nostri templum dixerim; etenim quem certum est habitare in silentio credendum est gaudere secreto. saepius se illic uidendum sanctis suis praebuit et conciliante loco congressum non est aspernatus humanum. in deserto quippe Moses glorificato uultu deum conspicit, in deserto Helias uultum pauens, ne deum

29 (Ex. 3)   30 (III Reg. 18, 13)

2 illi *EF*   6 dominum *H*   7 ut—conicio *om. H*   8 nec] non *H*   9 deuictas *H*   11 te et ille *EF*   18 primo *R* primiore *H*   19 dixerimque *H*   20 copiosis *R*   22 sis ipse *H*   28 consiliante *H*   29 moyses *(sic semper) EFHR*   deum uultu *H*   30 helyas *HR*

conspiceret, obuoluit. et quamuis omnia ipse tamquam sua reuisitet neque uspiam desit, tamen ut aestimare licet, peculiarius uisitationem dignatur heremi et caeli secretum.

4. Ferunt quendam alii quaerenti, quali inesse loco deum crederet, respondisse, ut quo se duceret, impiger sequeretur; tunc comitante eodem ad late patentis heremi secreta uenisse et ostendens uastae solitudinis recessum: en, inquit, ubi deus est. nec inmerito ibi esse promptius creditur, ubi facilius inuenitur.

5. Nam et in primordiis rerum, cum omnia deus in sapientia faceret et singula quaeque futuris usibus apta distingueret, non utique hanc terrae partem inutilem et inhonoratam dereliquit, sed cuncta non magis praesenti magnificentia quam futuri praescientia creans uenturis, ut arbitror, heremum sanctis parauit. credo his illam locupletem in fructibus uoluit et pro indulgentioris naturae uice hanc sanctorum dare fecundam, ut sic pinguescerent fines deserti, et cum rigaret de superioribus suis montes, abundarent quoque multiplicata fruge conualles locorumque damna suppleret, cum habitationem sterilem habitatore ditaret.

6. Possessor ille paradisi et transgressor praecepti, cum locum uoluptatis habitaret, fixam sibi a deo legem seruare non potuit. quanto enim iucundior ille amoenitatibus locus, tanto huic in lapsum pronior fuit; unde non solum hunc legibus suis subdidit, sed etiam in nos usque suum illum stimulum mors tetendit. proinde heremum colat qui uitam cupit, quia amoeni incola mortem parauit. sed iam ad posteriora heremi deo semper acceptae exempla ueniamus.

7. Moses cum egisset pecus ad interiora deserti, tunc

1 conspiciat *EFH* 2 reuiset *H* 3 cellae *H* 4 alio *HR* quali in loco esse deum *H* 6 tum *H* 12 reliquit *H* dimisit *EF* 13 praesentis *H* 14 sanctis heremum *H* 15 parabat *F* in *om.* *H* 16 uite *R* 17 irragaret *H* 18 habundarent *EFR* 19 suppleuit *H* 23 iocundior *EF* 24 tanto *om.* *EF* lapsum hic *R* 28 accepta *EF*

resplendente eminus deum igne uidit innocuo, nec solum uidit, uerum etiam audiuit loquentem. nempe tunc dominus, cum abici pedum uincula commoneret, sanctam heremi terram pronuntiauit dicens: locus in quo tu stas terra sancta est; manifesto tunc indicio meritum occulti honoris expressit. confirmata quippe est a deo sanctitas loci sanctitate etiam testimonii, in quo, ut reor, etiam illud pariter et latenter enuntiat, ut accedens ad heremum pristinis curarum obligationibus uitae se absoluat et anterioribus uinculis expeditus incedat, ne locum polluat. ibi primum Moses diuini colloquii familiaris adhibetur interpres, accipit uerba ac uicissim refert, dicenda agendaue et percunctatur pariter et docetur, ac mutuo confabulationis usitatoque commercio cum caeli domino sermocinatur. ibi uirgam resumit in opera signorum potentem ingressusque heremum pastor ouium pastor ab heremo remittitur populorum.

8. Quid deinde plebs dei ab Aegypto liberanda et operibus absoluenda terrenis numquid non auia petiit ad solitudinesque confugit adpropinquatura in heremo utique deo a quo fuerat exempta seruitio? tendebat igitur ad heremum longe uastitate terribilem Mose duce. quam magna multitudo dulcedinis tuae, domine! heremum ingressus Moses deum uiderat. en rursus redit ut uideat. ipse plane dux itineris populum suum dominus ad deserta ducebat, in usum utriusque temporis uiantibus trahens columnam, nunc rubentem flamma, nunc nube candentem. dabat ita tunc promerentibus e caelo signum, quod lactea mole porrectum alternis inradiabat ardoribus. intuito Israhel lumine sequebatur radium corusco eminus

5 Ex. 3, 5. 19 (Ex. 14,) 21 Ps. 30, 20

1 innucuo *E* 5 iudicio *EFH* 6 etiam *om. EF* 7 etiam *om. H* pariter] tacite *H* 8 enuntiat] essentiat *R* 9 se] gressus *HR* 15 reuertitur *EF* 18 inuia *H* 19 in heremo utique appropinguauit deo *H* 20 desertum *EFH* 23 redit rursus *E* en redit ut iterum uideat *H* 25 trahens uiantibus *EF* 26 itaque *H* e *om. EF* 27 moles *E* radiabat *F* 28 intuito] intento *EFH*

igne rutilantem, ut in heremi secreta tendentibus digne dominus, cum iter ostenderet, lumen praeferret.

9. Huic identidem populo nonne ad deserta tendenti obiecta inuii maris claustra patuerunt? cum inter praeruptos gurgites iter carpens puluerulenta uestigiis agmina † rubris litoribus incessit, minantesque undarum pendentium montes de profunda ualle suspiciens sic custos gentis freti stagna transiuit.

10. Neque in hoc tantum diuini operis uirtus stetit, nudata namque rursum refluo aequore operiens iter eorum cum hoste deleuit, totumque in sedibus suis mare, credo ne ab heremo Israhel reuerteretur, opposuit. aperuit inter aquas uiam et confusis deinde aquis texit, ut desertum expetentibus patefaceret itum, clauderet reditum.

11. Hac ergo gratiae uirtute donata est gens illa, cum ad solitudinem tenderet, plura tamen promeruit, cum possideret. illic namque eandem insperato dominus miraculo refecit, cum percussa silice exundantes aquas sitientibus praebuit et abhorrentibus saxis riuos natiuo fonte depromens occulta manu inposuit subitam latentibus uenis naturam. nec solum illic ingesto flumine uiscera siccae rupis infudit, uerum etiam dulcedine superinduta amaros tristibus aquis haustus repressit. illas elicuit, has placauit, nec maiore miraculo e saxis aquas quam ex aquis alias aquas reddidit. obstupuit plebs cuncta caelestis auxilii illic opem sentiens non minus in his aquis quae erant quam in illis quae necdum fuerant.

12. Illic etiam idem populus demissum caelitus cibum albenti solo legit, cum in nubibus dominus panem pluuium

4 (Ex. 14, 22) 9 (Ex. 14, 27) 16 (Ex. 17, 6) 21 (Ex. 15, 25) 26 (Ex. 16, 14)

1 rutilante *E* dominus digne *EF* 3 tendenti] properanti *H* 5 *uersum corruptum ita emendauerim:* agmina agens puluerulento uestigiis agmine ad litora rubri maris accessit *H* 6 minantesque] intrantesque *E* [ext] ịṇṭrantesque *F* 7 suscipiens *F* 9 rursus *F* 12 circumfusis *H* 14 ergo] igitur *EF* est *om. EF* 16 miraculo] potis *H* 21 superindulta *R* superindita *EFH, scripsi:* superinduta 24 illic *om R* illic auxilii *H* 25 illis] his *H* nondum *EFH* 26 dimissum *EF*

sicco imbre deiecit. in tabernacula et in circumiecta castrorum manna ninguido aere inlapsum cecidit, ubi *panem angelorum manducauit homo.* et quia *sufficit diei malitia sua,* cotidianum diuina indulgentia uictum contulit iam tunc lege praemissa, ne in crastinum cogitaret. sic quondam in heremo constitutis, quia praestare uictum terrae non poterant, caelum ministrabat.

13. Legem etiam et caelestia edicta Hebraeus idem numquid non heremi inhabitator accepit, tum cum propius admotus inspicere diuino digito inpressa tabulis signa meruit? eductus castris in occursum domini ad radices montis obuius institit. uidit equidem pauore perculsus illum Synai uerticem quem terrore multo conspicuae maiestatis insederat. adspexit attonitus montem procul interfluenti igne fumantem, quem deinde totum late nubes densissima obtectum operiebat. expauit hinc micantia expressis ignibus fulgura et tonitrua crebris fragoribus mixto buccinarum clangore reboantia. ita filii Israhel, dum in solitudinibus degerent, dei sedem uidere, uocem audire meruerunt.

14. Talibus olim similibusque usa est ac sustentata miraculis natio illa, cum deserti incola fuit, cum eam inusitatus cibus, repentinus potus, inconsummabilisque uestitus aleret, cum etiam illa quae extrinsecus corpus ambiebant infatigabili habitu permanerent. quidquid eorum necessitati locorum ingenium non obtulerat, manifesta dei magnificentia suggerebat. uix in haec caelestis gratiae dona peruenit sanctorum unus qui de hoc populo ait: *non fecit taliter dominus omni nationi.* specialia contulit, inaudita concessit, cum diuinis muneribus populum refecit in heremo.

2 Ps. 77, 25 3 Matth. 6, 34 8 (Ex. 19. 20) 22 (Deut. 29, 5) 28 Ps. 147, 20

2 tunguido *F* 6 terrena *EF* terra *H* poterat *H* 9 tunc *EF* 11 radicem *EFM* 13 conspicuę[a] maiestatįṣ *F* 15 densissima caligine operiebant *H* 17 fragoribus] fulgoribus *R* 18 solitudine *E* 21 natio— cum] nam cum illa *R* 22 potus] positus *R* 23 illarum *EF* illorum *R* 25 attulerat *EF* 26 hoc *R* 27 dominus *om. H* 29 in *om. EF*

15. Et haec quamuis in figuram nostri facta tradantur et facies illa rerum mysteriis flagret occultis, omnesque in Mose baptizati, in nube et in mari escam spiritalem manducasse, potum spiritalem bibisse referantur, tamen omnia haec ita futurorum continent fidem, ut gestorum custodiant ueritatem, quamquam nec sic quidem heremi minor laus est, etiamsi ea quae illic gesta sunt in sacramentorum sint altitudinem referenda. nihil ergo gratiae derogatur, etiamsi ille tunc status corporis et uestimentorum non secuta corruptio uenturae uitae specimen detulerunt; magna namque loci gratia est, si quales illos beatissimi saeculi felicitas habebit, tales in hoc iam istos heremus habeat.

16. Quid, quod filii Israhel ad illam desiderabilem terram non nisi habitatione heremi peruenerunt? et ut gens eadem postea possideret illam lacte et melle manantem, prius hanc aridam incultamque possedit. totum semper ad ueram patriam heremi mansionibus iter panditur. habitet inhabitabilem terram qui uult uidere bona domini in regione uiuorum, sit hospes huius, qui ciuis esse contendit illius.

17. Sed ut haec relinquam, Dauid ipse insidias regis infesti non nisi cum desertum expeteret euasit, qui in Idumaeae ariditatibus commoratus dominum toto corde sitiebat, ut sitiens in deserto et in inuio et inaquoso tunc demum appareret deo in sancto ac deinceps dei uirtutem pariter et gloriam sanctus uideret.

18. Helias uero maximus secretorum colonus caelum imbribus clausit, ignibus reserauit, ministra alite cibum sumpsit, fixa mortis iura reuocauit, Iordanem diuiduum interrupto amne transiuit, caelum ardenti curru raptus ascendit.

1 (I Cor. X, 2—6) 18 (Ps. 26, 13) 19 (Eph. 2, 19) 20 (I Reg. 23) 21 (Ps. 62, 1—3) 29 (III Reg. 17, 18, IV. Reg. 2)

1 figura *R* 2 rerum illarum *EF* flaret *EFH* 3 manducasse— spiritalem *om. E (leguntur in marg.)* 4 referuntur *R* 6 etiamsi *om. H* 8 ergo *om. H* gratiae *om. H* tunc *om. R* 9 consecuta *H* 11 habebat *H* 15 possideret postea *H* illam terram melle et lacte *H* 22 toto dominum *EFH* 23 *pr.* in *om. F* tum *EFH* apparet *EF* 25 uidet *EF*

19. Quid deinde Helisaeus, consectator uitae huius atque uirtutis? nonne perinde diuinorum miraculorum opere claruit, quem insignem nunc scissus torrens, nunc innatans ferrum, nunc rediuiui, nunc olei incrementa fecerunt, quique postmodum post alia quam plurima duplicatam in se uirtutem magistri hoc etiam conprobauit, quod ille superstes defunctum, hic defunctum exsuscitauit iam defunctus.

20. Filii quoque prophetarum relictis urbibus expetebant gemino defluentem fonte Iordanem exstruebantque in abditis tabernacula remoto iuncta torrenti. excubabat cohors sancta secreti fluminis ripis uelut quibusdam sparsa tentoriis et habitationibus congruis egregia indoles spiritum custodiebat paternum.

21. Quid ille quo maior inter mulierum natos non surrexit nonne in deserto clamans in deserto uiuebat? in deserto ab hoc baptismus traditur, in deserto paenitentia praedicatur, in deserto primum mentio regni caelestis infertur. ibi haec ille audientibus primus ingessit, ubi haec citius ambiens quisque promeruit. nec inmerito futurus hic arduus habitator deserti, — ante faciem domini angelus mittitur, — uiam reserat in caeleste regnum et praecursor et testis dignus, qui patrem e caelo loquentem audiret, filium baptizando contingeret, spiritum sanctum descendentem uideret.

22. Ipse quoque dominus ac saluator noster baptizatus confestim, ut scriptura ait, a spiritu in desertum ducitur. quis hic ergo est spiritus? cunctatio subest nulla, quin sanctus. quod deinde spiritus sanctus pertrahit in desertum, nimirum istud ille dictat, ille istud tacitus inspirat, fitque

3 (IV Reg. 2, 6, 4 13) 8 (III Reg. 17) 10 (IV Reg. 6) 14 (Matth. 3 *et* 11) 24 Matth. 4, 1)

2 inclaruit *H* 4 postmodum] postremo *EFH* 6 magistri uirtutem etiam hoc *H* 7 exsuscitat *R* 8 expectabant *E* 10 choros *H* 14 natus *E (corr. m. 2.)* natos mulierum *H* 17 hic illis *R* 18 hoc *H* 19 neque *H* deserti habitator *EFH* 21 regnum christi *EF* 22 audierat *E* 25 deserto *EF* 26 ergo] igitur *EFH* nulla subest *EFH* 28 istud illud dictat ille illud *H*

heremus spiritu sancto suggerente digna suggestio. mystico ergo flumine infusus nihil sibi prius agendum putat, quam ut ad secreta contendat. et tamen ille sanctificantes semper aquas tunc sanctificauerat nec peccati hominem purgatus abluerat; peccatum enim ille neque fecerat neque metuebat. et heremi tamen ardore flagrabat atque in omnibus salutaris auctor exempli hanc sibi non dignam nobis desiderabat. quae si uotiua deo ab erroribus libero, quanto magis necessaria homini erroribus obnoxio? si petita non delinquenti, quanto magis exoptanda peccanti?

23. Ibi etiam in famulatum domini remotis circumstrepentium turbis tacita diuini uigoris ministeria succedunt, et in heremo constitutus tamquam iam in caelum reuectus occurrentium excipitur officiis angelorum. ibi tunc tentantem notae artis insidiis hostem illum antiqui temporis confutauit, supplantatoremque ueteris Adam nouus Adam reppulit. o laus magna deserti, ut diabolus qui uicerat in paradiso in heremo uinceretur!

24. Desertus etiam locus ille erat in quo saluator noster quinque uiuorum milia panibus quinque et piscibus tantum duobus pauit, satiauit, expleuit. semper in deserto suos pane Iesus pascit; suis praetulerat olim manna diuini muneris fidem, nunc fragmina praetulerunt, eodemque miraculo uictus tunc esurientibus decidit, ita nunc uescentibus creuit. cunctis dono suo epulae auctioribus maiores fuerunt cibis quam fuerant inlatae conuiuiis. desertis, inquam, desertis tantorum nunc signorum causas demus; uirtus potentiam declarasset, si habuisset locus copiam.

11 (Matth. 4, 11) 19 (Matth. 14)

1 spiritui sancto suggerenti *EFH* 2 flumini *E* prius *om. EF* 3 deserta *H* 4 purgaturus ablueret *R* 6 et *om. EFH* amore *FH* 8 libero—erroribus *om. H* 11 circumstrepentibus *EF* 12 tacita—reuectus *om. H* 13 iam *om. H* caelo *E* 15 antiquum *H* 16 adam *om. H* 17 uixerat *H* 19 ille locus *EH* 22 iesus suos *EF* 24 tunc] nunc *R* ita—conuiuiis *om. R* comptus damna sua epulis anterioribus maiora fuerunt *EF* 26 latae *H*

25. Et tunc dominus Iesus ad excelsi montis remotiora secessit, cum tribus tantum sibi adhibitis electis insolita claritate uultus effulsit; qui cum adsumptum palam hominem praeferret, declarandae maiestatis iudicium secretis credidit ibi tunc ille apostolorum maximus: bonum, inquit, erat nos hic esse adamans scilicet magnitudinem signi in remotione deserti.

26. Idemque dominus Iesus, ut scribitur, in desertum locum ibat ibique orabat. locus ergo ille iam uocetur orationis locus quem exorando deum idoneum deus auctor ostendit docuitque, unde facilius nubes humilians se oratio penetraret adiuta loco, quia honorata secreto, atque ipse illic orando cum peteret, demonstrauit, ubi orare nos uellet, cum peteretur.

27. Quid nunc ergo Iohannem Macariumque commemorem aliosque quam plures, quorum conuersatio dum in desertis est, in caelis facta est? adpropinquauerunt illi tantum domino quantum adpropinquare domino hominem fas sinebat, admissique sunt in diuinarum opera rerum quantum carne circumdatos licebat admitti. fixam in superna mentem caelestibus inseruerunt secretis, hinc comitantem gratiam aut reuelationibus tacitis aut clamantibus signis protulerunt et suffragante secreto usque in id prouecti sunt, ut terram corpore tunc quidem contingerent, caelum uero spiritu iam possiderent.

28. Hoc igitur heremi habitaculum dicam non inmerito quandam fidei sedem, uirtutis arcam, caritatis sacrarium, pietatis thesaurum, iustitiae promptuarium. nam sicut in magna domo pretiosa quaeque claustris obsignata in remotis habentur, ita magnificentia illa sanctorum abditorum heremo,

5 Matth. 17, 4 8 Luc. 5, 16

3 quia *E* hominem palam *H* 4 declarandum *EF* 5 inquit *om. E* erat inquit *FH* 6 remotionem *R* 8 idem quoque *EFH* 9 iam ille *EF* 11 humiliantis *H* orantis *EF* oratio] oracum *E* 13 uelle competeret *EF* 15 nunc *om. EF* 29 obsignata] obserata *H*

quam difficultatibus suis natura obseruauit, deponitur in terra quodam conclaui deserti, ne conuersationis humanae usu abolescat; apteque mundi a domino haec pretiosa diuitiarum supellex in illa mundanae domus parte non solum conditur, uerum etiam, cum usus est, ex reconditis promitur.

29. Fuit olim erga heremum cura diuinae prouidentiae summa et maxima, sed ne nunc quidem parua est. nam et nunc cum heremi incolis uictus diuinitus insperata superuenit largitate, quid aliud quam e caelo lapsus defluit? habent et isti in hac caelesti munificentia suum manna, nec minus his dominus bracchii sui opere secreto alimoniam spargit ex abdito. et cum silicibus perfossis tandem diuino munere respondentes e saxis aquae profluunt, quid aliud quam uelut Mosi uirgae ictu percussa rupe emerguntur? uestimentorum perinde habitus in heremi uastitate degentibus nunc quoque ecce non deficit qui, dum iugiter gratuito diuina prouisione succedit, utique succedendo manet. aluit dominus in deserto suos quondam, sed et nunc alit; et illos quidem quadraginta annis, hos uero quoadusque anni erunt.

30. Merito hanc sanctus diuino igne succensus relicta sede propria sedem legat, merito propinquis filiis parentibusque praeponat suorumque omnium commercio emat. merito haec genitalem deserentibus patriam temporariae patriae nomen obtineat, a qua non metus, non desiderium, non gaudium, non maeror reuocet. merito plane uniuersorum affectuum sola sit pretium.

31. Quis enim enumerare beneficia heremi digne queat uirtutisque commoda habitantium in ea? in mundo positi, quodam modo extra mundum recedunt, in solitudinibus, ut ait

29 Hebr. 11, 38

1 obseraui *H* deponiturque *EFR* terram *EF* deponitur intra quodam conclaue *H* 3 a mundi *EF* hic *EF* pretiosus *EF* 8 tunc *E* heremum *EF* inspirata *EF* 12 resplendentes *H* 14 emergunt *EFH* 15 ecce] esse *H* 19 uero *om. H* quo usque *EFH* 22 haec *om. EF* 23 patriae *om. EF* 24 non metus non maeror *H*

apostolus, errantes, in montibus et in speluncis et in cauernis terrae. nec inmerito dignum talibus apostolus negat esse mundum qui alieni sunt ab illo rei publicae humanae tumultu, sepositi, quieti, silentes, nec magis absunt a uoluntate peccandi quam a facultate.

32. Clari apud ueteres saeculi huius uiri defatigati laboribus negotiorum suorum in philosophiam se tamquam in domum suam recipiebant. quanto pulchrius ad haec manifestissimae sapientiae studia diuertunt magnificentiusque ad solitudinum libertatem et desertorum secreta secedunt, ut philosophiae tantum uacantes in illius heremi deambulacris tamquam in suis gymnasiis exerceantur? ubi, quaeso, salubrius quam in deserti habitatione seruetur pascha? sed uirtutibus et continentia, continentia, inquam, quae uelut alia quaedam est cordis heremus. nam et Moses quadraginta continuos se in heremo dies, totidem et post se illic Helias ieiunio dedit, et uterque ibi inediam ultra humani effectus uires extendit, deinde et dominus idem, sed in deserto abstinentiae tempus exegit. nec praeterea usquam legimus spatia eadem exacta ieiunio, ut putandum sit aliquem tribui per dominum locis illis uigorem.

33. Ubi, quaeso, magis uacare, et quam suauis sit dominus, uidere contingit? ubi promptior ad perfectionem tendentibus uia panditur? ubi maior uirtutibus campus aperitur? ubi facilius mentis ut possit circumspicere custodia? ubi liberior cordis, ut deo inhaerere certet, intentio, quam illis utique secretis, in quibus deum non solum inuenire promptum est uerum etiam custodire?

15 (Ex. 24, 18) 16 (III Reg. 19, 8) 18 (Matth. 4, 2)

2 talibus apostolus negat dignum esse mundum *H* 3 humano *EF* 10 libertate secreta *EF* succedunt *F* 11 deambulacris] uastitate *F* 12 quaeso *om. R in quo lacuna exstat* salubrius] liberius *EFH* 13 sed nunc in uirtutibus continentia *H* 14 quaedam heremus *R* 15 est *om. H* 16 totidemque *EF* dedit *E (sup. l. m. 2.)* 18 sed *om. H* 19 exacto *E* 20 illis etiam *EFH* 21 suauis] dulcis *EFH* 23 ubi facilius ne ad peccatum rapiatur mens nostra custoditur *H* 26 inuenire deum non solum *E*

34. Et quamuis saepe in heremo tenuis soli puluis occurrat, nusquam tamen firmius euangelicae illius domus fundamenta iaciuntur. in illis licet aliquis consistere harenis uelit, nequaquam tamen super harenas domum construit, nusquam magis quam illic supra petram praedictam illud aedificium collocatur, quod inmobili stabilitate fundatum inconcussa mole durabit, ut tempore ingruentium procellarum non flantibus uentis, non inmissis torrentibus subruatur. itaque habitatores deserti talia sibi aedificia sed in cordibus fabricant, illi qui summa imis appetunt, excelsa humilitate sectantur desides atque inmemores terrenorum ob spem uotumque caelestium. qui abiciunt, dum egere malunt, diuitias, egere festinant, dum esse diuites concupiscunt; die ac nocte labore uigiliisque decertant, ut adprehendant uitae illius principium, cuius non inuenietur extremum. sic materno heremus sinu continet illos aeternitatis rectissime auaros, bene prodigos breuitatis, incuriosos praesentis temporis, certos futuri, et per haec adsequuntur, ut in quos saeculorum fines decurrerunt, his saecula sine fine contingant.

35. Feruent ibi conscriptae interioris hominis salubriter leges et aeterni saeculi iura subtilius. non illic humana criminum facinorumque praescripta uim suam resonant, nec se ultricia capitalium delictorum iura exerunt. cor nisi purissimum indignae leges faciunt reum, atque ipse omni studio mentis motus interior intra iustitiae terminos coercetur, eodemque se iudice uel leuium cogitationum principia plectuntur. apud alios malum sit malum fecisse, apud hos uero malum est bonum non fecisse.

36. Sed quo modo ego possim commemoratione digna interiora heremi instituta uenerari? nunc uero illud tacitus

3 (Matth. 7, 24)

3 aliquid *F* 5 praedictum *EFH* 10 celsa *H* 12 diuitias dum egere malunt egere festinant *H* non egere *EF* 15 inuenient *EFH* 16 rectissime *om.* *R* 18 et—contingant *om.* *EF* ut qui iniquos contingant *H* 20 leges salubriter *F* 23 exerunt *om.* *H* 24 legis *R* 25 eodemque] eo denique *EF* 26 uel leuium] ullis sunt *E* 30 tacitus illud *EF*

praeterire non possum, quod in habitatoribus eius uis illa uirtutis quam abscondita cunctis pene tam nota est. nam cum se utique in remota abigunt mundum humanumque consortium repudiantes, occuli quidem gestiunt, meritum tamen occulere non possunt. quantum se eorum introrsus agit uita, tantum se foras proripit gloria deo, ut arbitror, ita inter utrumque moderante, ut incola heremi suae lateat saeculo et non lateat exemplo. haec lucerna est, quae per uniuersum mundum resplendet supra heremi candelabrum locata, hinc se flagrantissimum lumen per tenebrosa mundi membra diffundit. haec est ciuitas quae abscondi non potest in deserti monte constructa, quae imagine sua caelestem Hierusalem terris dedit. proinde si quis in tenebris est, huic lumini adpropinquet, ut uideat, si quis discrimini patet, ad hanc ciuitatem tendat, ut tutus sit.

37. O quam iucundae sunt sitientibus deum etiam deuiae illis saltibus solitudines! quam amoena sunt quaerentibus Christum illa secreta quae longe lateque natura excubante porrecta sunt, silent ubi omnia! tunc in deum suum laeta mens quibusdam silentii stimulis excitatur, tunc ineffabilibus uegetatur excessibus. nullus interstrepens illic sonus, nulla nisi forte cum deo uox est. solus illi animo dum sonitus suauis silentium secretae stationis interuenit, interpolatque illum placidae quietis statum strepitus quiete dulcior et sanctus modestissimae conuersationis tumultus. tunc hymnis suaue resonantibus excelsa ipsa feruentes chori pulsant atque in caelum non minus pene uocibus quam orationibus peruenitur.

38. Fremit frustra tunc circuiens aduersarius tamquam intra caulas ouibus septis lupus. Lupus et tamquam murorum obiectu ita heremi ambitu hostes suos submouet ac ne in uanum uigilent qui custodiunt ciuitatem, peculiarius Christo propugnatore munitur, ut adoptiua deo gens quantum secreti

1 habitoribus *E* 3 mundi *R* 4 occultari *EF* 7 sui *H* 11 membra mundi *EF* 17 illae *H* 19 ubi *om. EFH* 22 suauis *om. EF* 23 interpellatque *H* 27 pene] plane *H*

spatiis exposita, tantum hostibus suis clausa sit. inuisit sane speciosa deserti laetantium angelorum chorus et per illam Iacob scalam commeantes heremum frequentia abditae uisitationis inlustrant. in illo quoque meridie sponsus recubat, habitatoresque deserti caritate uulnerati contemplantur eum dicentes: inuenimus quem diligit anima nostra, tenebimus eum et non eum dimittemus.

39. Non est infructuosum, ut creditur, non est istud sterile heremi solum nec infecunda arentis saxa deserti. ibi multiplex germen et centenos fructus accola recondit. non facile illic iacta semina secus uiam decidunt quae uolucres absumant, nec in petrosa facile dilabuntur quae non habentia altitudinem terrae orto sole aestuent et arescant, neque in spineta facile fugiunt quae iam adultis sentibus obruantur. uberi illic messem prouentu colonus metet, producitur in his saxis seges illa per quam etiam ossa pinguescunt. inuenitur etiam illic panis uiuus qui de caelo descendit. erumpunt in illis rupibus fontes inrigui et aquae uiuae quae non satiandis solum, uerum etiam possunt sufficere saluandis. hic interioris hominis pratum et uoluptas, hic incultum desertum, illic mira amoenitate iucundum est, eademque corporis est heremus animae paradisus.

40. Nulla iam quamuis fertilis tellus terrae heremi se comparatione iactauerit. est terra aliqua frugibus ditis? in hac maxime nascitur frumentum illud quod esurientes adipe suo satiat. est alia grauidis laeta uinetis? in hac maxime profertur uinum illud, quod bene laetificat cor hominis. est alia pascuis praestans? in hac saluberrime pascunt oues illae de quibus dicitur: pasce oues meas. est alia floribus picta uernantibus? in hac maxime uerus ille flos campi et

6 Cant. 3, 4 15 (Es. 66, 14) 16 (Ioh. 6, 51) 17 (Ioh. 4, 14; 7, 38) 25 (Ps. 147, 14) 27 (Ps. 103, 15) 29 Ioh. 21, 17 30 (Cant. 2, 1)

2 et] sed *EF* 6 diligit] quaesiuit *EF* 7 eum *om. EFH* 8 sterilis *E* 9 infecundi *E* 10 accola fructus *EFH* illic *EFH* 13 terrae *om. E* exaestuant *H* 19 pratum] pastus *H* 21 iocundus *ER* 25 nascitur *om. R* 26 grauidis *om. R* 27 est] et *EF* 28 pascuntur *EF*

lilium conuallium refulget. postremo alia pretiosis et speciosis exultans metallis, alia uero auro suo fulua est? in hac uarii lapidum micant uibrante luce fulgores. ita terra haec singulis terris maior ad singula omnes praecedit bonis omnibus.

41. Recte ergo tu, ueneranda tellus, sanctis aut in te positis aut non procul a te remotis aut habitabilis dudum aut desiderabilis extitisti, quia pro uniuersis bonis illis es fertilis, in qua habentur uniuersa. tu cultorem hunc qui suam terram, non qui tuam excolat, requiris, tu inhabitantium te uitiis sterilis, tu fecunda uirtutibus. tuam quicumque familiaritatem quaesiuit, deum repperit. Christum in te, quisquis te coluit, inuenit. ipse qui te habitat, domino habitatore laetatur. idemque est et possessor tuus et diuina possessio. tuum qui non refugit habitaculum, factus est dei templum.

42. Equidem cunctis heremi locis quae piorum inluminantur secessu, reuerentiam debeo, praecipuo tamen Lirinum meam honore complector, quae procellosi naufragiis mundi effusis piissimis ulnis receptat uenientes, ab illo saeculi flagrantes aestu blande introducit sub umbras suas, ut illic spiritum sub illa interiore domini umbra anheli resumant. aquis scatens, herbis uirens, floribus renitens, uisibus odoribusque iucunda paradisum possidentibus se exhibet. digna quae caelestibus disciplinis Honorato auctore fundata sit, quae tantis institutis tantum nacta sit patrem apostolici spiritus uigore et uultu radiantem: digna quae illum suscipiens ita eniteret; digna quae et praestantissimos alat monachos et ambiendo proferat sacerdotes. haec nunc successorem eius tenet, Maximum nomine, clarum, quia post ipsum meruit adsciri; haec habuit reuerendi nominis Lupum qui nobis illum ex tribu Beniamin

1 alia speciosius exsultans *EFH* alia est sp. *H* 4 omnes longe *EF* 5 uerenda *EFH* 7 extitisti] fuisti *H* illius *EF* es fertilis] effertilis *E* 8 quo *EH* 9 non qui] nunquam *R* colat *H* 11 sanctorum familiaritatem *EFH* 12 colit *H* coluit deum *R* te *om.* *EFH* 13 idemque] idem ipse *EF* est ipse *EF* 16 praecipue *H* 17 complectens *EFH* 22 digna quem possidebunt *R* 25 eniteret] emitteret *HR* 26 ambiendos *EFH* 28 haec] et *R*

lupum rettulit; haec habuit germanum eius Uincentium interno gemmam splendore perspicuam; haec nunc possidet uenerabilem grauitate Caprasium ueteribus sanctis parem; haec nunc habet sanctos senes illos qui diuisis cellulis Aegyptios patres Galliis nostris intulerunt.

43. Quos ego illic, Iesu bone, sanctorum coetus conuentusque uidi! pretiosa in his suaui unguedine alabastra fragrabant, conspirabat passim odor uitae. interioris hominis faciem exterioris habitu praeferebant, constricti caritate, humilitate deiecti, mollissimi pietate, firmissimi in spe, incessu modesti, oboedientia citi, occursu taciti, uultu sereni, prorsus ipsa protinus contemplatione angelicae quietis agmen ostendunt. nihil concupiscunt, nihil desiderant nisi eum tantum, quem solum desiderantes concupiscunt. dum beatam quaerunt uitam, beatam agunt, eamque et dum adhuc ambiunt iam consequuntur. itaque dum optant a peccatoribus segregari, iam segregati sunt. castam possidere uitam uolunt? etiam possident. omne in dei laudibus tempus habere uolunt? iam habent. desiderant gaudere cum sanctorum coetibus? iam gaudent. Christo frui cupiunt? Christo spiritu fruuntur. uitam heremi adipisci gestiunt? coram adipiscuntur. ita per largissimam gratiam Christi multa ex his quae in futurum exoptant in praesentiarum merentur. rem porro iam capiunt, dum spem sequuntur. habent non paruum etiam in labore ipso pretium laboris, quia pene iam in opere est quod merces erit.

44. Horum, mi Hilari carissime, redditus insertusque consortio plurimum tibi, plurimum etiam illis contulisti qui nunc pro reditu tuo alacri exultatione laetantur. cum his obsecro peccatorum meorum intercessionisque memoriam, ne oblitteraueris; cum his, inquam, quibus nescio an ipse gaudii

2 conspicuam *EF* 5 gallis *H* 6 quot *E* et conuentus *H* 7 unguedine] odoredine *H* fraglabant *R* 8 spirabat *EFH* 10 in incessu *EF* 12 augmen *R* 14 quaerunt] agunt *E* 15 beata *E* agunt] habent *F* dum *om.* *EFH* 17 etiam *om.* *EFH* 18 uolunt] ambiunt *EFH* 19 cum *om.* *EFH* 20 spiritu *om.* *EFH* 21 coram] corde *EFH* 23 iam *om.* *H* 24 ipso] suo *R* 29 que *om.* *F*

plus attuleris an maius inueneris. tu nunc uerior Israhel qui corde deum conspicaris ab Aegypto saeculi tenebris dudum expeditus salutiferas aquas submerso hoste transgressus in deserto accensum fidei ignem secutus amara quondam per lignum crucis dulcia nunc experiris, salientis in uitam aeternam aquae potum a Christo trahis, internum hominem superno pane pascis, in euangelio throni tui diuinam accipis uocem. qui cum Israhel in heremo contineris, cum Iesu terram repromissionis intrabis. uale in Christo Iesu domino nostro.

7 (Matth. 19, 28)

5 salientes aquas *EFH* 6 interim *H* 7 throni tui] tonitrui *R* *(fortasse ita scribendum)* 8 contineris] commoraris *EF* Explicit *R* Explicit epła sc̄i eucherii lugdunensis archiep̄i de laude heremi *EF* *H est mutilus*

APPENDIX

epistularum a Saluiano et ab Hilario et a Rustico ad Eucherium datarum.

P = codex Parisinus
S = codex Sessorianus
A = codex Parisinus 95559 s. VII/VIII (I. epistula)

I.

DOMINO ET DULCI SUO EUCHERIO EPISCOPO SALUIANUS.

Legi libros, quos transmisisti, stilo breues, doctrina uberes, lectione expeditos, instructione perfectos, menti tuae et pietati pares. nec miror, quod tam utile ac pulchrum opus ad institutionem potissimum sanctorum ac beatorum pignorum condidisti. cum enim eximium in eis templum deo aedificaueris, doctrina nouae eruditionis quasi summum aedificii tui culmen ornasti, et ut indoles sanctae aeque doctrina ac uita inlustrarentur, quos morali institutione formaueras, spiritali instructione decorasti. superest ut dominus deus noster, cuius dono admirandissimi iuuenes tales sunt, pares eos faciat libris tuis, id est, ut quicquid illi continent in mysterio, hoc uterque illorum habeat in sensu. et quia iam dispensatione diuina atque iudicio etiam magistri ecclesiae esse coeperunt, donet hoc benignissima dei pietas, ut doctrina illorum fructus sit ecclesiarum et tuus, profectuque excellentissimo tam illum ornent, a quo sunt geniti, quam eos quos ipsi institutione sua generauerint. mihique hoc, etsi non inter omnia, certe uel post omnia misericors deus tribuat, ut qui fuerunt discipuli quondam mei, sint nunc cotidie oratores mei. uale, mi domine et dulcis meus.

II.

DOMINO BEATISSIMO ET MERITO SUSCIPIENDO ET IN CHRISTO DEUINCTISSIMO PAPAE EUCHERIO EPISCOPO HILARIUS EPISCOPUS.

Cum me libellos tuos mecum relaturum praecedentibus litteris indicassem, instantiam et exactionem pueri quem miseras lentare

2 saluianus perbit (*sic*) *S*   3 libros tuos *S*   tra^{ns}misisti *P*   5 institutionem] instructionem *S*   7 doctrinam *S*   8 summi *S*   indolis *S*   9 sancta *A*   aeque] tuaeque *S*   doctrinae *S*   12 $^{ut\ quic}$quid *P* (*m. 1.*)   13 misterio *S*   uter^{que} *P* (*m. 1.*)   14 ecclesiarum *S*   15 donet—ut *om. S*   benignissimi *A*   16 tuo profectus *S*   17 quos] qui *S*   sua institutione *SA*   19 dis^{ci}puli *P* (*m. 1.*) discipoli *S*   20 nunc *om. S*   cotidiae *S*   uale—meus *sunt rubro colore in P exarata*   23 domino—hilario *sunt rubro colore scripta in P*   et (*priore loco*) *om. S*   suscipi//// et suscipiendo *S*   24 deuictissimo *S*

nullatenus potui. emisi itaque florulenta beatitudinis tuae opera non parum anxius, ne necdum descripta tam iugiter tam grauiter ruentibus imbribus labefactarentur. percurri ea semel tantum uniuersa miratus. concedat dominus, ut speciosa haec in Christo instructionum nostrarum gloriae tuae opera te in paginis tuis duce aliquando percenseam. hoc unum precor, ne me diu his institutionibus fraudari feras, sed unum me de iuuenibus tuis, quorum haec eruditioni ordinasti, habens hoc instantius habere me haec uelis, quo me magis aeui senium cum iuuentae imperitia premit. memorem te mei dominus ad profectum ecclesiae suae diu seruet, beatissime papa.

III.

DOMINO UERO SANCTO ATQUE AMICO DEI ET MIHI IN CHRISTO OMNI CULTU SUSCIPIENDO PAPAE EUCHERIO RUSTICUS PRESBYTER.

Transcriptis exultanter ac raptim quae deprecante me exemplanda misisti illico ad beatitudinem uestram uolumen utrumque direxi; unica uero illa et sine comparatione doctrina, qua ex utroque testamento magnorum aenigmatum absolutissime aperiens quaestiones amoto uelamine oculis cordis uerum spiritalis intellegentia lumen infundit, quam admirationi mihi fuerit, manifestius declarare non potui, quam ut eam a me faterer digne non posse laudari. quamquam quid ego ad adtollenda ea quae editis solum me esse imparem dicam? pace dictum sit omnium qui sunt optime his quae liberalia appellant studia instituti, nec ab his quidem mira librorum tuorum praeconia satis digne excoli posse existimo. quia licet facilius esse decernant iudicare quam dicere, mihi tamen adeo persuasum est non esse hoc facile, ut merito definiam, quod nemo rectius tam praeclari operis praedicator existeret quam eius inuentor

2 ne *om. S* iuuiter *S* 3 percurri—miratus *om. S* 4 christi *S* 6 aliquaquando *S* praecor *S* instructionibus *S* 8 ornasti *S* haec *om. S* 9 cum *om. S* *Ballerini cum Quesnello scripserunt:* quo me magis iuuentutis retia premunt, *sed pro* cum *Pitra* quam *scripsit.* inperitia praemit *S* 10 memorem—papa *rubro colore sunt exarata in P* a *S* seruit *S* 13 domino—suscipiendo *sunt rubro colore scripta* ad[t]que 15 praesbiter 17 iligo 18 qua, *ego scripsi* quam *S* quae—quaestiones spiritalis intellegentiae, *Sirmondus, Pitra scribit: non capio, nisi uideam quamdam parenthesim incipientem:* quum ex utroque *usque ad* infundit 19 questionis 21 declarasse *Sirmondus* 22 eam] tam fatear non digne posse *Sirmondus* 23 adtolendam, attollendum *Sirmondus:* edistis *Sirmondus:* 24 obtime 25 studens institutione 26 licit 27 decernam *Sirmondus:* 29 praedicatur

et conditor, quia, quod nemo sic potuit inuenire, utique sic nemo laudat. sed dum haec tacitus mecum reuoluo, occurrit mihi quod in bibliothecis studiosi saecularium litterarum puer quondam, ut se aetatis illius curiositas habet, praetereundo legissem. nam cum supra memoratae aedis ordinator ac dominus inter expressas lapillis aut ceris discoloribus formatasque effigies uel oratorum uel etiam poetarum specialia singulorum autotypis epigrammata subdidisset, ubi ad praeiudicati eloquii uenit poetam, hoc modo orsus est:

Virgilium uatem melius sua carmina laudant,
in freta dum fluuii current, dum montibus umbrae
lustrabunt conuexa, polus dum sidera pascet,
semper honos, nomenque tuum laudesque manebunt.

et uere, dummodo orationibus tuis culpa caream, quod inter sacros apices commemorationesque sanctorum mundialium a me scripturarum promuntur exempla, merito mihi dominum Eucherium mente recolenti memoratum in memoriam opus recurrit. nam dum erunt superius conprehensa, omnium Christianorum ore et amore celebrabere praedicandus in posterum, dum doces posteros. ora pro me, domine uere sancte atque amice dei et mihi in Christo omni cultu suscipiende pater.

2 ta//itum mecum reuolbo quid 3 bibliotheca *Sirmondus* ut *omissum est* 4 praetereunda 5 inter *omissum est* expraessa 6 efficies *alterum* uel *omissum est* 7 aespecilia autotipis subdidissed 8 acloquii ursus 10 tum fluuiuii (*sic*) 13 *scripsi:* caream, *codex* carcat, *Sirmondus:* non teneat 15 *pro* promuntur *scripsit Sirmondus:* ponuntur domnum 17 celebraberis *Sirmondus:*

Addenda et Corrigenda.

p. *68 l. 17 in app. pro* qua-mente *om. S lege* quae—confirmant *om. S*
p. *80 numerus XXXXII est delendus et pro num. XXXXIII legendus XXXXII*
p. *87 l. 27 in app. pro* aceret *lege* ageret
p. *97 l. 18 in app. scribas: XXXX* qualiter—appelletur *p. 98 l. 5 om. S*
p. 100 l. 10 in app. pro quindecim—soluuntur *lege:* quindecim ex cussorum *p. 102 l. 7*
p. 111 l. 19 in app. pro in—noscendum *lege:* in—suorum *p. 113 l. 21*
p. 123 l. 5 in app. potius fuit scribendum: quae sequuntur, sunt omnia omissa in S praeter Act. III p. 135 l. 13 ad euangelizandum—edomuit *et ep. Ioh. II p. 137, 20* item—super se p. 138 l. 19
numerus I omissus est p. 123 l. 6; p. 129 l. 4; *p. 132 l. 16*
p. 137 l. 20 in app. scribas: ponit]

nescio quo casu p. 134 exciderunt uerba, quae in S solo de epistula ad Hebraeos (V, 6) leguntur (cf. p. XII)

Quid est, quod dicit apostolus in epistula ad Hebraeos Christum secundum ordinem Melchisedech sacerdotem esse perfectum?

Hic autem Melchisedech in diuinis uoluminibus sacerdos [1]) fuisse dei summi refertur, sed qui non oleo communi perunctus sit, neque qui ex successione generis susceperit sacerdotium, sicut apud Hebraeos fieri mos erat; et ideo secundum ordinem illius sacerdos futurus esse dicitur, quia non olei liquore [2]) sed uirtute caelestis spiritus consecretur [3]). idcirco apud Hebraeos oleo in hoc ipso sollemniter consecrati [3]) sunt Christi, siue reges sui siue prophetae siue etiam ipsi pontifices per hoc fuerint instituti.

[1]) sacerdus — [2]) ligores — [3]) consegretur